쉬운
노동경제학

남성일

Labor Economics

자유와창의교육원 박영사

노동이란 무엇인가?

1989년으로 기억한다. 해외에서 오랜 유학 생활과 교수 생활을 마치고 귀국하던 해였다. 온 나라가 노사분규로 홍역을 앓고 있을 때였다. 한 토론회에 패널로 참석했다가 '노동시장'이라는 용어를 썼다. 그러자 노동조합 측 패널로 나온 인사가 "신성한 노동을 논하면서 감히 '시장'이라는 용어를 사용한다"며 나를 공격했다. 순간 어처구니없었지만, 한편으로는 '도대체 그가 생각하는 노동이란 무엇인가?' 하는 의문이 들었다.

우리 말로 '노동', 영어로는 'labor'인 이 개념은 역사적으로도, 현재의 일반 통념으로 보아도 '신성'과는 거리가 멀다. 힘들고 피하고 싶지만 어쩔 수 없이 하는 행위라는 게 오히려 더 일반적인 인식이다. 더구나 중세까지 노동이란 농노나 노예 같은 낮은 신분만의 일이었기에 더더욱 긍정과는 거리가 멀었다. 노예제가 사라지고 대부분의 개인이 직접 일하게 된 근세 이후에도 노동에 대한 시선은 여전히 달라지지 않았다. 노동은 땀 흘리고 몸을 써야 하는, 고통과 피로를 동반하는 행위로 인식되었다. 노동에 이른바 '신성한'이라는 수식어가 붙게 된 건 마르크스 이후이다.

그는 자본의 속성을 착취의 결과라고 주장하며 그 대척점에 있는 노동을 순수하다고 칭송했다. 그러나 마르크스의 주장은 실증적인 근거가 부족한 일방적인 레토릭에 불과했기에, 일부 노동운동가를 제외하면 현실에서는 뿌리내릴 수 없었다. "일하지 않는 자 먹지도 말라"는 성경 구절이 오히려 노동의 긍정적인 면을 부각해 현실로 확산하는 데 도움을 주었다.

긍정이든 부정이든 노동에 대한 인식을 떠나, 노동이 무엇인지 정의내릴 수 있다. 나는 노동을 '경제적 가치를 만드는 인적 행위'로 정의하고자 한다. '경제적 가치', '만드는' 그리고 '인적 행위'. 키워드는 이 세 가지이다. 우선 노동은 '인적 행위'이다. 육체적 행위뿐 아니라 정신적 행위도 포함한다. 예컨대 주식과 환율 시세판을 보면서 금융자산 거래를 모색하는 행위도 노동이다. 행위에는 보통 일정 시간이 들지만, 한순간에 이루어지기도 한다. 둘째로 노동은 '경제적 가치'를 만드는 데 기여해야 한다. 이때 경제적 가치란 시장에서 거래되는 가치뿐 아니라 스스로 생산해 소비하는 가치도 포함된다. 예컨대 단독으로 투자 프로그램을 만들어 사용한다면 해당 프로그램을 만드는 행위는 노동이다. 여기에서 주목할 부분은 경제적 가치에서 만족은 제외된다는 점이다. 만족을 얻고자 하는 행위는 소비나 여가이다. 소비 또는 여가는 만족을 위해 경제적 가치를 쓰는 행위를 의미한다. 반면 노동은 경제적 가치를 '만드는' 행위이다. 즉 노동은 투입input이고 경제적 가치는 산출output이다.

21세기에 우리가 논하는 노동의 기본 틀은 '시장노동'이다. 시장노동이란 수요와 공급을 기반으로 임금과 함께 거래가 이루어지는 노동 서비스라는 뜻이다. 여기서 노동 서비스는 서비스 제공의 주체인 근로자에 대한 지배를 의미하지 않는다. 단지 일정기간 동안 계약에 따라 그 지휘권 또는 사용권이 임대되는 서비스이다. 시장에서 거래된다는 것은 '가격'인 임금과 '거래량'인 고용이 시장의 수요와 공급에 따라 결정된다는 의미이다. 따라서 노동 서비스가 수요와 공급 규칙에 따라 결정되는 시장이 곧 '노동시장'이다.

《쉬운 노동경제학》의 집필 목적과 내용

이 책《쉬운 노동경제학》은 '시장노동'과 '노동시장'이 어떻게 작동하는지 알리려는 의도로 기획되었다. 필자는 대학에서의 정규학기 외에도 다양한 곳에서 특강 형태로 현실 노동이슈에 대해 강의를 해왔다. 현실 노동이슈를 정확히 설명하려면 노동시장이 어떻게 작동되는지 그 원리도 함께 소개해야 한다. 그러나 특강이라는 한정된 시간의 틀 안에서는 충분히 설명하기가 어려웠다. 강의가 끝나면 수강생들은 노동시장에 대해 더 공부할 수 있는 추가 교재를 원했고, 대학의 노동경제학 교과서를 소개할 수밖에 없었다. 그러나 교과서는 논리가 추상적이고 분량은 방대해, 수강생들이 바라는 부분을 효과적으로 해소하는 데 한계가 있었다.

따라서 노동시장의 작동에 대해 일반인이 교양서적 수준에서 이해할 만한 내용을 담은 책이 절실했다. 또한 기존 대학 교과서가 담고 있는 복잡한 설명, 방대한 토픽들로 인해 노동경제학을 공부하는 대학생들이 흥미를 느끼지 못하는 현실을 감안해, 핵심 위주로 쉽게 읽을 수 있는 교재를 만들고자 했다. 따라서 이 책이 대상으로 하는 독자층은 노동시장에 대한 이해를 넓히려는 일반인 및 노동경제학을 핵심 위주로 쉽게 공부하려는 대학생이다. 노동시장의 핵심 원리와 현실응용을 쉽게 풀어내자는 것이 이 책의 주요 집필 동기다. 여기에서 키워드는 '핵심 원리', '쉽게'이다. 노동시장에는 여러 주제가 있으나 부차적인 요소들은 과감히 거르고, 핵심 원리를 더 충실히 다루고자 했다. 무엇보다 쉽게 읽힐 수 있도록 노력했다. 다만 경제학이라는 학문 자체가 단순히 논리의 집합이 아니라 여러 논리가 몇 층씩 쌓여 서로 주고받는 체계이다 보니, 쉽게 만들기가 결코 쉽지 않았다.

대학교재 수준의 내용을 핵심 위주로 담은 이 책 《쉬운 노동경제학》의 내용 전개는 다음과 같다. 우선 제1장부터 제5장까지는 노동시장의 기본 원리인 노동수요, 노동공급 및 노동시장의 균형에 대해 살펴본다. 먼저 이론을 소개하고 뒤이어 현실 응용 사례가 따르도록 구성했다. 예컨대 제1장과 제2장에서 노동수요와 노동공급의 핵심이론에 대해 설명한 뒤 제3장과 제4장에서 노동수요의 현실응용 및 노동공급의 정책응용에 대해 논했다. 제6장부터 제8장까지는 임금에 초점을 맞추어 임금 결정에 대한 핵심 경제이론 및 여러 현실 사례를 소개한다. 그럼으로써 임금과 관련한 여러 이슈를 우리가 어떻게 봐야 할지 보다 객관적이고 정확한 시각을 갖도록 했다. 제9장부터 제12장까지는 고용 및 기타 노동시장 관련 주요 주제를 다루었다. 구체적으로 노동이동, 노동조합, 실업문제 및 노동시장의 차별에 대한 핵심이론을 소개하고, 이를 현실 이슈에 대입해 이슈의 성격과 해결 방안에 대한 이해를 높이고자 했다. 마지막으로 제13장은 정규 교과서에서는 다루지 않은 주제에 대해 독립적으로 접근했다. 디지털경제가 일자리에 미치는 영향이다. 현실적으로 매우 중요한 주제라는 판단에 포함했으나, 이 책을 대학교재로 사용할 경우 진도에 따라 생략해도 무방할 듯하다.

이 책의 집필에 도움을 준 여러분에게 감사를 전한다. 우선 책을 내도록 동기를 제공한 구 전국경제인연합회 시장경제 강좌 운영진에게 감사드린다. 특히 초기에 이 책의 성격 및 담아야 할 내용에 대해 심도 깊은 토론을 같이해준 박철한 팀장과 김영은 연구원에게 감사드린다. 바뻔 일정 탓에 집필이 예정보다 지체되어도 늘 웃는 얼굴로 인내해준 박영사 이승현 님에게도 감사드린다. 또 매우 정확하고 효율적으로 그림과 도표 작성을 도와준 강태우 조교에게도 감사드린다. 누구보다 지난 30년 가까이 노동경제학 수업을 들으며 수업 이해도를 표정으로 전해준 제자들 그리고 내 특강을 진지하게 듣고 궁금증을 풀 방법을 묻던 대한민국의 훌륭한 중고등학교 선생님들께 진심으로 감사드린다. 그들에게 이 《쉬운 노동경제학》 책을 바친다.

2017년 6월
저 자

차 례
Contents

01

노동수요

01

/

노동수요

1.1 노동수요의 기본, 생산성과 임금의 등가성 원리

하나의 작은 이야기에서 시작해보자. 전철역 근처에 자그만 아이스크림 가게를 열었다고 가정하자. 처음에는 워낙 작은 가게라서 혼자 운영할 수 있다고 생각했다. 그런데 막상 시작하고 보니 의외로 아이스크림을 찾는 사람이 많아서 혼자서는 모두 처리할 수가 없었다. 그래서 아르바이트 직원 한 명을 둘까 생각한다. 근무시간은 손님이 붐비는 낮 12시부터 저녁 6시까지. 임금은 시간당 8천 원을 주어야 한다면, 직원을 채용하는 편이 나을까? 직원을 채용할지 말지 결정할 때 과연 어떤 요소들을 고려해야 할까?

위의 예를 찬찬히 들여다보자. 일자리는 언제 어떻게 발생하는지, 노동수요의 기본적 물음에 대한 답이 숨어 있다.

우선 언제 아르바이트 직원을 써야겠다고 생각했는가? 아이스크림을 찾는 수요가 많을 때이다. 즉 아이스크림에 대한 수요가 많으니 아이스크림을 만들어 파는 노동에 대한 수요가 발생한 것이다. 아이스크림은 생산의 산물 output이며 노동은 생산의 요소input이다. 따라서 노동수요라는 요소에 대한 수요는 생산물수요에서 파생한다. 그래서 '요소수요는 생산물수요의 파생수요(derived demand)'라는 일반 원리가 이 지점에서 발생한다. 결국 일자리를 창출하려면 우리가 일자리에 매달리기보다, 일자리를 만들어내는 생산물수요, 즉 제품시장의 수요를 튼튼하게 만들어야 한다. '노동수요와 같은 요소수요가 생산물수요에서 파생되는 수요'라는 원리가 알려주는 핵심이다.

다음으로 위의 예에서 실제로 일자리가 만들어지려면 어떤 조건이 만족되어야 할지 알아보자. 우선 한 명을 고용할 때 드는 비용은 얼마일까? 시간당 8천 원에 하루 6시간이면 비용은 하루 4만 8천 원이 든다. 그렇다면 고용해야 할까? 판단은 아직 이르다. 비용이 들어간 만큼 수입이 발생해야 하고 그 부분을 비교하는 게 우선이다. 그런데 한 명을 고용해서 수입이 얼마나 더 발생할지 아직은 모른다. 다만 현재 손님을 놓치는 경우가 많으니 사람을 쓰면 수입이 늘 것이라고 막연히 짐작할 뿐이다. 그래서 일단 써보기로 한다. 며칠이 지나 정산해보니 재료, 비용 등을 다 공제해도 혼자 일할 때보다 하루 평균 수입이 10만 원 더 늘었다. 그러면 이 직원 고용은 성공적인가? 그렇다. 직원을 한 명 더 쓸 때 나가는 추가 비용은 하루 4만 8천 원인데, 추가 수입은 10만 원이기 때문이다. 이렇게 인력을 늘릴 때 발생하는 추가 수입과 추가 비용을 자연스럽게 비교할 수 있다.

전문용어로 추가 수입을 '한계노동생산성의 가치'(또는 '한계수입생산'이라고도 한다), 추가 비용은 '한계노동비용'이라 한다. 한계노동생산성의 가치가 한계노동비용보다 크면 고용이 유리하다. 그러나 만약 한계노동생산성의 가치가 3만 원 정도였다면, 하루 고용에 드는 임금(한계노동비용) 4만 8천 원보다 적으니 고용으로 인해 손해를 보게 된다. 이 경우 고용 없이 혼자 운영하는 편이 더 유리하다. 참고로 한계노동비용은 노동 한 단위를 추가할 때 따르는 비용이다. 노동 한 단위란 근로시간으로 측정할 수도 있고 근로자 숫자로 측정할 수도 있다. 위의 예에서는 근로자 숫자로 측정한 것이다.

이렇게 노동수요의 기본원리를 발견할 수 있다. 즉 한계노동비용은 임금(또는 인건비)과 같으니, 노동수요는 한계노동생산성의 가치가 임금(또는 인건비)보다 크거나 같아야 발생한다.

(식 1-1) 한계노동생산성의 가치 $\geq$ 임금(인건비)

이 원리가 어떻게 적용되는지 논의를 이어가보자. 한 명을 고용했는데도 계속 바쁘다고 가정하자. 그래서 같은 시간과 같은 임금 조건으로 두 번째 직원을 추가 고용한다. 얼마 지나 정산해보니 두 번째 직원을 고용해 발생한 추가 수입 (한계노동생산성의 가치)이 4만 8천 원이었다 하자. 두 번째 직원 고용으로 인한 추가 인건비 역시 4만 8천 원이므로, 이 직원의 고용은 합리적이라 하겠다. 그러면 직원을 한 명 더 고용해 총 세 명으로 만들면 어떨까? 이제 세 번째 직원을 고용했다고 가정하자. 이 직원 고용으로 발생한 추가 수입은 3만 원. 그렇다면 한계노동생산성의 가치가 임금보다 적어 세 번째 고용은 손실로 이어진다. 따라서 세 번째 직원은 고용하지 않아야 더 합리적이다. 따라서 이 사례에서 최적 고용 규모는 두 사람이다. 그림으로 나타내면 〈그림 1−1〉과 같다. 근로자 수의 변화에 따라 한계노동생산성 가치가 어떻게 달라지는지 그림을 통해 한눈에 알 수 있다.

한계노동생산성의 가치는 근로자 한 명을 고용할 때 10만 원으로 가장 높았고, 근로자 수가 증가하면서 체감한다. 한계노동생산성의 가치는 일반적으로

〈그림 1-1〉 노동수요곡선의 도출

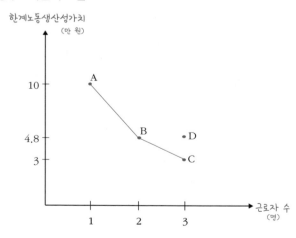

체감하는 곡선을 그린다. 그 이유는 다음과 같다. 한계노동생산성은 다른 생산요소가 일정할 때 노동을 추가할 경우 산출이 달라지는 정도를 뜻한다. 자본 등 다른 생산요소 투입에는 변화가 없는데 노동만 증가하면, 주어진 자원을 더 많은 노동이 나누어 쓰는 셈이다. 따라서 추가 산출량은 줄어드는 것이다.

이제 그림에서 하루 6시간에 해당하는 임금이 4만 8천 원이라면, 한계노동생산성가치가 임금보다 높거나 동일해지는 고용 규모를 찾아보자. 그림의 Y축(세로축) 4만 8천 원 수준에서 수평으로 선을 그어(이를 '임금선'이라 하자) 한계노동생산성가치 곡선과 만나는 점을 찾으면 된다. 즉 현재 임금 수준에서 수평인 임금선과 한계노동생산성가치 곡선과 만나는 점, B에서 최적수요가 이루어진다. B점의 고용규모는 2인이므로, 임금이 4만 8천 원일 때 최적고용 인원은 2인이다.

지금까지 했던 논의를 확장하면, 임금 변화에 따라 최적고용 규모가 어떻게 달라지는지도 알 수 있다. 임금이 3만 원으로 하락했을 경우, 임금선은 3만 원에서 시작하는 수평선이므로 최적고용은 3인으로 증가한다. 반면에 임금이 10만 원으로 상승했다면 임금선은 10만 원에서 시작하는 수평선이 되고, 그때 최적고용은 1인으로 감소한다. 이렇듯 최적고용은 한계노동생산성가치 곡선을 따라 만들어진다.

최적고용이 한계노동생산성가치 곡선을 따라서 이루어지므로, 이를 통해 곧바로 노동수요곡선을 도출할 수 있다. 노동수요곡선은 임금 변화에 따라 이루어지는 최적노동수요량 변화를 나타내는 곡선으로 정의된다. 임금이 변화하면 최적노동수요가 '한계노동생산성가치 곡선'을 따라 달라진다는 사실은 이미 확인했다. 따라서 다음과 같은 결론이 도출된다: "노동수요곡선은 한계노동생산성가치 곡선과 일치한다."

노동수요곡선이 곧 한계노동생산성가치 곡선이라는 결론은 몇 가지 중요한 점을 시사한다. 우선 노동수요곡선을 수평적으로 해석하면, 각 수준에 해당하는 임금에서 결정되는 최적 고용량을 나타낸다. 이는 앞서 살펴본 바와 같다. 다음으로 노동수요곡선을 수직적으로 해석하면, 각 수준에 해당하는 고용이 만들어내는 한계노동생산성의 크기를 나타낸다. 예를 들어 〈그림 1-1〉에서 고용이 2인인 경우, 노동수요곡선에서 B점의 수직 높이는 두 번째 근로자가 만들어내는 한계노동생산성의 크기를 의미한다. 임금이 4만 8천 원이라면 이와 등가를 이루는 한계노동생산성 4만 8천 원 수준에서 고용이 이루어져야 최적이라는 뜻이다.

만일 고용이 최적점을 벗어나서 결정되면 어떻게 될까? 다시 그림을 통해 살펴보자. 예를 들어 만일 현재 임금 4만 8천 원에서 근로자를 3인 고용한다면, 그림에서 D점과 같은 상황이 된다. D점에서 현재 임금은 4만 8천 원인데 반해 세 번째 근로자의 한계노동생산성가치가 3만 원에 그친다. 따라서 임금과 생산성의 등가성이 이루어지지 않는다. 이 상태라면 세 번째 근로자는 받아 가는 임금에 비해 벌이가 적어, 고용주는 1만 8천 원의 손해를 본다. 따라서 임금과 생산성의 등가성을 최적으로 회복하려면 세 번째 근로자를 고용하지 말아야 한다.

★ 노동생산성 지표란?

생산성(productivity)이란 요소투입 한 단위당 산출량이다. 즉,

$$생산성 = \frac{산출량}{요소투입량}$$

따라서 요소투입이 노동이면 노동생산성, 자본이면 자본생산성이 된다. 노동경제학에서 핵심 생산성은 당연히 노동생산성이다. 노동생산성은 투입 단위를 시간 또는 근로자로 하느냐에 따라 다시 시간당 노동생산성 및 인당 노동생산성으로 나뉜다. 일반적으로 시간당 노동생산성이 가장 기본적이고 정확하나, 편의에 따라 인당 노동생산성도 광범위하게 쓴다.

생산성은 다시 산출량을 어떻게 측정하느냐에 따라 나뉜다. 물량(예를 들어 무게, 길이, 사람 등)으로 측정하면 '물적 생산성', 가치(금액)로 측정하면 '가치 생산성'이 된다. '부가가치 노동생산성'이 대표적이다.

노동생산성은 다시 산출과 노동투입을 총량 규모로 계산할지, 추가적 규모로 계산할지에 따라 '평균노동생산성'과 '한계노동생산성'으로 나뉜다. 즉,

$$평균노동생산성 = \frac{총산출량}{총노동투입량} \qquad 한계노동생산성 = \frac{추가적산출량}{추가적노동투입량}$$

정의의 차이에서 확인할 수 있듯, 한계노동생산성과 평균노동생산성은 다르다. 그런데도 일정 조건에서 한계노동생산성과 평균노동생산성은 서로 비례한다. 즉 '한계노동생산성=α 평균노동생산성(α는 일정한 상수)'이라는 관계가 성립한다.

평균노동생산성은 측정이 상대적으로 쉽지만 한계노동생산성은 측정이 쉽지 않다. 따라서 위의 비례관계를 이용해 한계노동생산성 대신 평균노동생산성을 측정할 수 있다. 특히 변화율을 사용할 때 유용하다. 위의 비례관계에서 한계노동생산성 변화율은 평균노동생산성 변화율과 동일하기 때문이다. 예를 들어 임금과 노동생산성의 등가성 유지를 위해 연도 간 적정한 임금증가율을 계산하고자 한다면 한계노동생산성 증가율을 써야 정확하겠지만, 평균노동생산성 증가율을 대체해 쓸 수 있다.

1.2 환경 변화에 따른 노동수요의 변화

지금까지 노동수요를 결정하는 기본 조건인 노동생산성과 임금의 등가성에 대해 살펴보았다. 그 과정에서 도출한 노동수요곡선은 임금과 고용 사이에 음의 관계가 성립한다는 사실을 드러냈다. 고용에 영향을 주는 첫 번째 요인이 임금이라는 의미다. 즉 임금이 상승하면 노동수요는 줄어들고 임금이 하락하면 노동수요는 증가한다.

임금이 상승하면 일자리가 줄어든다니, 무시무시하다. 왜 줄어들까? 임금이 상승하면 인건비를 아끼려고 고용을 줄이기 때문일까? 결론부터 말하면 그렇지 않다.

다시 등가성의 원리로 돌아가서 확인해보자. 최적고용은 임금과 노동생산성의 등가성이 유지될 때 성립한다. 그런데 임금이 상승하면 이 등가성이 파괴된다. 등가성을 회복하는 방법은 고용을 줄이는 것이다. 고용을 줄일 때 노동

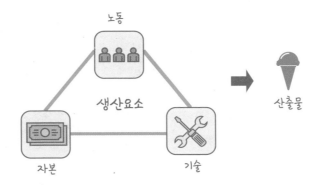

생산성이 올라가기 때문이다(그림에서 한계노동생산성가치 곡선을 따라 왼쪽 위로 올라가는 것을 의미한다).

　　지금까지 돌아본 논의는 어디까지나 기본적인, 근본 원리이다. 즉 다른 요인들이 변하지 않고 있다는, 단기적인 상황을 가정하고 있다. 현실적으로 노동수요는 여러 요인에 따라 영향을 받는다. 또한 장기적으로 이러한 요인들이 변화하면서 노동수요도 달라지고, 임금 변화가 노동수요에 미치는 영향도 더욱 복잡한 경로를 지난다. 지금부터 이 내용에 대해 살펴보자.

　　우선 생산요소와 산출물의 관계를 간단히 살펴보면, 산출물은 노동, 자본, 기술(고용주 또는 기업의 경영기술을 포함한다) 등 여러 생산요소가 결합해 만들어진다. 생산주체로서의 기업(이하에서는 고용주와 기업을 같은 의미로 혼용한다)은 이러한 여러 생산요소를 가장 효율적인 방법으로 결합해 산출물을 만들고자 한다. 그렇다면 가장 효율적인 방법이란 무엇일까? 각 생산요소의 생산성 및 투입요소 가격을 고려해 결정되는, 요소간 상대적 배합 비율을 뜻한다. 이에 대한 복잡한 도출 과정을 생략하고 노동과 자본 간 최적 효율조건을 정리하면 다음과 같다.

$$(\text{식 1-2}) \quad \frac{\text{한계노동생산성}}{\text{한계자본생산성}} = \frac{\text{임금}}{\text{자본의 가격}}$$

　　직관적으로 설명하자면, 두 요소의 생산성 비율은 두 요소를 쓰는 요소가격의 비율과 같아야 한다는 의미이다. 위의 식에서 분자만을 떼어보면 노동생산성과 임금의 등가성을, 분모만을 떼어보면 자본생산성과 자본가격의 등가성을 나타낸다. 따라서 위의 식은 각 요소에서 생산성과 요소가격의 등가성을 유지하면서 동시에 요소 간에도 상대적 생산성과 상대적 요소가격의 등가성을 만족해야 함을 뜻한다. (식 1-2)에서 좌변의 분모와 우변의 분자를 맞바꾸어도 등호는 변하지 않는다. 그렇다면 다음 관계가 성립한다:

$$\frac{\text{한계노동생산성}}{\text{임금}} = \frac{\text{한계자본생산성}}{\text{자본의 가격}}$$

여기에서 좌변은 임금 1원당 노동생산성의 크기를, 우변은 자본비용 1원당 자본생산성의 크기를 뜻한다. 따라서 최적효율조건은 어떤 요소이든, 그 요소비용 1원당 생산성의 크기가 요소 간에 같아야 한다는 의미이다.

이제 임금이 상승하면 (식 1-1)은 물론 (식 1-2)의 등가성도 깨진다. 이를 회복하려면 우선 상대적으로 비용이 올라간 노동을 줄여 노동생산성을 높여야 한다. 동시에 상대적으로 비용이 줄어든 자본을 늘려 (1-2)의 등가성을 회복하고자 한다. 이렇게 임금상승에 따라 노동수요가 줄어들고 자본수요가 늘어나는 현상을 '대체효과(substitution effect)'라고 한다.

그런데 임금상승의 효과는 대체효과에만 그치지 않는다. 임금이 상승하면 현재 상태에서 생산비가 증가한다. 생산비가 증가하면 단위당 원가가 상승하고, 따라서 제품가격도 상승한다. 제품가격이 상승하면 제품시장에서 수요가 감소한다. 앞서 확인했듯, 노동을 비롯한 요소수요는 제품수요로부터 파생된 수요derived demand이다. 따라서 제품수요가 감소하면 노동수요도 감소하며 또한 자본수요도 감소한다. 이러한 경로를 따라 노동수요가 줄어드는 과정을 '스케일효과(scale effect)'라고 한다.

따라서 임금상승으로 인해 노동수요가 변화하는 총 효과는 대체효과와 스케일효과가 더해져 발생한다. 두 효과는 일어나는 방향이 같으므로 총 효과는 각각의 효과보다 더 커진다. 즉 임금 상승이 있을 경우 단기적으로는 스케일 효과가 작용하지만, 장기적으로는 상대적으로 비싼 노동을 상대적으로 싼 다른 요소로 교체하는 대체효과가 작용하여 더 큰 규모로 고용이 감소하는 것이다. 반면 임금상승으로 인해 자본수요가 변화할 경우, 대체효과와 스케일효과는 반대 방향으로 작용한다. 따라서 총 효과가 플러스일지 마이너스일지 이론적으로는 알 수 없다. 임금상승의 대체효과로 자본수요는 증가하지만, 스케일효과로 자본수요는 노동수요와 마찬가지로 감소한다. 총 효과는 증가하는 대체효과와 감소하는 스케일효과의 합이므로 이론적으로는 증가/감소 여부를 알 수 없는 것이다.

임금이 노동수요에서 중요한 요인이기는 하지만, 노동수요는 다른 요인에 의해서도 영향을 받는다. 앞서 설명했듯 노동 이외 다른 요소의 가격에 의해 영향을 받는다. 예를 들어 자본의 가격이 하락하면 대체효과에 따라 자본수요는 증가하고 노동수요는 감소한다. 그런데 생산요소들은 늘 대체관계에만 있는 것이 아니라, 서로 보완관계인 경우도 있다. 즉 한 요소의 수요가 증가하면 보완관계인 요소의 수요가 증가한다. 대표적인 예로 자본, 숙련노동, 비숙련노동 이렇게 세 가지 생산요소로 이루어진 경우를 보자. 노동경제학의 다양한 실증연구에 따르면, 자본과 숙련노동은 보완관계인 반면, 자본과 비숙련노동은 대체관계라고 한다. 예를 들어 기계 등 자본설비는 단순노동을 하는 비숙련노동을 대체할 가능성이 크다. 반면 자본설비를 운영하려면 기계를 다룰 지식과 훈련을 쌓은 숙련노동이 필요하기 때문에, 자본과 숙련노동은 보완적일 수 있다. 이번에는 비숙련노동의 임금이 상승한다고 가정하자. 비숙련노동의 수요는 감소하고 대체관계인 자본수요는 증가할 것이다. 이에 따라 자본수요가 증가하므로 자본과 보완관계인 숙련노동 수요도 증가할 것이다. 만일 스케일효과가 별로 크지 않다면, 결국 비숙련노동의 임금 증가는 비숙련고용을 줄이고 자본 및 기계 설비를 운영하는 숙련 기술인력의 수요를 늘릴 것이다.

노동수요의 또 다른 중요 결정요인은 제품수요이다. 이 장 첫 번째 이야기에서처럼, 아이스크림 제품에 대한 수요가 있기에 직원에 대한 수요가 발생했고, 제품수요의 변화에 따라 요소수요인 노동수요는 직접적으로 영향을 받는다. 애플의 아이폰은 출시 이래 시장수요를 폭발시켰다. 이에 따라 아이폰 제조에 종사하는 인력수요는 크게 늘어났다. 반면 아이폰과 삼성 핸드폰의 약진으로 인해, 2000년대 초반 핸드폰시장을 석권하던 노키아는 수요가 급감했고 노키아의 근로자 수십만 명이 일자리를 잃었다.

노동수요의 세 번째 주요 결정요인은 기술이다. 기술은 광범위한 용어로, 물적 생산을 직접적으로 높이는 연구개발 기반 생산기술은 물론, 양적 생산물이라 하더라도 디자인이나 마케팅 등으로 가치를 높이는 기술까지도 포함한다. 특히 새로운 시장을 개척하거나 위험을 부담하고 시장을 선점하는 기업가정신 entrepreneurship도 넓은 의미의 기술에 포함될 수 있다. 기술은 주어진 요소를 결합해 생산을 더 확대하거나 부가가치를 만들어 노동수요를 증가시킨다. 그러나 기술 때문에 노동 또는 특정 노동의 수요가 감소하기도 한다. 예를 들어 기술이 노동을 절약하는 방식으로 진보하면 노동수요는 감소한다. 반면 IT 기술처럼 단순기능 인력은 대체하고 기술인력 수요를 사용하는 방식으로 진보하면, 단순노동에 대한 수요는 줄고 창의적인 노동에 대한 수요는 증가한다.

과연 기술로 인해 인류의 일자리가 증가하는지 감소하는지 그 여부는 여전히 논란거리이다. 그러나 지금까지의 기술 변화로 인해 전체적으로 일자리가 감소하기보다는 증가하는 효과가 더 큰 듯하다. 이유는 다음과 같다. 분명히 신기술은 어떤 전통적인 산업이나 제품을 파괴하면서 해당 분야에 종사하는 인력의 일자리를 파괴한다. 그러나 신기술로 인해 새로운 일자리가 더 많이 창출된다. 예를 들어 1990년대에 유행했던 삐삐는 핸드폰 기술이 발전하면서 사라지고 말았으며, 종사하던 인력 또한 일자리를 잃었다. 그러나 이제 핸드폰 생산에 관련된 일자리가, 사라진 삐삐 생산 일자리보다 훨씬 더 확장되고 늘어났다. 게다가 핸드폰 이용에 편리를 더하는 각종 앱과 소프트웨어 시장의 수요가 창출되었고, 이 또한 신규 일자리 창출로 이어졌다. 기술이 발전하면 일반적으로,

그동안 사람들이 힘들게 하던 일을 대체하며 그 결과 보다 편리한 방향으로 신규 수요가 발생한다. 농업기술이 발전해 식량이라는 생존수요가 해결되자, 인류는 생활을 편리하게 하는 물건을 수요하기 시작했고 따라서 제조업이 발전했다. 제조업의 기술혁신으로 더 많은 물건을 갖게 되자, 생활을 더 편하게 만드는 각종 서비스에 대한 수요가 늘어나 서비스산업이 발달했다. 이 과정에서 전통산업 분야의 고용은 줄었으나 신규산업 분야의 고용은 더 늘어났다. 지금 우리는 이른바 '4차 산업혁명'이라는 디지털 경제로 진입하고 있다. 디지털 경제로 인해 전통적인 노동시장과 일자리는 큰 변화를 맞이하리라 예상된다. 이에 대해서는 마지막 장에서 다시 다룰 것이다.

1.3 노동수요탄력성: 환경 변화에 대한 노동수요 변화의 민감도

지금까지 노동수요는 임금과 역의 관계이며 따라서 임금이 상승하면 노동수요, 즉 일자리 수요가 감소한다는 내용을 배웠다. 그런데 임금이 상승하면 노동수요는 얼마만큼 줄어들까? 많이 줄어들까 아니면 적게 줄어들까? 또는 임금상승이 똑같이 10%라 가정하더라도, 전문직 노동수요가 단순직 노동수요보다 많이 줄어들까 또는 적게 줄어들까? 만일 전문직 수요가 감소하는 크기가 단순직 수요가 감소하는 크기보다 작다면, 그만큼 전문직 근로자는 유리한 입장일 것이다. 환경 변화에 대해 노동수요가 어느 정도 민감하게 반응하는지는 민감도와 관련한 문제이다. 노동경제학에서는 이를 노동수요탄력성(labor demand elasticity)이라는 개념으로 설명한다. 노동수요탄력성의 정의부터 살펴보자.

$$(\text{식 1-3}) \quad \text{노동수요의 임금탄력성} \quad = \quad \frac{\text{노동수요의 \%변화}}{\text{임금의 \%변화}}$$

노동수요의 임금탄력성을 '노동수요의 자기가격탄력성'이라고도 한다. 노동수요의 임금탄력성을 또한 줄여서 '노동수요탄력성'이라 하기도 한다. 정의에 따르면 노동수요의 임금탄력성은 당해 노동임금이 1% 변화했을 때 노동수요는 몇 %나 변화하는지를 나타내는 지표이다. 예를 들어 임금이 10% 변화했을 때 노동수요가 단기에는 5% 감소하고 장기에는 (대체효과의 작용으로) 10% 감소한다면, 단기 노동수요탄력성은 −0.5이며 장기 노동수요탄력성은 −1로 계산된다. 노동수요의 임금탄력성은 일반적으로 (−) 부호를 지니지만, 번거롭지 않도록 절대값을 붙여 (+)로 표시하기도 한다. 위 예를 절대값으로 환산하면 장기 노동수요탄력성은 단기 노동수요탄력성보다 두 배 더 크다. 따라서 장기적으로 단기보다 인원 감소 폭이 두 배 더 확대되리라고 예상할 수 있다.

노동수요탄력성은 자기노동의 임금뿐만 아니라 다른 요소의 가격에 대해서도 적용될 수 있다. 예를 들어 자본의 가격이 1% 하락(또는 상승)했을 때 노동수요는 몇 % 상승 또는 하락하는지 알아보려면, 다음의 노동수요의 교차탄력성(cross elasticity of labor demand)을 계산해야 한다.

(식 1-4) 노동수요의 (*i*째요소) 교차탄력성 $= \dfrac{\text{노동수요의 \%변화}}{\text{\textit{i}째요소 가격의 \%변화}}$

여기에서 *i*째 요소는 자본이 될 수도 있고 다른 종류의 노동이 될 수도 있다. 예를 들어 *i*째 요소가 외국인근로자라면, 교차탄력성은 외국인근로자 임금이 1% 변화할 때 내국인근로자 수요가 몇 %나 변화하는지를 측정한다. 노동수요의 교차탄력성은 그 부호가 (+)일 수도 있고 (−)일 수도 있다. 만일 (+)라면 노동과 이 요소는 서로 대체관계임을 뜻한다. (+)부호는 이 요소의 가격이 상승할 경우 당해 요소의 수요가 감소하고, 노동수요는 대체에 의해 증가한다는 사실을 의미하기 때문이다. 반면 (−)라면 노동과 이 요소는 서로 보완관계임을 뜻한다. 예를 들어 외국인력의 임금이 하락해 내국인력 중 단순노동인력의 고용이 감소한다면, 부호는 (+)일 것이다. 이는 외국인력과 내국의 단순노동인력이 서로 대체관계임을 뜻한다. 반면 외국인력의 임금하락으로 인해 내국인력 중 기술인력의 고용이 증가한다면 부호는 (−)일 것이고, 내국인 기술인력과는 보완관계임을 뜻한다.

이제 다시 노동수요의 임금탄력성으로 돌아가서, 일반 근로자의 입장에서는 자신의 근로에 대한 탄력성이 커야 좋을까, 작아야 좋을까? 예를 들어 자신의 임금이 10% 상승한다고 가정할 때, 자신의 고용수요가 1~2% 수준 정도 감소하는 것을 선호할까? 아니면 고용수요가 50% 이상 크게 감소하는 것을 선호할까? 근로자 입장에서는 작은 수준을 선호할 것이다. 노동수요탄력성이 작다는 것은 그만큼 자신의 일자리가 (임금 변화에 대해) 안정적이라는 뜻이기 때문이다. 그렇다면 노동수요탄력성의 크기는 어떤 요인들에 의해 결정되는가? 이에 대해서는 '마샬의 네 가지 규칙(Marshall's 4 Rules)'이라는 개념으로 설명한다.

ⅰ) 노동수요탄력성은 제품의 수요탄력성이 클수록 크다.

노동수요의 탄력성은 임금 변화에 따라 노동수요가 어느 정도 민감하게 달라지는지 그 민감도를 측정한다. 따라서 임금 변화로 인한 효과들의 크기를 측정해야 하는데, 임금 변화로 인한 두 가지 효과는 앞서 다루었던, 대체효과 및 스케일효과이다. 이 두 효과가 각각 커질수록 노동수요의 변화 크기도 확대될 것이다. 마샬의 네 가지 규칙 중 첫 번째 규칙은 스케일효과와 관계가 있다. 제품의 수요탄력성이 클수록 스케일효과가 커지기 때문이다.

스케일효과는 임금이 변화해 생산원가가 달라지고, 다시 제품가격을 변화시키고, 따라서 제품수요가 변화하고 다시 생산량이 달라져, 생산에 종사하는 모든 생산요소의 수요를 변화시키는 효과이다. 이 과정에서 제품가격이 달라지는 정도에 따라 시장에서의 제품수요 변화를 나타내는 정도가 바로 제품의 수요탄력성이다. 따라서 제품의 수요탄력성이 클수록 제품수요의 변화 폭이 크고, 생산의 변화 폭과 생산요소의 변화 폭도 커진다. 즉 스케일효과가 확장되는 것이다.

지난 1990년대에 우리나라의 노동시장은 높은 임금 상승을 겪었다. 그런데 높은 임금 상승이 노동시장에 미친 영향은 제품시장에 따라 달랐다. 섬유류 가운데 봉제완구와 고급원단 제품시장을 비교해보자. 봉제완구 시장은 수출시장에서 매우 가격경쟁적인 시장이다. 우리나라의 제품의 가격이 조금만 올라가도 해외바이어들이 우리의 물량을 줄이고 가격이 더 싼 다른 나라 제품으로 거래를 옮긴다. 즉 제품의 수요탄력성이 매우 큰 시장이다. 반면 고급원단은 디자인이나 염색의 질이 중요해서 단순히 가격만으로 경쟁하지 않는다. 따라서 가격이 달라져도 대체재를 찾기가 쉽지 않으면 수요가 크게 줄지 않는다(제품의 수요탄력성이 낮다). 1990년대 우리나라 노동시장의 급격한 임금 상승은 봉제완구산업이나 원단산업에서 공통으로 일어났다. 그 결과 임금상승으로 인한 원가상승, 이어지는 가격 상승으로 봉제완구의 경쟁력이 크게 약화했고 수출도 크게 감소했다. 이로 인해 봉제완구에 종사하는 인력수요가 크게 줄어들었다. 반면 같은 임금 상승을 겪었어도 고급원단제품에 종사하는 인력 수요는 크게 줄지 않았다. 제품의 수요탄력성이 낮아서, 임금상승으로 인한 스케일효과가 상대적으로 크지 않았기 때문이다.

ⅱ) 노동수요탄력성은 대체되는 요소와의 대체탄력성이 클수록 크다.

앞서 살펴봤듯이, 임금 변화로 인한 효과는 스케일효과와 대체효과이다. 마샬의 두 번째 규칙은 대체효과와 관계가 있다. 즉 대체탄력성이 클수록 대체효과가 커지고, 따라서 노동수요 탄력성이 커진다. '대체탄력성'이란 생산구조의 특성에 의해 두 생산요소가 얼마나 쉽게 대체될 수 있는지를 탄력성 지표로 측정한 값이다. 예를 들어 자본(K)과 노동(L)의 대체탄력성(ϵ_{KL})을 다음과 같이 정의한다.

(식 1-5) $$\epsilon_{KL} = \frac{K/L의 \% 변화}{w/r의 \% 변화}$$ 여기에서 w는 임금, r은 자본의 가격이다.

따라서 두 요소 간 대체탄력성이 클수록 임금 변화에 따라 노동수요는 다른 요소로 더 많이 대체되므로, 더 많이 변화할 것이다.

예를 들면 같은 기업에 근무하는 전문직과 단순노무직을 비교할 수 있다. 이 기업의 모든 근로자의 임금이 동일하게 20% 상승한다고 가정하자. 기업에서는 높은 임금 상승에 따라 비싼 노동을 대체할 방안을 찾을 것이다. 그런데 전문직은 대체할 요소가 극히 제한되어 있다(그래서 전문직이다!). 따라서 전문직 고용을 감소하기란 어렵다. 반면 빌딩 청소 같은 단순노무직의 경우, 임금 상승으로 인해 상대적으로 비싸진 인력을 청소기로 쉽게 대체할 수 있다(청소기계와 단순 청소인력과의 대체탄력성이 높다). 따라서 청소기가 늘어나고 청소인력은 줄어들 것이다.

ⅲ) 노동수요탄력성은 대체요소의 공급탄력성이 클수록 크다.

마샬의 세 번째 규칙은 역시 대체효과와 관련이 있다. 다시 앞의 예로 돌아가보자. 최신 청소기는 기존 청소인력이 하는 일을 거의 완벽히 대체할 수 있다고 가정하자. 그런데 이 기계를 해외에서 수입해 온다고 가정하자. 만일 이 기계의 공급이 원활하다면, 청소인력의 임금이 상승할 경우 기업은 인력을 기계로 쉽게 대체할 수 있을 것이다. 그러나 어떤 이유로 이 청소기의 공급이 원활하지 못해 높은 가격으로도 쉽게 살 수 없다면 기계로 인력을 대체하기 어려울 것이다. 따라서 청소인력에 대한 수요탄력성도 작아지게 된다.

이 규칙이 현실에서 응용되는 예는 해외인력 수입에 대한 노동조합의 태도에서 찾아볼 수 있다. 노동조합은 대체로 해외인력의 도입을 반대하며 여러 규제를 가하도록 요구한다. 해외인력이 국내인력과 대체관계에 있다고 보고, 국내인력과 대체되는 해외인력의 공급이 원활하지 않기를 원하기 때문이다. 노동조합은 또 인력 수입국의 근로자 노동조건을 높이는 데에도 관심을 둔다. 예를 들어 미국 노동조합총연맹은 멕시코 근로자들의 임금인상을 위해 노력한다. 표면으로는 국적을 초월한 근로자 보호운동이지만, 속내에는 멕시코 근로자의 임금인상을 통해 멕시코 근로자들이 미국노동시장으로 넘어오는 유인을 줄이려는 의도도 숨어 있다.

iv) 노동수요탄력성은 총 생산비에서 인건비가 차지하는 비중이 클수록 크다.

마샬의 네 번째 규칙은 다시 스케일효과와 관련된다. 예를 들어 A기업은 생산이 매우 인력집약적이어서, 생산비에서 인건비가 차지하는 비중이 70%라 하자. 반면 B기업은 생산비에서 인건비가 차지하는 비중이 10%라 하자. 이제 두 기업 모두 임금이 10% 상승했다고 가정하자. 생산원가는 A기업의 경우 근사치로 계산할 때 약 7%(0.7*0.1＝0.07) 정도 인상된다. 반면 B기업의 경우 근사치로 1%(0.1*0.1＝0.01) 정도 인상된다. 다른 조건이 동일하다면 A기업의 제품가격은 7% 인상되는 반면, B기업의 제품가격은 1% 인상에 그칠 것이다. A기업의 높은 가격 인상에 따라 제품 판매는 줄어들고, 생산 위축 및 인력수요 감소로 이어질 것이다. 반면 B기업의 1% 가격인상은 제품 판매에 상대적으로 훨씬 약한 영향을 줄 것이다. 따라서 인력수요에 미치는 영향도 미미할 것이다.

마샬의 네 번째 규칙이 현실에서 관찰되는 경우는, 노동집약적 산업과 자본집약적 산업에서 보이는 고용조정의 차이이다. 같은 임금인상이라 하더라도 신발, 의류 등 노동비용 비중이 높은 노동집약적 산업에서는 원가 및 가격이 상당히 상승하는 바람에 경쟁력을 잃고 고용이 감소한다. 반면 자동차, 철강 등 자본집약적 산업에서는 높은 임금상승에도 불구하고 고용이 별로 영향을 받지 않는다. 이처럼 인건비가 원가에 미치는 영향(압력)이 노동집약적 산업에서는 크고 자본집약적 산업에서는 작기 때문이다.

마지막으로 노동수요탄력성의 크기는 실제 노동시장에서 얼마나 될까? 노동수요에 관한 우리나라 연구들을 살펴보면, 우선 단기 노동수요탄력성은 절대값으로 0.5 미만으로 보인다. 즉 임금이 10% 상승할 때 단기 고용은 5% 미만 감소한다는 것이다. 그러나 장기 노동수요탄력성은 1에 근접하거나 그 이상이 되기도 한다. 그리고 생산직의 노동수요탄력성은 사무직의 노동수요탄력성보다 큰 것으로 나타났다. 또 노동조합이 있는 기업은 노동조합이 없는 기업에 비해 노동수요탄력성이 작다고 한다.

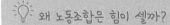 왜 노동조합은 힘이 셀까?

이 장에서 지금까지 살펴본 일반원리는 임금이 상승하면 고용이 줄어든다는 것이다. 그러나 실제 노동시장을 살펴보면 노동조합이 조직되어 있는 곳에서는 높은 임금상승에도 불구하고 고용이 별로 줄어드는 것 같지 않다. 왜 그럴까? 그 이유를 노동수요탄력성의 관점에서 살펴보자.

단도직입적으로 말해서 노동조합이 조직된 부문의 노동수요탄력성은 조직되지 않은 부문의 노동수요탄력성에 비해 작기 때문이다. 그래서 임금이 높이 상승하더라도 고용이 감소할 위협이 작기 때문이다. 마샬의 네 가지 규칙에 따라 순서적으로 살펴보면 다음과 같다.

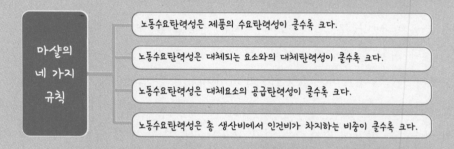

우선 노동조합은 제품시장이 독과점시장인 분야에서 주로 조직된다. 우리나라의 경우 공공부문이 대표적이며 금융 및 대기업도 독과점인 경우가 많다. 제품시장이 독과점이면 제품의 수요탄력성이 낮다. 따라서 노동수요탄력성도 낮다(마샬의 제1규칙). 이 구조에서는 임금 상승 → 원가 상승 → 제품가격 상승으로 이어져도 제품수요탄력성이 낮으므로 제품수요가 별로 줄어들지 않는다. 따라서 노동수요도 별로 줄어들지 않는다.

둘째, 노동조합은 노동과 다른 요소와의 대체를 까다롭게 한다(마샬의 제2규칙). 예컨대 단체협약 등을 통해 노동조합원에 대한 고용을 조정할 경우 반드시 노동조합의 동의를 거치도록 하는 방법을 쓴다. 또 법으로 대체를 어렵게 하는 방법도 있다. 대표적인 예가 우리나라 노동법의 '대체근로 금지' 조항인데 노동조합이 파업을 할 때 고용주가 대체근로를 사용할 수 없도록 하고 있다. 이 대체근로 금지 조항은 노동수요탄력성을 낮추어 노동조합의 교섭력을 강화하는 효과를 갖지만 고용주의 생산권(영업권)을 심하게 제한하는, 국제적으로 유례가 거의 없는 조항이어서 논란이 되고 있기도 하다.

셋째, 노동조합은 조합원과 대체가 될 수 있는 다른 요소의 공급을 제한하려고 한다(마샬의 제3규칙). 예컨대 외국인근로자의 도입을 반대하는 것을 들 수 있다. 외국인 근로자가 조합원을 대체하는 것을 막기 위해서다. 또 단체협약에 특정한 업무는 반드시 사람을 쓰도록 못박는 수도 있다. 그러면 예컨대 워드프로세싱 기술의 발달로 타이피스트가 더 이상 필요없어도 계속 타이피스트를 고용해야 한다.

넷째, 노동조합은 노동비용 비중이 작은 부문에서 잘 조직된다. 예컨대 전력이나 철강 같은 장치산업의 경우 전체 생산비에서 차지하는 인건비 비중은 한 자리 수로서 미미하다. 따라서 임금 상승이 있더라도 이것이 원가 상승으로 이어지는 영향은 매우 작다(마샬의 제4규칙). 노동조합은 전통적으로 장치산업 제조업에서 잘 조직되는 반면 서비스산업 중 인건비 비중이 높은 부문에서는 잘 조직되지 않는 경향이 있다.

02

노동공급이란 무엇인가?

02

노동공급이란 무엇인가?

2.1 경제활동의 기본 지표들

노동공급은 개인의 경제활동이다. 노동공급 공부를 시작하기 전 우선 익혀야 할 내용은 개인의 경제활동에 대한 기본 지표들이다. 개인의 경제활동을 분류하는 시작점은 15세 이상 인구이며, 생산가능인구라고 하기도 한다. 15세를 기준으로 삼는 까닭은, 15세 미만은 아직 의무교육 중이어서 생산활동에 종사하기에는 어린 인구로 보기 때문이다. 15세 이상 인구는 다음 셋 중 하나에 속하게 된다: 취업자, 실업자, 비경제활동인구. 통계청에서는 매월 표본 가구를 대상으로 경제활동 상태를 조사해 15세 이상 인구를 분류하는데, 먼저 취업자를 가려내고, 그다음 취업자가 아닌 인구를 대상으로 실업자를 가려낸 뒤 나머지는 비경제활동인구로 분류한다.

먼저 취업자는 다음 중 하나에 속한다. 즉 다음 중 한 조건만 만족하면 모두 취업자로 취급한다.

① '조사대상 기간 중 수입을 목적으로 1시간 이상 일한 사람': 여기서 조사대상 기간이란 매월 15일이 포함된 한 주를 뜻한다. 따라서 부정기적으로 일하더라도, 또 일주일에 2~3시간만 일하더라도 조사대상 기간중 1시간 이상 일했

다면 모두 취업자로 간주한다.

② '같은 가구 내 가구원이 운영하는 사업체나 농장의 수입을 위해 18시간 이상 무급으로 일한 사람(무급가족종사자)': 가족이 운영하는 가게나 사업체에서 돈을 받지 않지만 일주일에 18시간 이상 일하면 '무급가족종사자'로 취업자로 취급한다.

③ 직업이나 사업체가 있지만 일시적인 병, 사고, 연·휴가, 교육 등의 사유로 조사대상 기간 중 일하지 못했으나, 이러한 사유가 해소되면 다시 일할 수 있는 사람(일시휴직자)

다음으로 실업자는 다음 조건을 모두 충족하는 사람이다. 즉 다음 조건 중 하나라도 충족하지 못하면 실업자로 분류하지 않는다.

① 조사대상기간에 수입이 있는 일을 하지 않았고,
② 지난 4주간 적극적으로 구직활동을 했으며,
③ 조사대상기간에 일이 주어지면 즉시 취업이 가능한 사람

첫 번째 조건은 위의 취업자 조건을 충족하지 않았음을 확인하는 것이다. 실업자로 분류할 때 가장 중요한 조건은 두 번째로, 지난 4주간 적극적으로 구직활동을 했어야 한다는 것이다. 다시 말해 현재 일자리가 없어도 지난 4주간 적극적으로 구직활동을 하지 않았다면, 실업자로 분류할 수 없다. 그러나 첫째와 둘째 조건을 다 만족했다 해서 실업자가 되는 것이 아니다. 세 번째 조건, 즉 조사대상기간에 일자리가 생겼다면 바로 일할 수 있었어야 한다. 만일 일하지 않았고 일자리를 찾고 있었다 하더라도, 일자리가 생겼는데 육아, 교육이나 기타 이유로 그 주에 바로 일할 수 없었다면 실업자로 분류하지 않는다.

실업자에 대한 이러한 분류 기준이 너무 엄격하다는 지적이 있을 수 있다. 그러나 이는 국제 공통 기준이다. 즉 이 세 기준은 국제노동기구ILO에서 정한 기준을 채택한 것이다. 사실 우리나라의 현재 실업자 분류기준은 ILO의 기준보다 조금 더 넓다. ILO의 기준은 구직 기간을 '지난 1주일'로 잡고 있다. 우리나라도 1999년 이전에는 '지난 1주일'로 잡았다. 예를 들어 2주일 전까지 구직활

동을 했으나, 지난 주에 구직활동을 하지 않았다면 실업자로 분류하지 않았다. 그러나 이런 구직기간이 너무 좁다는 여론에 따라, 1999년부터 이른바 유럽국가에서 많이 적용하는 '지난 4주일'로 확대해 잡기 시작했다.

마지막으로 비경제활동인구는, 15세 이상 인구 중 취업자도 아니고 실업자도 아닌 사람이다. 해당하는 별도의 정의가 있는 것이 아니라, 15세 이상 인구에서 취업자를 빼고 실업자를 빼고 남은 여집합이다. 비경제활동인구에는 일반적으로 학생, 전업주부 그리고 은퇴한 노령층 등이 속한다. 참고로 학생이나 주부라 하더라도 조사대상 주간에 소득을 목적으로 한 시간 이상 일했다면 먼저 취업자로 분류되므로, 모든 학생과 주부가 비경제활동인구가 되는 것은 아니다.

15세 이상인구는 이렇게 취업자, 실업자 그리고 비경제활동인구로 나뉘는데, 취업자와 실업자를 합해 경제활동인구라고 한다. 즉 취업활동이나 실업자의 구직활동 모두를 경제활동으로 보는 것이다. 이상을 그림으로 나타내면 〈그림 2-1〉과 같다.

이제 이 용어들을 이용해 몇 가지 지표를 만들어보자. 우선 경제활동참가율 지표가 있다. 경제활동참가율이란 15세 이상 인구에서 경제활동인구가 차지하

〈그림 2-1〉 15세 이상 인구의 분류

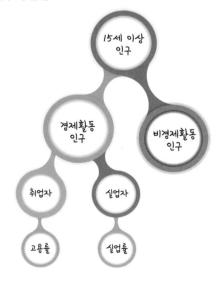

는 비율, 즉 취업자와 실업자가 차지하는 비율이다. 경제활동참가율이 높다면 일을 하고 있거나 적극적으로 일자리를 찾고 있는 사람이 많다는 의미이다. 그 다음으로 실업률이란 경제활동인구 가운데 실업자가 차지하는 비율이다. 실업률이 높다면 일하는 사람과 일을 찾는 사람 가운데 일을 찾는 사람의 비중이 상대적으로 높다는 의미이다. 실업률은 경제지표 중 가장 중요한 지표로, 시장과 정부는 실업률의 변동에 매우 민감하게 반응한다.

일반적으로 실업률은 일자리 사정을 나타내는 대표적인 지표이다. 그러나 실업률이 일자리 사정을 가장 정확하게 나타낸다고 할 수는 없다. 예를 들어 실업률이 낮다고 해서 무조건 일자리 사정이 좋다고 할 수는 없다. 실업률이 낮다는 것은, 그저 일하는 사람과 일자리를 찾는 사람 중 일자리를 찾는 사람의 비중이 더 낮다는 의미일 뿐이다. 앞서 살펴보았듯이, 일하지 않는 비경제활동인구는 실업률 계산의 분모에서 제외되기 때문이다. 따라서 15세 이상 인구(생산가능인구) 중 실제로 일하는 비율이 몇 퍼센트인지를 일자리 사정의 지표로 보고자 한다면, 고용률 지표가 더 적합할 것이다. 고용률이란 15세 이상 인구 가운데 취업자가 차지하는 비율이다. 그런데 고용률은 실업률과 전혀 무관하지는 않고, 실업률과 경제활동참가율의 조합으로 나타난다. 〈그림 2-2〉는 이상의

〈그림 2-2〉 주요 경제활동지표들

$$\text{경제활동참가율} = \frac{\text{경제활동인구}}{15\text{세 이상 인구}} = \frac{\text{취업자} + \text{실업자}}{15\text{세 이상 인구}}$$

$$\text{실업률} = \frac{\text{실업자}}{\text{경제활동인구}} = \frac{\text{실업자}}{\text{취업자} + \text{실업자}}$$

$$\text{고용률} = \frac{\text{취업자}}{15\text{세 이상 인구}}$$

$$\text{고용률} = \frac{\text{경제활동인구}}{15\text{세 이상 인구}} \times \frac{\text{취업자}}{\text{경제활동인구}} = \text{경제활동참가율} \times (1 - \text{실업률})$$

지표와 상호관계를 보여준다.

〈그림 2-2〉에서처럼 고용률은 경제활동참가율이 높을수록 높고, 실업률이 낮을수록 높다. 이를 이용하면 우리나라의 경제활동 상태의 특징을 알 수 있다. 우리나라는 다른 나라에 비해 실업률이 낮아서 이 그림과 지표로만 보면 경제활동 상태가 긍정적으로 보인다. 그러나 고용률 또한 선진국에 비해 낮아서, 인구 가운데 일하는 사람이 많다고 할 수 없다. 우리나라의 경제활동참가율이 낮기 때문이다. 특히 여성의 경제활동참가율이 선진국에 비해 낮다. 따라서 우리나라는 경제활동참가율이 낮기 때문에 고용률이 낮다고 해석할 수 있다.[1]

2.2 최적근로시간과 노동공급은 어떻게 결정되는가?

근로자 입장에서 노동공급이란 근로시간을 공급한다는 의미이다. 그렇다면 노동공급의 결정은 근로시간을 어떻게 결정할지의 문제가 된다. 그런데 근로시간을 어떻게 결정할지의 문제는, 주어진 시간을 어떻게 여가와 근로시간으로 나눌지의 문제로 귀결된다. 이번에는 이와 같은 최적시간이 어떻게 배분되고 결정되는지 알아보고자 한다.

우선 개인의 행복을 극대화하는 모형을 소개한다. 우리는 누구나 보다 더 행복하기를 바란다. 경제학에서는 '효용utility'이라는 용어로 행복을 표현한다. 즉 인간은 효용을 극대화하고자 한다고 가정한다. 효용(행복)을 위해서는 물질도 시간도 모두 필요하다. 우리는 물질에 대해서는 '소비consumption'라는 용어를 쓰고, 시간에 대해서는 '여가leisure'라는 용어를 쓴다. 즉 효용은 소비와 여가를 통해 증진되며, 소비가 증가할수록 그리고 여가가 증가할수록 효용은 올라간다. 즉 소비의 한계효용과 여가의 한계효용은 (+)이다. 그러나 소비의 한계효용과 여가의 한계효용은 각각 소비와 여가가 증가할수록 체감한다고 가정한다.

---

1 이 책에서는 우리나라 경제활동인구 관련 지표에 관한 통계숫자를 싣지 않는 대신 최신 통계를 볼 수 있는 홈페이지를 소개한다. 통계청 국가통계포털(http://kosis.kr/)에서 이를 확인할 수 있다.

그러면 동일한 효용수준을 만드는 소비와 여가의 조합을 여러 가지로 생각할 수 있다. 예를 들어 10만 원의 소비와 8시간의 여가가 주는 효용이 100이라면, 동일한 100의 효용을 주는 다른 소비와 여가의 결합은 어떠할까? 소비가 10만 원보다 크다면 여가는 8시간보다 작아질 것이다. 이렇게 동일한 효용수준을 만드는 소비와 여가의 결합을 연결한 선을 무차별곡선^{indifference curve}이라 한다. 다음의 〈그림 2-3〉은 전형적인 무차별곡선의 모습을 나타낸다.

〈그림 2-3〉은 예를 들어 효용수준 100과 120을 만드는 2개의 무차별곡선을 나타낸다. 무차별곡선은 지도의 등고선과 같은 역할을 한다. 효용의 등고선인 셈이다. 따라서 효용수준 100이라는 무차별곡선상에 있는 a점과 b점은, 소비와 여가의 결합은 다르지만 동일한 효용을 만든다. 그리고 c점은 보다 높은 무차별곡선상에 위치하며 a, b점보다는 높은 효용을 만든다. 그림에서 무차별곡선은 원점을 향해 볼록해지는데, 그 이유는 소비와 여가의 한계효용이 체감하기 때문이다. 즉 소비를 줄이면 동일한 효용을 얻기 위해 여가를 늘려야 하는데, 여가를 늘릴수록 여가의 한계효용은 체감한다. 일정한 효용 증가를 위해서는 여가를 더 많이 늘려야 하기 때문이다.

〈그림 2-3〉 무차별곡선

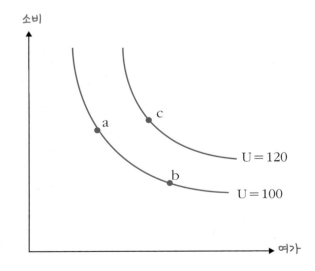

일반적으로 우리가 쓸 수 있는 소비와 여가가 늘수록 우리는 더 행복해질 것이다. 그러나 삶의 자원은 제약이 있다. 어느 누구도 자원의 제약에서 벗어날 수 없다. 예를 들어 마음껏 소비할 수 있는 사람조차 하루 24시간이라는 시간의 제약을 벗어날 수 없고, 따라서 여가의 제약을 벗어날 수 없다. 그리고 우리 대부분은 소비를 위해 근로를 해야 한다. 즉 시간 전체를 여가로 쓰는 것이 아니라, 여가를 일부 희생하고 근로를 해 돈을 벌어야 소비할 수 있다. 따라서 우리의 소비는 다음 식과 같은 제약을 받는다.

(식 2-1)   소비(C) ≤ 근로소득(wb) + 비근로소득(y) = $w(T-L)+y$

소비는 근로소득과 비근로소득의 합을 초과할 수 없는데, 근로소득(wb)은 시간당 임금(w)과 근로시간(b)의 곱이다. 근로시간(b)은 총가용시간(T)에서 여가시간(L)을 뺀 시간이다. 즉 총가용시간은 여가시간과 근로시간으로 구성된다고 가정한다. 총가용시간이란 달력시간calendar time(하루 24시간, 일주일 144시간 등)에서 생존을 위해 필요한 수면, 세면 등의 활동에 들어가는 시간을 제외한 처분가능시간discretionary time을 뜻한다. 그리고 시간당 임금(w), 총가용시간(T)과 비근로소득(y)은 개인의 의사결정에서 외생적으로 주어졌다고 가정한다. 또한 소비의 가격은 1로 가정한다.

(식 2−1)을 그림으로 표시한 것이 〈그림 2−4〉이다. 만일 개인이 주어진 모든 시간을 여가로만 쓴다면, 여가는 T, 소비는 y만큼 할 것이고 이는 그림에서 (T,y)의 점으로 표시된다. 이제 여가를 줄이고 일을 하면 그의 여가는 왼쪽으로 줄어들겠지만, 소비는 시간당 w의 크기만큼씩 위로 증가할 것이다. 따라서 그의 위치는 그림에서 기울기 w를 가지는 직선을 따라 왼쪽 위 방향으로 움직여갈 것이다. 결국 개인이 선택할 수 있는 여러 선택점의 집합은 (T,y)에서 수직축의 $y+wT$까지를 잇는 직선이 될 것이다. 이 선을 예산선이라고 부른다.

예산선은 개인이 선택할 수 있는 가능성들의 모든 점이다. 예산선의 높이는 비근로소득(y)이 커지거나 임금(w)이 커질수록 위로 올라간다. 따라서 개인

〈그림 2-4〉 소비와 여가의 제약: 예산선

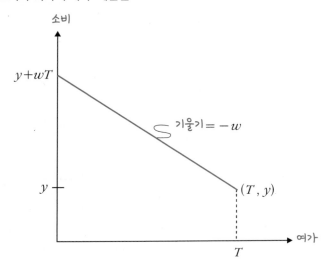

간 차이가 클 수 있다. 그러나 예산선의 횡축 길이는 자신의 총가용시간(T)에 의해 결정되는데, 총가용시간은 주로 건강에 의해 결정되므로 개인 간 차이가 크지 않다. 즉 건강이 나쁜 사람은 총가용시간이 줄어든다.

일반적으로 사람들은 자신의 예산선이 더 높은 곳에 위치하기를 바란다. 그래야 더 많은 소비와 여가를 즐길 수 있기 때문이다. 그러자면 어떻게 해야 할까? 두 가지 방법이 있다. 첫째는 비근로소득을 늘리는 것이다. 둘째는 시간당 임금을 올리는 것이다. 이 두 가지 방법은 예산선을 위쪽으로 이동시키지만, 그 모습은 다르다. 〈그림 2-5〉는 두 가지 양상을 드러낸다.

왼쪽 그림은 비근로소득이 증가함에 따라 예산선이 수직으로 평행이동하는 현상을 나타낸다. 즉 시간당 임금은 변하지 않으므로 예산선의 기울기는 그대로다. 오른쪽 그림은 시간당 임금이 w_1에서 w_2로 상승하면서 예산선의 기울기가 급해지고, 소비가능한 선택점들이 더 위로 올라가는 양상을 드러낸다.

이제 개인의 최적시간배분이 어떻게 이루어지는지 그림으로 살펴보자. 개인의 목표는 주어진 제약 아래 자신의 효용을 극대화할 수 있는 소비와 여가의 결합을 찾는 것이다. 우선 전혀 일을 하지 않고 오직 여가만을 사용하고 있다

〈그림 2-5〉환경변화에 따른 예산선의 변화

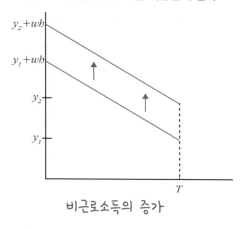
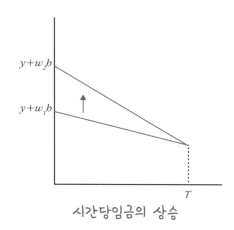

비근로소득의 증가   시간당임금의 상승

고 가정하자. 이는 〈그림 2-6〉에서 a점에 있다는 뜻이다. 이제 여가를 한 시간 줄이고 그만큼 일한다고 가정하자. 그러면 소비점은 a로부터 예산선을 따라 왼쪽 위로 움직여, b점으로 옮겨갈 것이다. b점과 a점 중 어느 점이 더 효용이 높을까? b점이다. b점은 a점을 지나는 무차별곡선보다 더 위에 위치하고, 따라서 더 높은 효용수준을 갖기 때문이다. 이제 b점에서 예산선을 따라 왼쪽 위 방향으로 움직이면서 이 같은 비교를 계속해 나가면, E점에 이르러 효용이 극대화된다는 사실을 확인할 수 있다. 즉 E점을 제외한 예산선상의 모든 선택점은 E점보다 낮은 효용 수준이다. 따라서 E점은 개인의 최적선택점이 된다. 이때의 근로시간은 그림에서처럼 화살표로 표시된 b시간이다.

최적선택점 E는 다음과 같은 특징을 지닌다. 우선 E점은 무차별곡선과 예산선이 서로 만나는 점이다. E에서 두 선의 기울기가 같다는 말이다. 예산선의 기울기는 시간당 임금 w이다. 무차별곡선의 기울기는 여가의 소비에 대한 상대적 한계효용이다. 즉 다음과 같은 등가성이 이루어진다.

(식 2-2) $$\frac{\text{여가의 한계효용}}{\text{소비의 한계효용}} = \text{시간당 임금}$$

(식 2-2)의 좌변은 개인이 판단하는 소비 대비 여가의 한계효용으로, '여

〈그림 2-6〉 소비-여가의 최적선택

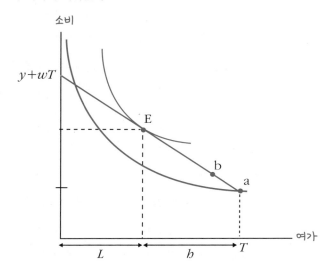

가의 주관적 가치'인 셈이다. 한편 우변은 시간당 임금인데, 여가를 한 시간 더 소비할 때 포기해야 하는 '여가의 기회비용'이다. 따라서 (식 2−2)는 개인이 여가와 근로시간의 최적결합을 선택할 때, '여가의 주관적 가치'와 '여가의 기회비용'이 일치하는 점에서 결정한다는 의미이다. 예를 들어 생각해보자. 주말에 지인이 가게 일을 좀 도와달라고 하면서 시간당 1만 원을 주겠다고 하면 어떻게 하겠는가? 자신이 생각하는 주말 여가 한 시간의 가치와 시간당 1만 원이라는 임금을 비교하면서, 만일 자신이 생각하는 여가의 가치가 1만 원보다 크다면 거절할 것이다. 반면 생각하는 여가의 가치가 1만 원보다 작다면 일을 돕고 돈을 받을 것이다. 그러나 한 시간 두 시간, 일하는 시간이 길어질수록 여가에 쓸 시간은 줄어들어 여가의 주관적 가치는 올라가고, 1만 원이 넘어가면 이제 더는 일하려 하지 않을 것이다.

　　이상의 논의를 바탕으로 이제 근로자의 근로시간이 환경이 변화함에 따라 어떻게 바뀌는지 분석할 수 있다. 첫 번째는 비근로소득이 변화하는 경우다. 비근로소득이 증가한다면 예산선이 〈그림 2−5〉의 왼쪽 그림과 같은 모습으로 수직으로 평행이동한다. 이제 과거보다 동일한 시간 동안 일해도 더 많이 소비할 수 있다. 더 많은 소비로 효용은 증가하지만 소비의 한계효용은 감소한다. 반면 여가의 상대적 한계효용은 증가한다. 따라서 상대적으로 풍부해진 소비를 상대적으로 희소해진 여가와 바꾸려 할 것이다. 따라서 개인은 비근로소득이 증가한 정도보다는 작은 크기로 소비를 증가시키고, 대신 일을 이전보다 덜해서 여가를 증가시킨다. 즉 소비 증가, 여가 증가, 근로시간 감소라는 결과로 이어진다. 이처럼 소득이 증가하면 여가가 증가할 때 여가를 '정상재$^{normal\ good}$'라고 한다.

두 번째는 시간당 임금이 변화하는 경우다. 예를 들어 시간당 임금이 상승한다면 두 가지 효과가 발생한다. 첫째는 대체효과$^{substitution\ effect}$이다. 시간당 임금의 상승은 여가의 기회비용이 비싸진다는 의미이다. 사람들은 비싼 것은 아끼려 한다. 따라서 여가를 아끼려 할 것이다. 이는 근로시간이 늘어난다는 의미이다. 따라서 대체효과는 임금 변화와 근로시간 변화를 같은 방향으로 움직인다. 그러나 임금변화는 또한 소득효과$^{income\ effect}$를 유발한다. 이제 동일한 시간 동안 일한다 해도 전보다 소득이 늘고 따라서 소비가 커진다. 그렇게 되면 앞서 언급한 비근로소득의 증가와 같은 효과가 발생한다. 즉 소비의 상대적 한계효용이 감소함에 따라 소비를 여가로 바꾸고자 한다. 따라서 여가가 증가하고 근로시간은 감소한다. 소득효과로 인해, 임금변화와 근로시간 변화는 서로 다른 방향으로 움직인다. 임금변화의 총 효과는 대체효과와 소득효과의 합이다. 그런데 대체효과와 소득효과의 방향이 서로 달라서, 총 효과는 이론적으로는 변화의 방향을 알 수 없다. 만일 대체효과가 소득효과보다 크다면, 임금변화는 근로시간을 같은 방향으로 변화시킨다. 반면에 소득효과가 대체효과보다 크다면, 임금변화는 근로시간을 반대방향으로 변화시킨다.

노동공급곡선은 임금의 변화에 따른 노동공급 변화를 나타낸 곡선이다. 노동공급은 두 가지 측면에서 측정될 수 있는데, 하나는 '근로시간의 공급'이고 다른 하나는 '근로자의 공급'이다. 이 가운데 근로시간의 공급곡선은 임금변화에 따른 근로시간 변화를 나타내는데, 이론적으로는 양의 기울기를 갖는지 음의 기울기를 갖는지 알 수 없다. 따라서 공급곡선이 양의 기울기를 갖는다는 일반론이 성립하지 않는다. 그러나 근로자의 공급곡선은 양의 기울기를 가진다. 근로자의 공급곡선은 임금이 상승함에 따라 근로에 참여하는 근로자 수가 증가하는지 감소하는지를 나타낸 곡선이다. 근로자가 근로에 참여할지 말지에 대한 결정은, 근로를 전혀 하지 않는 상태(〈그림 2−6〉의 a점)에서 여가의 상대적 한계효용과 시간당 임금을 비교해 이루어진다. 여가의 상대적 한계효용이 시간당 임금보다 큰 사람이라면 일을 하지 않을 것이고, 작은 사람이라면 일을 할 것이다. 여기에 여가의 상대적 한계효용과 시간당 임금이 같은 사람이 있다고 가정하자. 그는 일을 할 수도 있고 하지 않을 수도 있다. 그런데 이 상태에서 임금이 상승한다면 어떻게 될까? 여가의 상대적 한계효용보다 임금(여가의 기회비용)이 높아졌으니 일을 하는 것이 합리적이다. 따라서 그는 근로에 참여하게 된다. 이처럼 임금 상승은 근로에 참여하는 사람을 늘린다. 따라서 근로자의 공급이 늘어나므로, 근로자 공급곡선은 우상향하고 양의 기울기를 갖게 된다. 노동시장의 공급곡선을 말할 때는 공급의 축을 근로자 수로 잡아야 일반적이다. 따라서 노동시장의 공급곡선은 우상향하는 곡선이 일반적이다.

2.3 시간 배분 이론의 응용: 언제 은퇴할 것인가?

앞 절에서 공부한 최적 시간 배분 이론은 다양하게 응용될 수 있다. 한 가지는 시간 배분의 대상을 인생 전체로 넓혀, 언제까지 일하고 은퇴할 것인지 결정하는 문제이다. 오래 일하고 늦게 은퇴할수록 소비할 수 있는 평생소득은 늘어나지만, 은퇴 후 남은 시간이 줄어든다. 반면 일찍 은퇴하면 시간은 늘어나지만 그만큼 덜 벌어놓고 은퇴하므로 소비할 평생소득이 줄어든다. 이 상충관계를 어떻게 풀 것인지가 과제이다.

〈그림 2−7〉을 이용해 설명해보자. 그림의 가로축은 연령으로 나타내는 시

〈그림 2-7〉 은퇴시점의 결정

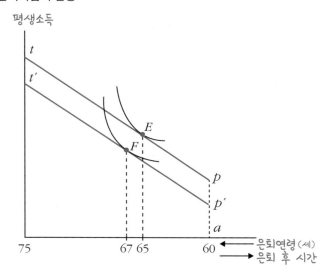

간이다. 은퇴연령이 늦어진다는 것은 근로를 많이 하며 은퇴 후 여가를 줄이는 것과 같다. 따라서 원점에 가까워질수록 은퇴연령은 늦어지는 것으로 표시된다. 그림의 세로축은 60세 시점에서 현재 가치로 표시된 차후의 평생소득을 나타낸다. 평생소득은 주어진 임금률에서 근로기간이 길수록, 즉 은퇴가 늦어질수록 증가한다. 따라서 평생소득과 은퇴 후 시간의 관계는 그림에서처럼 음의 기울기를 갖는 예산선으로 나타난다. 이제 60세에 은퇴하면 p만큼의 연금을 받는다고 가정하자. 이때 은퇴연령을 늦추면 근로소득도 연금도 늘어나므로, 소비점은 예산선 pt를 따라 왼쪽 위 방향으로 움직여 간다.

그리고 최적의 선택점은 은퇴 후 여가의 상대적 한계효용이 여가의 기회비용과 같아지는 E점이 될 것이고, 그림에서 최적 은퇴 연령은 65세라는 의미이다.

이제 정부가 연금체계를 바꾸어, 은퇴 연령과 관계없이 연금을 일정 금액만큼 삭감한다면 어떤 영향을 줄까? 일정금액의 연금 삭감은 마치 비근로소득이 줄어든 것과 같다. 따라서 그림에서는 pt의 예산선이 $p't'$로 수평이동하는 경

우와 같다. 그러면 65세의 은퇴 시점에서 여가의 상대적 한계효용이 여가의 기
회비용보다 작아지고, 따라서 개인들은 은퇴 시점을 늦출 것이다. 그림에서는
최적선택점이 E에서 F로 바뀌는 양상으로 나타난다. 즉 은퇴 연령을 2년 정도
늦춤으로써 소득 손실을 일부 보전하려 한다.

그런데 만일 정부가 정책목표를 순전히 근로자의 은퇴 시점을 늦추어 더
늦게까지 일하도록 하는 데 둔다면, 연금체계를 어떻게 바꾸어야 가장 효과적
일까? 조기 은퇴자에 대해서는 연금을 삭감하되, 은퇴연령이 늦어질수록 삭감
액을 줄이거나 오히려 지급액을 늘리면 될 것이다. 그림에서 예산선을 p'에서
시작하되 기울기는 pt보다 더 가파르게 만든다는 의미이다. 그렇게 되면 음의
소득효과가 일어나, 은퇴 연령을 늦추는 한편 여가의 기회비용을 비싸게 해 양
의 대체효과가 일어난다. 따라서 은퇴 연령을 늦추는 결과로 이어질 수 있다.

 우리나라의 실업자 규모는 실제보다 축소되어 발표되는가?

정부가 발표하는 실업자 규모와 실업률에 대하여 실제보다 축소되었다고 비판하는 의견들이 있다. 과연 정부는 의도적으로 축소하고 있을까? 그렇지 않다. 정부가 발표하는 경제활동인구 조사의 각종 지표들은 ILO 등 국제기구가 제시하는 표준에 맞추어져 있기 때문에 축소하거나 과장될 수 없다. 다만 통계에서 엄격하게 규정하는 실업자의 정의와 달리 실업자를 '새 일자리를 희망하지만 현재는 없는 사람'이라는 더 넓은 의미로 해석한다면 현재 발표되는 실업자 규모보다는 커질 것이다.

그럼 이렇게 실업자 범위를 넓히면 실업자 규모는 얼마나 늘어날까? 통계청에서는 지난 2014년부터 '고용보조지표'라 하여 확장된 실업자들을 조사하여 발표하고 있다. 이에 따르면 세 가지 유형의 확장된 실업자가 있는데 각각 다음과 같다.

① 시간관련 추가취업가능자: 실제 취업시간이 36시간 미만이면서, 추가 취업을 희망하고, 추가 취업이 가능한 자

② 잠재취업가능자: 비경제활동인구 중에서 지난 4주간 구직활동을 하였으나, 조사대상주간에 취업이 가능하지 않은 자

③ 잠재구직자: 비경제활동인구 중에서 지난 4주간 구직활동을 하지 않았지만, 조사대상주간에 취업을 희망하고 취업이 가능한 자

2016년 말 기준으로 우리나라의 공식 실업자 수는 약 101만 명이고 공식실업률은 3.7%였다. 그리고 ①의 시간관련 추가취업가능자는 51만 명이었다. 이들을 포함하면 실업률은 5.1%로 올라간다. 그리고 ②의 잠재취업가능자는 약 5만 명이고 ③의 잠재구직자는 약 156만 명이었다. 이들을 모두 포함할 경우 실업률은 10.4%로 두 자리 숫자로 껑충 뛴다.

공식 실업자수 (101만 명) (공식 실업률 3.7%)	시간관련 추가취업가능자 (51만 명)	잠재취업가능자 (5만 명)	잠재구직자 (156만 명)

(모두 포함시 실업률 10.4%)

그러면 우리나라의 실제 실업률은 10%가 넘는다고 봐야할까? 그렇게 보는 것은 무리하다. 왜냐하면 ③의 잠재구직자는 개념이 지나치게 포괄적이기 때문이다. 단순히 '취업을 희망한다'는 생각은 누구나 가질 수 있다. 그러나 실제로 구직활동을 한 적이 없다면 취업을 위한 적극적 행위를 한 적이 없기 때문에 실질적인 취업의사가 있다고 보기 어렵다.

03

준고정적 노동비용과 노동수요
– 정규직과 임시직의 경제학

03

준고정적 노동비용과 노동수요 – 정규직과 임시직의 경제학

3./ 준고정적 노동비용이란 무엇일까?

노동수요의 주요 결정요인 중 하나는 임금이다. 그러나 여기서 임금이라고 표현되는 것의 실체에는, 근로자에게 지급하는 임금뿐 아니라 근로자에 대해 고용주가 지출하는 제반 비용이 포함된다. 따라서 엄밀히는 '노동비용'이 더 정확한 표현일 것이다. 그러면 노동비용은 근로자에게 지급하는 임금 외에 또 어떤 것들을 포함할까? 그리고 그 요소들은 임금과 어떤 차이로 구분할까? 경제학원론에서 임금은 근로시간에 따라 변화하는 이른바 가변비용variable cost이다. 반면 현실에서 어떤 노동비용은 단기에는 근로시간과 관계없이 고정적인 경향이 있다. 장기적으로는 달라질 수 있지만 단기적으로는 고정적인 경향이 있는 노동비용을, '준고정적 비용quasi-fixed cost'이라고 한다.

준고정적 비용은 크게 두 가지로 나누는데, 하나는 고용 비용이고 다른 하나는 부가급여 비용이다. 고용 비용으로는 채용비용, 훈련비용, 관리비용과 퇴직비용이 있다. 고용주는 최대한 생산성 높은 인력을 만들기 위해, 채용하고 훈련하는 데 비용을 많이 들인다. 또한 인력을 적재적소에 배치하고 고충을 듣는 등 필요한 관리비용을 지출한다. 고용을 종료할 때는 퇴직위로금 등을, 해고 관련 분쟁이 있을 경우에도 어떤 비용을 지출한다. 퇴직비용은 이러한 비용을 뜻한다. 이런 비용들은 근로시간의 변동과 관계없이 일정하게 지출되므로, 준고정적 비용이다.

부가급여 비용은 국민연금, 고용보험, 산재보험 등 법으로 정한 부가급여도 있고, 회사에서 자체로 정한 각종 유급휴가, 보험, 의료비 보조 등도 있다. 이 부가급여 중 일부는 임금과 연동되지만 비례하지는 않고, 일부는 근로시간과 관계없이 고정적인 경우도 있기 때문에 준고정적 비용으로 본다.

3.2 고용과 근로시간은 어떻게 결정할까?

노동을 수요한다는 것은, 몇 사람을 몇 시간동안 쓸지에 대한 결정이다. 고용과 근로시간을 동시에 결정하는 것이다. 그런데 고용과 근로시간은 생산기술 구조상으로도 완전히 대체되지 못한다. 즉 100명이 8시간 하는 일과 80명이 10시간 하는 일이 서로 같지 않다. 인원이 많아질수록 혼잡효과가 발생하며 근로시간이 길어질수록 피로가 발생한다. 따라서 생산기술적으로도 적절한 인원과 근로시간을 배합해야 한다. 더구나 고용과 근로시간은 비용구조에서도 대체되지 못한다. 앞서 살펴보았듯이, 고용은 근로시간과 관계없이 들어가는 준고정적 비용을 포함하기 때문이다. 근로시간(h)을 한 시간 늘리려면 시간당 임금, w가 지출된다. 고용(N)을 한 명 늘리려면 임금과 함께 준고정적 노동비용(R)이 들어간다. N명의 근로자가 h시간 일하는 경우, 전체 노동비용은 $whN + RN$이 될 것이다. 따라서 전체 노동비용은 임금비용(whN)과 준고정적 노동비용(RN)으로 구성된다.

이제 기업은 고용과 근로시간의 최적 결합을 어떻게 만들까? 직관적으로 설명하면, 고용과 근로시간을 각각의 생산요소로 보고, 각 생산요소별로 생산성과 비용이 일치하도록 등가성을 맞추어야 합리적이다. 제1장의 최적결합 조건 (식 1-2)에서 보았듯, 생산요소 간 상대적 한계생산성 비율이 또한 상대적 한계비용 비율과 일치하도록 해야 최적일 것이다. 즉 다음과 같은 조건에 의해 최적 결합이 이루어진다.

(식 3-1)　$\dfrac{\text{근로시간의 한계생산성 가치}}{\text{고용의 한계생산성 가치}} = \dfrac{wN}{wb+R}$　또는

(식 3-1)′　$\dfrac{\text{근로시간의 한계생산성 가치}}{wN} = \dfrac{\text{고용의 한계생산성 가치}}{wb+R}$

여기에서 wN은 추가적인 근로시간의 한계비용이며, $wb+R$은 추가적 고용의 한계비용이다. 따라서 (식 3-1)의 우변은 근로시간의 한계비용과, 고용의 한계비용 간 비율이다. 그리고 (식 3-1)′의 좌변은 근로시간 비용 1원당 한계생산성의 가치이고, 우변은 고용 비용 1원당 한계생산성의 가치이다. 따라서 (식 3-1)′은 근로시간과 고용 각각 비용 1원당 한계생산성이 같아야 최적임을 말한다. 주목할 부분은, 근로시간의 한계비용에는 준고정적 비용(R)이 포함되지 않지만, 고용의 한계비용에는 준고정적 비용(R)이 포함된다는 점이다. 준고정적 비용이 달라지면 등가성이 깨질 수 있으며, 고용과 근로시간의 최적결합도 바뀔 수 있다는 사실을 뜻한다.

　현재 각 요소의 생산성과 비용의 등가성이 이루어진 상태라고 가정하자. 그런데 어떤 이유로 준고정적 비용이 상승했다 하자. 채용비용이나 퇴직비용이 상승하거나, 법정부가급여가 상승해서일 수도 있다. 그러면 (식 3-1)′에서 고용 비용 대비 생산성 가치가 낮아지고, 상대적으로 근로시간의 비용 대비 생산성 가치가 올라간다. 이렇게 되면 고용주는 고용을 줄이고 근로시간을 늘려 등가성을 회복하려 할 것이다.

　이 분석은 현실 상황에 어떤 의미를 전할까? 1980년대 후반 이래 우리나라 노동시장에서는, 임금과 함께 준고정적 노동비용이 크게 상승해왔다. 첫째

는 노동조합의 힘이 강해서 원활한 고용조정이 어려워졌는데, 이는 퇴직 비용이 상승한다는 의미이다. 둘째는 고용보험을 비롯한 각종 법정 부가급여의 상승속도가 임금 상승속도보다 빨랐다. 이러한 요인들로 인해 준고정적 비용이 상승했고, 이렇게 준고정적 노동비용이 상승하자, 기업들은 상대적으로 비싸진 고용보다는 근로시간 연장을 선호하게 된 것이다.

　현재 우리나라 근로시간이 선진국에 비해 길어서 줄여야 한다는 주장이 제기되어 왔다. 그러나 이 주장은 전술한 우리나라 노동시장의 현실에 따라, 실현되기는 쉽지 않다. 핵심은 근로시간을 줄이고 고용을 늘리자는 주장인데, 우리 노동시장 현실에서는 비대한 준고정적 노동비용 때문에 고용을 늘리기가 어렵기 때문이다. 시장의 조정으로 근로시간을 단축하기가 힘들기 때문에, 최근에는 근로시간의 상한선을 법으로 제한하는 시도가 이루어지고 있다. 예를 들어 현재 시장 근로시간이 연장근로를 포함해 주당 56시간 정도라면, 법으로 그 상한을 주당 52시간으로 제한하는 식이다. 이렇게 하면 근로시간이 52시간으로 줄어드는 만큼 고용이 더 늘어날까? 준고정적 노동비용이 없다면 고용이 늘어날 가능성이 있겠지만, 이렇게 강제로 근로시간을 단축하면 준고정적 비용 때문에 오히려 고용이 줄어들 수도 있다. 이제 52시간으로 상한을 정했다고 가정하자. 기업은 52시간 조업으로는 도저히 생산량을 맞출 수 없다. 생산량을 맞추려면 고용을 늘려야 하는데, 준고정적 부담이 없는 근로시간 이용으로부터 준고정적 비용을 지출해야 하는 고용으로 전환한다면 평균 노동비용이 상승한다는 의미이다. 제1장에서 확인했듯, 노동비용이 상승하면 원가가 높아져 스케일 효과가 일어난다. 그 결과 생산이 줄고 노동수요가 줄어들 것이다. 그러면 고용이 오히려 줄어드는 결과로 이어진다.

　우리가 정말로 근로시간을 단축하고 고용을 늘리고자 한다면, 가장 효과적인 방법은 고용에 따르는 준고정적 비용을 줄이는 것이다. 고용주들이 고용조정을 할 때 현재보다 부담을 덜 수 있도록 해고 유연성이 높아지고, 법정 부가급여의 경우 근로자와 합의를 거쳐 자유로이 가입하고 탈퇴할 수 있다면, 준고정적 비용이 줄어들고 고용주들이 더 쉽게 고용을 늘릴 수 있을 것이다.

3.3 정규직과 임시직의 고용에 대하여

기업은 정규직과 함께 임시직을 사용한다. 다음 절에서 다시 더 상세히 살펴보겠지만, 정규직과 임시직은 일반적으로 성격이 다른 직무에 종사한다. 정규직은 기업의 핵심 업무에 종사하는 반면, 임시직은 주변적인 업무에 종사하는 경우가 많다. 따라서 근로시간과 고용의 관계와 마찬가지로 서로 쉽게 대체되는 관계가 아니다. 정규직과 임시직은 노동비용 면에서도 차이가 난다. 임금도 다르지만 특히 준고정적 노동비용에서 달라진다. 정규직은 본래의 특성상채용과 훈련에 비용이 많이 들어간다. 반면 임시직은 상대적으로 단순한 업무에 종사하므로, 채용비용과 훈련비용이 정규직보다 훨씬 적게 들어간다. 이 같은 차이들로 인해 정규직과 임시직의 최적 배합은, 역시 생산성의 상대적 비율과 노동비용의 상대적 비율이 같아지는 지점에서 이루어진다.

$$(\text{식 } 3\text{-}2) \quad \frac{\text{정규직 한계노동생산성의 가치}}{\text{임시직 한계노동생산성의 가치}} = \frac{W_1 + R_1}{W_2 + R_2} \quad \text{또는}$$

$$(\text{식 } 3\text{-}2)' \quad \frac{\text{정규직 한계노동생산성의 가치}}{W_1 + R_1} = \frac{\text{임시직 한계노동생산성의 가치}}{W_2 + R_2}$$

W_1, W_2는 각각 정규직임금 및 임시직임금을 뜻하며, R_1, R_2는 각각 정규직 준고정비용 및 임시직 준고정비용이다. (식 3−2)′는 정규직과 임시직의 최적 결합은 각 요소의 비용 1원당 한계생산성의 가치가 동일할 때 이루어진다는 의미이다.

현재 이러한 등가성이 이루어지고 있다고 가정하자. 그런데 어떤 이유로 정규직의 준고정적 비용(R_1)이 상승했다고 가정하자. 그러면 (식 3－2)′에서 정규직의 1원당 한계생산성 가치는 임시직의 1원당 한계생산성 가치보다 더 작아진다. 따라서 기업은 상대적으로 한계생산성 가치가 작아진 정규직을 줄이고 임시직을 늘리는 방식으로 고용을 조정해 등가성을 회복하고자 할 것이다.

이는, 우리나라 노동시장에서 정규직/임시직 비율이 감소해온 데 대한 시사점을 제시하는 부분이다. 경제가 성장하고 노동생산성이 상승하면서 정규직·비정규직을 막론하고 임금과 준고정적 노동비용은 함께 상승해왔다. 더불어 노동조합의 힘도 더 강력해졌고 노동조합은 정규직 보호에 앞장섰다. 따라서 정규직의 임금과 준고정적 노동비용이, 임시직 임금과 준고정적 노동비용보다 더 높이 상승했다. 특히 부가급여 등 준고정적 비용에서 정규직과 임시직 간 격차가 더 벌어졌다. 그런데 정규직의 임시직에 대한 상대적 노동생산성이 상대적 임금수준보다 낮게 증가했다면, 정규직의 비용 1원당 한계생산성 가치는 임시직의 비용 1원당 한계생산성 가치보다 작아졌을 것이다. 그 결과 당연히 기업은 정규직보다는 임시직을 더 선호하게 되었고, 따라서 시간이 갈수록 정규직/임시직의 비율은 작아졌을 것이다.

준고정적 비용이 정규직과 임시직 고용에 미치는 영향은, 경기 변동에 따라 고용 조정을 할 때 가장 극명히 드러난다. 쉽게 이해하기 위해 숫자로 예를 들어 분석해보자. 정규직의 임금(W_1)이 연봉 4천만 원이라 가정하자. 준고정적 비용으로는 채용비용과 훈련비용만 있고, 이는 이미 지출되었다고 가정하자. 그리고 기업은 이미 발생한 채용비용과 훈련비용을 매년 2천만 원씩 회수한다고 가정하자. 그러면 연간 회수되는 준고정적 비용(R_1)은 2천만 원이다. 한편 임시직의 임금(W_2)을 연봉 2천 5백만 원이라 가정하자. 임시직은 채용과 훈련에 비용이 적게 들었으므로, 연간 회수하는 준고정적 비용(R_2)이 5백만 원이라 하자. 그러면 정규직의 연간 노동비용은 6천만 원이고 그 가운데 2천만 원이 준고정적 비용이 된다. 반면 임시직의 연간 노동비용은 3천만 원이고 그 가운데 5백만 원이 준고정적 비용이 된다. 연간 노동비용 가운데 준고정적 비용이 차지하는 비중을 고정도$^{degree\ of\ fixity}$라고 하는데, 정규직 고정도는 임시직에 비해 2배로 높다.[1] 그 이유는 정규직이 임시직보다 채용비용, 훈련비용 등 고용비용이 월등히 높기 때문이다.

이러한 상황에서 장기균형은 언제일까? 정규직 생산성이 6천만 원으로 정규직 노동비용과 같고, 임시직 생산성은 3천만 원으로 임시직 노동비용과 같을 때이다. 이는 〈그림 3-1〉을 통해 확인할 수 있다. 좌측 그림에서 정규직의 (한계)생산성 가치는 직선 p_1으로 나타난다. 점 a에서 생산성 가치는 6천만 원으로, 노동비용의 가치와 일치한다. 따라서 정규직의 최적 고용규모는 N_1이다. 기업은 임금으로 4천만 원을 지급하고, 기지출된 준고정적 비용의 일부로 2천만 원을 회수한다. 한편 우측 그림은 임시직의 고용 결정을 나타내는데, 임시직의 (한계)생산성 가치는 직선 p_2이다. 점 b에서 임시직의 생산성 가치는 3천만 원으로, 임시직 노동비용의 가치와 같다. 따라서 임시직의 최적 고용규모는 N_2이다. 기업은 임금으로 2천 5백만 원을 지급하고 기지출된 준고정적 비용의 일부로 5백만 원을 회수한다.

매년 이와 같은 상황이 반복된다면 정규직과 임시직 고용규모는 달라지지

〈그림 3-1〉 준고정적 노동비용의 차이와 고용 조정

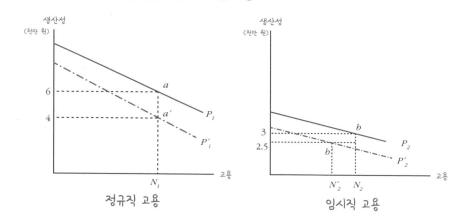

정규직 고용   임시직 고용

---

1 정규직의 고정도 = $\dfrac{R_1}{W_1 + R_1}$ = $\dfrac{2}{6}$, 그리고 임시직의 고정도 = $\dfrac{R_2}{W_2 + R_2}$ = $\dfrac{0.5}{3}$ = $\dfrac{1}{6}$

않을 것이다. 그러나 이제 경기가 악화되어 매출이 1/3 정도 줄어든 상황을 가
정해보자.

　다른 조건이 달라지지 않는다면, 이는 노동생산성의 가치가 정규직이든 임
시직이든 역시 1/3 정도 줄어든다는 의미이다. 즉 정규직의 생산성은 6천만 원
에서 4천만 원으로 줄어들고, 임시직의 생산성은 3천만 원에서 2천만 원으로 줄
어든다. 이는 그림에서 노동생산성 가치 직선이 아래로 이동한다는 의미이고,
따라서 〈그림 3-1〉의 좌측 그림에서 p_1이 p'_1로 이동하는 것으로 나타난다. a
점은 a'점으로 이동해 생산성이 4천만 원이 된다.

　생산성이 a'점인 상태에서 기업은 정규직 고용을 바꿀 것인가? 만일 경기
악화가 일시적이지 않고 영구적이며, 이어서 생산성가치 직선이 p'_1으로 고착
된다면? 고용수준 N_1에서의 생산성 4천만 원은 노동비용 6천만 원을 보상하지
못한다. 따라서 정규직 고용을 줄여야 할 것이다. 그러나 생산성 하락이 일시적
인 경기 악화 때문이라면 판단은 달라진다. 현재 생산성이 4천만 원으로 하락
했지만 임금 4천만 원은 지불할 수 있다. 다만 준고정적 비용을 회수하지 못할
뿐이다. 그런데 준고정적 비용은 이미 지출된 매몰비용이다. 비록 경기 악화로
불경기에는 회수하지 못해도, 경기가 회복되면 다시 회수할 수 있다. 그런데 고
용을 줄인다면 어떻게 될까? 앞으로 경기가 좋아졌을 때 일부라도 회수할 가능
성조차 없애는 셈이다. 따라서 정규직 고용은 당장 줄이지 않는 편이 현명하다.

　그렇다면 임시직의 경우는 어떨까? 임시직의 생산성은 3천만 원에서 2천
만 원으로 떨어졌다. 2천만 원은 임시직의 현재 임금 2천 5백만 원을 지급하기
에도 부족한 금액이다. 따라서 현재의 N_2수준으로 고용을 유지한다는 건, 매몰
비용을 회수하지도 못할 뿐더러 당장의 임금 지급에서조차 손실을 보는 셈이
다. 따라서 최소한 임금 2천 5백만 원을 지불할 수 있는 수준으로 생산성을 회
복하려면 부득이 고용을 줄여야 한다. 그림에서는 고용이 N'_2수준으로 줄어드
는 모습으로 나타난다. 고용이 N'_2수준이면 생산성은 2천 5백만 원으로, 임금
을 지급할 수 있는 정도이다.

정리하면 다음과 같다. 단기적으로 경기가 하락해 생산성이 하락해도 정규
직은 고정도가 높아서 고용 감소를 피할 수 있지만, 임시직은 고정도가 낮아 고
용 감소를 피하기 어렵다. 왜 정규직은 고용이 안정적인 반면 임시직은 고용이
불안정한지 알려주는 부분이다. 직관적으로 말하면, 정규직은 채용할 때 돈을
들였고 또 핵심 업무에 종사할 수 있도록 훈련비용도 많이 들인 직군이다. 반면
임시직은 임금 외에 별로 비용을 투자하지 않은 직군이다. 회사가 어려워졌을
때, 이미 투자를 많이 한 정규직은 내보내면 손해가 된다. 반면 상대적으로 투
자를 하지 않은 임시직은, 일단 내보냈다가도 상황이 나아지면 쉽게 다시 부를
수 있다. 결국 고용안정성을 가져오는 열쇠는, 준고정적 노동비용이 전체 노동
비용에서 차지하는 비중이다.

3.4 이른바 '비정규직'에 대해 올바르게 이해하기

이른바 '비정규직' 이슈에 대해 우선 어떤 용어를 선택해야 올바른 것인지
부터 설명하고자 한다. 현재 우리나라에서 통용되는 '비정규직'이라는 용어는,
학문적으로나 법적으로 정의된 용어가 아니며 구분 기준이 자의적이다. 국제적
으로 쓰이는 개념과도 당연히 괴리가 크다. 그런데도 국제 기준인 '임시직'과
비교되면서 다른 국가에 비해 규모가 크다는 식으로 이슈화되곤 한다. 출발부
터 정의가 틀린 개념끼리 비교하는 것이므로 결과적으로도 부정확한 비교이다.
현재 정부가 사용하는 '비정규직'의 범위는 〈표 3−1〉에서처럼 크게 한시적 근
로자, 시간제 근로자, 비전형 근로자 등 세 가지로 나뉜다. 한시적 근로자와 비
전형 근로자는 표에서처럼 다시 세부적으로 나뉜다.

한편 OECD에서는 전통적으로 '임시직temporary jobs'이라는 표현을 사용하
며, Eurostat의 정의에 따라 "한시적 기한을 갖는 피고용dependent employment of
limited duration"을 의미한다. 임시직은 계약직fixed term contract과 파견직TWA 이 두
가지를 포함한다. 계약직의 정의는 "만일 갱신되지 않는다면 사전에 정한 일

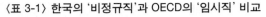

〈표 3-1〉 한국의 '비정규직'과 OECD의 '임시직' 비교

구 분			한국	OECD
한시적 근로자	비기간제 근로자	① 기간제 근로자	✓	✓
		② 반복갱신으로 계속근무 가능자	✓	
		③ (비자발적 사유로) 계속근무기대 곤란자	✓	?
시간제 근로자		④ 시간제 근로자	✓	
비전형 근로자		⑤ 파견 근로자	✓	✓
		⑥ 용역 근로자	✓	
		⑦ 특수형태근로 종사자	✓	
		⑧ 가정내 근로자	✓	
		⑨ 일일(단기) 근로자	✓	✓

자, 또는 사전에 정한 조건이 만족되면(프로젝트 완성 등) 종료된다고 간주하는 계약"을 말한다. 파견직^{TWA}의 정의는 "고용주(파견사업자)가 제3자(사용사업자)와의 계약에 의거, 피고용자를 제3자(사용사업자)의 지휘를 받아 일하도록 한 계약"을 말한다.

따라서 OECD 기준을 보면 '정해진 기간의 만료' 또는 '사전에 정해진 조건 충족' 등과 같이 객관적으로 명백하다. 반면 우리나라 비정규직 기준은 주관적 판단에 의존하는가 하면, 심지어 피고용자가 아닌 사업자를 포함하기도 한다. 즉 국제기준에 따르면 기간만료 등과 같은 '객관적 사유'에 의한 계약 종료인데, 우리나라 기준은 근로자에게 계속근로를 기대할 수 있냐고 묻고 근로자의 답변에 근거한다. 즉 근로자의 '주관적 견해'에 따라 계속근로를 기대할 수 없다고 답하면 무기계약이라 해도 임시직으로 분류한다. 또 우리나라에서는 비전형근로라는 여러 대안적 취업 형태를 다수 포함하는데, 객관적 기준이 없다. 예를 들어 용역근로를 비정규직으로 포함하는데, 용역이 도급과 어떻게 구별되는지, 또 왜 청소와 경비 등의 용역만 비정규직에 포함해야 하는지 객관적 기준이 없다. 만일 해당 업종 종사자들의 근로조건이 열악해서 포함했다면? 비정규근로의 기준이 근로조건 열악성 여부에 있다는 의미이니, 그렇다면 바른 용어는

'비정규근로'가 아니라 '취약근로'가 되어야 한다. 마지막으로 타인에게 고용된 피고용 임금근로자로 볼 수 없는 사람을 포함하고 있다. 설계사, 레미콘기사, 학습지교사 등은, 고용계약이 아니라 사업계약을 맺고, 근로소득세가 아니라 사업소득세를 내는 자영업자인데도 비정규직 근로자로 포함하고 있다.

〈표 3-1〉에서 한국과 OECD 기준을 비교해보면, 기간제 근로자, 파견근로자, 일일근로자만이 국제기준에 부합한다. 이렇게 정의가 다른 만큼 우리나라 정부가 발표하는 비정규직 비율과, 국제기준에 맞는 임시직 비율은 매우 차이가 크다. 국제기준에 맞추어 계산할 경우 우리나라의 임시직 비율은 20% 정도이다. 참고로 2014년 OECD employment outlook은 2012년 자료를 바탕으로 우리나라의 임시직 비율을 22%로 발표했다. 33.3%라고 발표한 우리 정부의 비정규직 비율과 차이가 크다.

'비정규직'에 관한 두 번째 이슈는 비정규직의 비중이 증가하는 원인이다. 비정규직 확산을 비판하는 입장에서는 이른바 '이중노동시장 가설'을 내세운다. 기업들이 의도적으로 이중노동시장을 만들어, 정규직을 '무분별하게' 비정규직으로 대체해 인건비를 절감하고, 다른 한편으로는 비정규직 이용을 통해 정규직 통제를 강화하려 한다고 본다. 그러나 표준경제학에서는 거래비용이론과, 앞서 설명한 준고정적 노동비용 이론 등에 근거해 합리적인 최적 선택의 결과라고 해석한다.

거래비용이론을 간략히 설명하면, 기업조직의 기본원리는 생산에 필요한 자원을 To Make(직접 만들거나), To Buy(외부에서 사거나)에 의한다는 것이다. 예를 들어 인적 자원의 경우, 정규직 고용은 채용한 뒤 훈련시켜 사용하므로 'to make'이다. 반면 파견, 도급 등은 외부자원의 활용이므로 'to buy'이다. 거래비용 이론에서 기업 내에서 만드느냐, 외부자원을 활용하느냐의 판단기준은, 각 방식을 추구하는 데 드는 거래비용Transaction Cost의 최소화에 있다. 거래비용에는 조정비용Cordination Cost과 동기부여비용Motivation Cost, 이 두 가지가 있다.

이러한 거래비용에는 다음 다섯 가지 요인이 영향을 미친다.

- 거래에 소요되는 자원의 특수성(specificity)
- 거래가 이루어지는 빈도(frequency)와 기간(duration)
- 거래의 복잡성(complexity)과 불확실성(uncertainty)
- 성과측정(performance measurement)의 어려움
- 다른 거래와의 연결도(connectedness to other transactions)

따라서 사용되는 자원이 기업 특수적이지 않을수록, 거래가 이루어지는 빈도가 낮을수록, 거래 내용이 비교적 명료할수록, 성과측정이 객관적으로 가능할수록 그리고 다른 기능과의 연결도가 약할수록 to buy의 거래비용이 낮아진다.

그런데 1980년대 후반 이후의 정보통신 혁명은 to buy의 거래비용을 낮추는 데 결정적으로 기여했다. 따라서 전통적으로 기업 내부에서 인재가 육성[to make]되던 방식은 점차 줄어들고, 필요한 인재를 그때그때 외부로부터 조달받는[to buy] 방식이 더 활발히 활용되기 시작했다. 따라서 장기간에 걸친 훈련이 필요 없는 임시직 고용과 함께 파견, 도급 등 외부 인적자원 구입 수요가 높아진 것이다. 이에 대해서는 제13장에서 보다 자세히 다루기로 한다.

세 번째 이슈로 비정규직과 정규직의 임금 격차를 들 수 있다. 비정규직에 대해 비판하는 입장에서는, 비정규직이 정규직 임금의 절반에 그친다는 점을 집중 강조해, 비정규직이 부당하게 차별받고 있다고 주장한다. 사실일까? 〈표 3-2〉에서 통계청의 경제활동인구 부가조사에 나타난 월평균 임금을 비교했다. 금액을 단순 비교하면 비정규직 임금은 정규직 임금의 55~56% 수준이다.

〈표 3-2〉 정규직과 비정규직 임금 비교

(단위: 만 원, 정규직대비 %,)

	정규직	비정규직	한시적	기간제	비기간제	시간제	비전형
'13. 6~8월 평균	254.6	142.8 (56.1)	160.2	158.1	168.9	65.4	141.2
'14. 6~8월 평균	260.4	145.3 (55.8)	161.4	158.3	172.5	66.2	151.5

자료: 2014년 8월 경제활동인구 근로형태별 부가조사

그러나 임금은 근로자의 연령, 교육수준, 근속기간 등 개인 차와 산업, 회사 규모 등 사업장의 특성을 반영하므로, 이 요인들의 영향을 제거한 뒤 비교해야 할 것이다. 그런데 정규직과 이른바 비정규직은 연령, 학력, 근속기간 등에서 차이가 분명하다. 연령 면에서 정규직은 생산성이 높은 30대에 몰려 있는 반면, 비정규직은 청년층과 50~60대 고령층에 몰려 있다. 또 학력별로 비정규직은 고졸이나 고졸 미만이 많아 정규직보다 저학력이다. 사업체 규모별로 정규직은 상대적으로 고임금·대규모 사업장에 있는 반면, 비정규직은 70%가 30명 미만인 소규모 사업장에 있다. 더욱이 근속년수의 경우 정규직이 평균 7년 1개월인데 반해 비정규직은 2년 6개월에 불과하다. 주당 근로시간도 정규직은 40.1시간이나 비정규직은 33.8시간에 불과하다(2014년 8월 조사 결과). 따라서 이러한 요인들을 통제하고 나면 정규직과 비정규직의 순임금격차는 2014년의 경우 8%로 줄어든다.

참고로 임금이란 현재 노동의 대가일 뿐만 아니라 과거 노동과 미래 노동까지도 관련된다. 즉 현재의 노동은 현재의 생산성을 통해 임금으로 반영되며, 과거의 노동은 연공급인 경우 과거의 underpay가 현재의 overpay로 반영될 수 있다. 또한 미래의 노동을 기대하는 경우 현재의 생산성보다 높은 임금을 지급함으로써 인센티브를 부여한다. 따라서 정규직의 경우 비정규직과 달리 과거와 미래 노동에 대한 고려가 임금에 포함되어, 비정규직 임금보다 올라간다. 따라서 8%의 임금격차는 이 같은 임금 특성을 반영하는 결과일 확률이 높다. 차별의 결과라고 말하기 어려운 이유이다.

04

제도와 정책이 고용에 미치는 영향

04

제도와 정책이 고용에 미치는 영향

4.1 고용관련 조세와 보조금은 어떤 영향을 줄까?

고용주는 근로자를 고용하기 때문에 여러 조세와 부담금을 정부에 지불한다. 대표적인 예가 사업소세다. 부담금으로는 고용보험, 국민연금, 건강보험, 장기요양보험, 산재보험 등에 대한 고용주 부담금이 있다. 이렇게 정부에 납부하기도 하지만 고용주는 고용 관련 보조금을 받기도 한다. 예를 들어 청년인턴 취업지원금, 또는 취약계층을 위한 고용촉진지원금 등이 있다. 이러한 조세와 지원금은 고용주의 고용 결정에 영향을 주게 되는데, 그렇다면 어떻게 영향을 받는지 살펴보자.

우선 근로자 고용에 따라 부담하는 조세 또는 부담금의 영향을 분석한다. 제1장에서 도출한 수요곡선을 이용해 분석해보자. 제1장에서 살펴보았듯, 고용주는 고용을 결정할 때 노동의 한계생산성의 가치와 임금(인건비)의 등가성을 이루고자 한다. 현재 고용주는 임금 W만 지불하면 되고 그때까지 정부에 내는 조세는 없었다고 가정하자. 그런데 이제 정부가 조세 또는 부담금을 거두기로 했고 그 크기는 일인당 T라고 가정하자. 그러면 고용주가 부담하는 일인당 인건비는 임금과 조세를 합해 $W+T$가 될 것이다. 조세가 없을 경우의 인건비는 W인데 비해 이제 인건비가 $W+T$로 올라갔으므로, 생산성과 임금의 등가성을 맞추려면 생산성이 그만큼 올라가야 한다. 그러려면 한계생산성이 체감하는 성격에 비추어 고용을 줄여야 생산성을 올릴 수 있다. 따라서 고용주는 고용을 줄일 것이다.

이 내용을 그림으로 설명하면 다음과 같다. 〈그림 4−1〉에서 고용주의 당초 수요곡선은 D_0라고 가정하자. 수요곡선상의 a점에서 고용주는 W의 임금에서 M만큼의 고용 수요를 갖는다. 이제 정부가 고용 1인당 T만큼의 조세를 부과한다면, 고용주의 인건비는 $W+T$로 상승하고 올라간 인건비와 생산성을 맞추기 위해 고용주는 고용을 M_1으로 줄일 것이다. 이는 D_0의 수요곡선상에서 a점이 b점으로 움직인 것을 뜻한다. 그런데 시장에서 나타나는 모습은, 임금은 W인데 고용이 M_1으로 줄어든 것이다. 즉 a점이 a_1으로 이동한 것이다. 따라서 D_0에서 D_1으로, 수요곡선이 왼쪽으로 이동한 것과 같다. 수요곡선이 왼쪽으로 이동했다는 것은 동일한 임금에 대해 고용 수요가 줄어들었음을 뜻한다. 결국 정부가 고용에 대해 세금이나 부담금을 부과하면 고용을 줄이는 결과로 이어진다.

〈그림 4-1〉 조세와 보조금의 고용효과

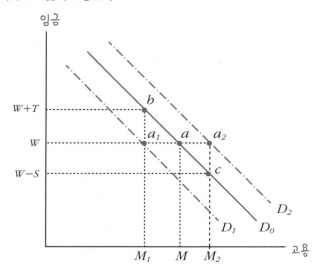

이 분석에서 확인했듯이, 고용에 대해 매기는 조세나 부담금은 고용에 악영향을 줄 수 있다. 특히 주어진 임금에 비해 조세나 부담금의 크기가 클수록 이 같은 부정적인 효과는 더 커질 것이다. 우리나라의 경우 외환위기 이후 임금 상승 속도보다 4대 보험에서의 고용주 부담금 상승 속도가 빨랐다. 때문에 우리나라의 고용 증가율이 이전에 비해 현저히 감소하는 데 영향을 미쳤으리라 추론할 수 있다.

고용에 대한 정부 조세가 고용에 음의 영향을 준다면, 고용에 대한 정부 보조금은 반대의 효과를 빚어낼 수 있다. 중소기업의 청년 고용에 대해 보조금을 지급한다고 가정하자. 그러면 고용주의 실제 인건비 부담은 임금에서 보조금을 뺀 금액이 될 것이다. 낮아진 인건비 덕분에 고용주는 고용을 늘릴 수 있다. 그래도 임금과 생산성의 등가성은 맞출 수 있기 때문이다.

이 내용을 〈그림 4-1〉을 통해 설명하면 다음과 같다. 역시 최초의 수요곡선은 D_0와 같고 고용은 a점에서 이루어진다고 가정하자. 정부로부터 S만큼 보조금을 받는다면 고용주의 실인건비 부담은 $W-S$로 하락할 것이고, 고용주는 낮아진 인건비와 생산성의 등가성이 이루어지는 c점에서 고용을 수요할 것이다. 따라서 고용은 이제 M에서 M_2로 증가한다. 실제 시장에 나타나는 모습은 임금 W에서 고용이 M_2가 되는 것이다. 즉 a점이 a_2점으로 이동하는 것과 같다. D_0로부터 D_2로, 수요곡선이 오른쪽으로 이동했다는 뜻이다. 즉 동일한 임금에서 고용 수요가 증가했음을 의미한다. 따라서 채용보조금은 고용을 늘리는 효과로 이어질 수 있다.

4.2 최저임금제는 근로자에게 얼마나 유리할까?

시장경제에서 임금은 노동수요와 노동공급의 상호작용에 따라 결정된다. 노동수요는 생산성과 임금의 등가성 원칙에 따라 만들어진다. 노동공급은 여가의 상대적 가치와 임금의 등가성 원칙에 따라 만들어진다. 따라서 시장균형에서 생산성과 임금 및 여가의 상대적 가치는 상호간에 등가성을 이룬다. 바꾸어 말하면 임금은 생산성을 반영하는 동시에, 근로자가 생각하는 여가의 가치를 반영한다.

이렇듯 시장임금은 노동이 만들어내는 가치와, 노동함으로써 희생하는 여가의 가치를 일치시킨다는 점에서 이론상 가장 효율적이다. 그러나 현실에서 하위의 임금은 근로자의 최저생계를 유지하는 데 부족하다는 주장이 제기되어 왔다. 현재 형성되는 시장임금이 낮은 이유가 생산성 수준이 낮기 때문이라고 해도, 최저생계 유지에 부족하다면 결코 정당화될 수 없다는 것이다. 다시 말해 생산성과 여가 가치의 동일성을 달성하는 임금이 우선하는 것이 아니라, 최저한의 생활 보장이 우선해야 한다는 입장이다. 이러한 입장에서 임금의 최저 수준을 제도적으로 보장해야 한다는 것이 최저임금제의 취지이다. 우리나라에서도 같은 취지 하에 1988년부터 최저임금제가 시행되고 있다.[1]

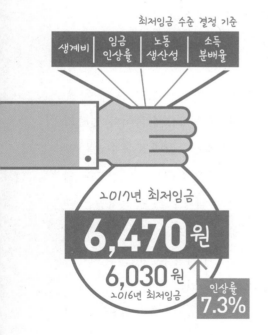

최저임금 수준 결정 기준

생계비 | 임금 인상률 | 노동 생산성 | 소득 분배율

2017년 최저임금

6,470원

6,030원
2016년 최저임금

인상률
7.3%

최저생계 수준의 내용은 무엇인지 또 그러한 최저생계 수준을 담보하는 임금은 어떻게 산정하는지 등은 매우 복잡하고 논란이 많은 문제이다. 그럼에도 일단 최저임금이 결정되었다면, 시장에서 형성되는 임금과 어떤 관계인지, 그리고 노동시장에 어떤 영향을 미치는가는 중요한 문제이다. 우선 어떻게 정해졌든, 어떤 수준의 최저임금이 현재 시장에서 형성되는 시장임금보다 낮다면 어떤 문제도 발생하지 않는다. 누구든 기꺼이 시장임금을 택할 것이기 때문이다. 그러나 만일 최저임금 수준이 시장임금

---

1 우리나라 최저임금제의 역사, 결정과정, 최저임금 수준 등에 대한 설명과 자료는 최저임금위원회 홈페이지 (http://www.minimumwage.go.kr/)에 자세히 나와있다.

보다 높다면, 그 영향을 따져보지 않을 수 없다. 고용주의 노동수요에도, 근로자의 노동공급에도 영향을 미치기 때문이다.

따라서 최저임금 수준이 시장임금(시장균형임금)보다 크다고 전제하고, 우선 그 영향을 직관적으로 설명한 뒤 수요곡선과 공급곡선의 그림을 통해 살펴보자. 법 또는 위원회에서 정한 최저임금이 시장임금보다 크다면 고용주는 어떻게 반응할까? 고용주는 고용을 결정할 때 임금과 생산성의 등가성을 늘 염두에 둔다. 결정된 최저임금이 시장임금보다 높다면 노동생산성보다 높다는 의미이다. 그렇다면 높아진 임금과의 등가성 회복을 위해 고용주는 고용을 줄여 생산성을 높이려 할 것이다. 그렇다면 고용을 줄일 때 누구를 줄일까? 당연히 가장 생산성 낮은 근로자 또는 생산성 낮은 업무에 종사하는 근로자부터 줄일 것이다. 노동시장에서 생산성 낮은 (또는 생산성 낮은 업무에 종사하는) 근로자는 누구일까? 막 노동시장에 진입한 청소년 근로자, 여성근로자, 또는 생산성이 떨어진다고 평가받는 중·고령자들이다. 업무로 보면 가장 단순하며 반복적인 일들, 예를 들어 주유, 청소, 판매 등의 종사자들일 것이다. 이들이 고용기회를 우선적으로 잃을 확률이 높은 사람들이다.

한편 최저임금이 시장임금보다 높으면 근로자의 여가 가치보다 높음을 뜻한다. 그러면 노동시장 밖에서 시간을 보내기보다, 노동시장에 들어와 일하려는 사람들이 늘어날 것이다. 즉 노동공급자가 늘어난다. 그런데 노동수요는 앞서 말했듯 이전보다 줄어들었다. 따라서 노동시장에서 일자리를 찾지만 고용되지 않는 인력, 즉 실업자가 늘어난다. 따라서 시장 전체적으로는, 최저임금 때문에 혜택을 받는 근로자 그룹과 피해를 입는 실업자 그룹으로 나뉘게 된다. 다시 말해 일자리를 잃지 않는 근로자들은 최저임금의 수혜를 입지만, 그 뒤에는 일자리를 잃거나 얻지 못하는 동료 근로자들의 희생이 있는 것이다.

이 내용을 그림으로 설명하면 〈그림 4-2〉와 같다. 그림에서 시장균형 임금은 수요곡선 D와 공급곡선 S가 만나는 점에서 형성되는 임금수준 W이다. 그리고 균형 고용은 M이다. 이제 최저임금이 W_m으로 결정되었다고 가정하자. 임

〈그림 4-2〉 최저임금의 실업 효과

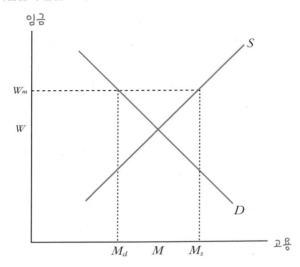

금이 균형임금 이상으로 상승했으므로 생산성과 맞추기 위해 고용주는 고용을 M_d로 줄일 것이다. 반면 근로자는 임금이 여가의 가치보다 높으므로, 일자리를 찾아 나서는 숫자가 M_s로 증가한다. 따라서 $M_s - M_d$만큼의 근로자들이 일자리를 찾지 못하고 실업 상태에 빠질 것이다. 실업 상태에 빠지는 사람 중 $M - M_d$만큼은 기존에 일자리가 있었으나 일자리를 잃은 사람들이고, $M_s - M$만큼은 새로 일자리를 찾아 나섰으나 얻지 못한 사람들이다. 결국 기존 근로자 중 M_d만큼은 과거보다 높은 임금으로 인해 혜택을 입었지만, 최저임금으로 인해 일자리를 잃은 $M - M_d$만큼의 근로자들이 희생된 결과이다. 또한 $M_s - M$만큼의 신규 실업자가 발생하는 부작용도 일으킨다.

　　최저임금 때문에 수혜와 피해가 동시에 발생한다면, 이를 어떻게 평가해야 할까? 최저임금제도가 결코 근로자에게 유리하다고만 할 수는 없을 것이다. 그렇다고 해서 무조건 불리하다고만 할 수도 없다. 수혜자와 피해자가 동일인이 아니니 직접적으로 크기를 비교할 수도 없다. 다만 최저임금의 수준에 따라서 부정적인 고용감소의 피해가 어느 정도일지 면밀히 검토해 최저임금의 수준을 결정하는 지혜가 필요하다. 최저임금 상승에 따라 고용이 얼마나 감소할지, 그 정도는 수요의 임금탄력성이 결정한다. 만일 노동수요탄력성이 작다면 주어진 임금상승에 대한 고용감소는 작다. 그림으로 보면, 수요곡선 D가 매우 가파를 때 $M-M_d$의 크기는 작아진다. 반면 노동수요탄력성이 크다면(수요곡선 D가 매우 완만하다면) 주어진 임금상승에 대한 고용감소는 크다($M-M_d$의 크기는 커진다). 결국 그 고용감소의 정도는 노동수요탄력성에 대한 실증분석에 근거할 수밖에 없다.

우리나라 최저임금제와 관련한 실증분석에서 수도권 132개 단지 아파트의 2005~2007년 패널자료를 저자가 분석한 결과, 최저임금제 도입으로 임금은 10.9% 상승했고, 고용은 3.5~4.1% 감소했으며 근로시간은 13.5% 감소했다. 최저임금제는 임금상승과 함께 고용감소, 근로시간 감소 효과로 이어진다는 결과이다. 한편, 국내의 다른 연구에서는 최저임금이 인상될 경우 기업이 기존 근로자를 내보내려 해도 경직성으로 인해 단기적인 인력조정을 하기 어려울 수도 있으므로, 해고 대신 신규채용 규모를 줄일 수 있다는 점에 착안했다. 따라서 최저임금 인상이 신규채용에 미치는 효과를 추정했는데, 최저임금을 1% 인상하면 적용대상 근로자(시간당 임금분포의 하위 5%에 속하는 근로자)의 신규채용이 6.6% 감소했다. 또한 이같은 최저임금의 신규채용 감소효과는 남성보다는 여성근로자, 또 고연령층 근로자에서 더 높았다. 5인 미만 영세업체, 제조업과 도소매, 음식숙박업 등이 더욱 크게 영향받는다고 나타나, 최저임금제가 앞서 언급했듯 취약한 근로자 계층에 우선적으로 타격을 준다는 이론을 뒷받침했다.

4.3 고용보험(실업보험)은 고용에 도움이 될까?

우리나라에서 고용보험이라 하는 보험은, 국제적 표현으로는 실업보험 unemployment insurance이다. 보험은 사고를 당했을 때 발생하는 손해 보전을 위해 드는 것이고 고용 면에서 실업은 사고에 해당하므로, 실업에 대한 보험을 든다는 의미에서 '실업보험'이라는 표현이 더 정확하다. 실업보험에서 근로자는 일부 임금을 적립하며 고용주도 일부 보험료를 부담한다. 그리고 근로자가 비자발적으로 일자리를 잃는 경우, 실직 전 임금의 일부를 실업급여라는 보험금으로 일정 기간 동안 지급받는다.

실업보험은 근로자가 '실업'이라는 '사고'를 당해도, 그로 인해 발생하는 임금소득의 손실을 일정 부분 보전해 근로자의 생활의 질이 어느 정도 유지되도록 한다. 실업보험의 순기능이다. 한편 실업보험에는 실업급여를 받는 동안 근로자가 계속 실업 상태에 안주하게 하는 부작용도 있다. 따라서 나라 전체의 실업률이 높아지는 결과로 이어질 수 있다. 이 내용에 대해 먼저 직관적으로 설명한 뒤 그림으로 보충하고자 한다.

어떤 근로자가 취업 상태일 때는 임금을 받는 대신 일을 한다. 일하는 만큼 여가는 포기하는 셈이다. 그러한 근로자가 실업상태에 놓인다면 임금을 상실하는 손해를 볼 것이다. 그러나 일하지 않으므로 여가는 늘어난다. 이때 실업보험의 급여가 지급되면, 임금 상실에 따른 손해는 완화되면서 여가는 그대로 늘어난 상태가 된다. 그렇다면 근로자 입장에서 (소득은 크고 여가는 작은) 취업 상태에 대한 만족도와 (소득은 작고 여가는 큰) 실업급여가 있는 실업상태에 대한 만족도를 비교하게 된다. 어느 쪽이 더 높은 만족일지는 소득과 여가에 대한 근로자 개인의 상대적 선호도에 따라 다르다. 많은 근로자의 경우 소득이 워낙 중요하므로, 실업급여가 소득을 보완한다 해도 실업상태는 취업 상태만큼 만족스럽지 못할 가능성이 크다. 따라서 이런 유형의 근로자는 다시 열심히 구직활동을 해 일자리를 찾을 것이다. 그러나 근로자 모두가 같은 유형은 아니다. 어떤 근로자는 상대적으로 소득보다 여가를 매우 즐길지도 모른다. 그에게는 실업급여 기간 동안 작다 해도 일정 소득이 있다(보통 실직 전 임금의 50% 정도이다). 대신 하루 종일 놀 수 있는 여유가 있다. 여가를 상대적으로 더 선호하는 유형의 근로자라면, 적어도 실업급여를 받는 동안은 실업상태를 더 선호할지도 모른다. 그렇다면 원래 실업급여를 받는 조건이 성실히 구직활동을 해야 한다는 전제를 둔다 해도, 이 근로자는 구직활동을 하는 척만 할 것이다. 많지는 않다 해도 이

〈그림 4-3〉 실업보험이 근로의욕에 미치는 효과

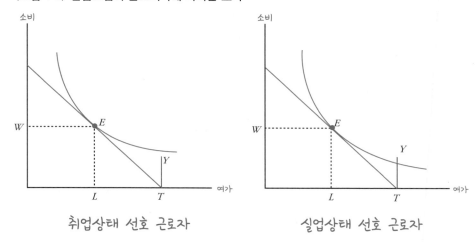

취업상태 선호 근로자   실업상태 선호 근로자

러한 근로자가 존재하는 한 임의의 시점에서 실업자 수는 늘어날 수밖에 없고, 따라서 나라 전체의 실업률도 오를 수밖에 없다.

　　이제 그림을 통해 살펴보자. 〈그림 4-3〉은 제2장에서 논의한 개인의 소비-여가의 최적선택을 다시 보여준다. 근로자는 자신의 선호도를 나타내는 무차별곡선과 예산선이 접하는 점에서 효용을 극대화한다. 〈그림 4-3〉의 왼쪽에서, 취업상태라면 근로자는 E점을 선택할 것이고 따라서 W의 임금을 얻고 $T-L$만큼 일하며 L만큼 여가를 가질 것이다. 이제 이 근로자가 실업상태에 빠지면 W의 임금은 사라지고 대신 여가가 T로 늘어난다. 그런데 Y만큼 실업급여가 지급된다면 근로자의 소비점은 Y가 될 것이다. 즉 여가는 T만큼 갖고 소비를 Y만큼 하는 것이다. 취업상태의 선택점 E와 실업상태의 소비점 Y 중 이 근로자는 어느 것을 선호할까? 그림에서 E점을 통과하는 무차별곡선으로 나타난 만족 수준은 Y점보다 높은 곳에 위치한다. 따라서 이 근로자는 실업급여를 받는 동안이라 해도 실업상태를 벗어나려고 구직활동을 할 것이다.

　　한편 〈그림 4-3〉의 오른쪽 그림은 다른 상황을 나타낸다. 이번에는 취업상태의 선택점 E를 통과하는 무차별곡선이 실업상태의 소비점 Y보다 아래를 통과한다. 즉 E점에서의 만족도보다 Y점에서의 만족도가 더 높다. 이런 선호체계를 지닌 근로자라면, Y의 실업급여가 유지되는 동안에는 다시 일자리를 찾아 E점으로 돌아가려 하지 않을 것이다. 따라서 그 기간 동안 실업상태를 유지하다가 실업급여 기간이 종료할 즈음 구직활동을 시작할 것이다.

실업보험이 구직을 의도적으로 늦춤으로써 실업기간을 장기화하고 실업률을 높인다는 이론적 추론은 어떻게 실증적으로 증명될까? 실업급여를 받는 실업자의 실업상태 탈출 패턴으로 알 수 있다. 실업자의 실업상태 탈출률은 일반적으로 실업 초기에 높다. 즉 실업상태가 싫은 사람들은 왕성한 구직활동으로 다시 일자리를 찾아나간다. 이후 실업급여 기간 동안 실업탈출률은 상대적으로 낮은 수준에 있다가, 실업급여가 종료되는 시점에 다시 현저히 높아진다. 실업급여가 종료됨에 따라 비근로소득이 더는 존재하지 않으므로 다시 열심히 일자리를 찾는다는 의미이다. 따라서 실업급여가 종료되면서 현저히 올라가는 실업탈출률은, 역설적으로 실업급여기간 동안 구직활동이 의도적으로 느슨했음을 드러낸다.

실업보험으로 인한 이와 같은 도덕적 해이moral hazard는 실업급여가 클수록, 실업급여 지급기간이 길수록 커진다. 따라서 이같은 도덕적 해이를 최소화하는 방법 또한 실업급여 금액이나 지급기간을 줄이는 방법으로 귀결된다. 실제로 지난 1990년대 이후, 전통적으로 복지국가를 표방하던 유럽국가들이 사회보장제도를 개혁해 실업을 줄이려고 했던 정책의 큰 부분이 바로 이 같은 실업보험의 개혁이었다. 도덕적 해이를 근본적으로 줄이려면 실업급여를 극도로 제한해야겠지만, 이런 방식은 실업이라는 사고로 인한 소득 손실을 보전한다는 실업보험제도 본연의 취지에 어긋나므로 강력히 시행되기는 어렵다. 한편 실업기간의 분석에 따르면, 실업기간이 6개월이 넘어가기 시작하면 근로자의 인적자본도 퇴행하기 시작한다. 이에 따라 재취업이 어려워져 장기실업으로 이어질 가능성이 높다. 따라서 실업급여를 줄이기보다는 실업급여 지급기간을 단축하는 것이 도덕적 해이를 줄일 뿐 아니라, 장기실업을 막는 효과도 있어 더 유효한 수단으로 인식되고 있다.

4.4 기초소득 보장제도는 빈곤 탈출에 도움이 될까?

시장경제에서는 개인의 능력과 태도의 차이에 따라 소득이 달라지는 것이 당연하다. 그래서 어떤 사람은 천문학적으로 소득이 높기도 하고 어떤 사람은 매우 낮기도 하다. 문제는 소득이 낮은 정도가 최저한의 생활을 유지하기 어려울 정도일 경우 발생한다. 사람들은 개인 간 소득 차이를 받아들이지만, 동시에 같은 사회에 사는 사람들이 절대빈곤에서 벗어나지 못할 정도의 소득으로 받는 고통을 방치하려고도 하지 않는다. 따라서 그들이 최소한의 생활수준을 유지할 수 있도록 사회적으로 돕는 제도를 만든다. 국가마다 용어의 차이는 있지만 내용은 유사하다. 빈곤가구에 대해 빈곤을 벗어나는 데 필요한 만큼 부족한 소득을 보충하는 것이다. 우리나라에서는 국민 기초소득 보장제도라는 이름으로 2000년부터 시행되었으며, 가구당 소득 인정액이 최저생계비에 미달하는 경우 생계비를 보조하고 의료, 교육 등 분야별로 지원한다.

이처럼 빈곤층에 대한 소득보전 제도는 빈곤층의 최소한의 생활을 돕자는 취지로 시행되지만, 이 제도가 오히려 빈곤층으로부터의 탈출 노력을 막기도 하며, 심한 경우 빈곤층 숫자를 오히려 늘리는 문제점도 안고 있다. 그 이유를 우선 직관적으로 설명한 뒤 그림 설명으로 보완하고자 한다.

기초생활보장제도의 가장 근본적이고 기본적인 형태는, 우선 가구별 최저생계비를 정한 뒤 어떤 가구의 소득이 그에 미달하는 경우 그 차액만큼 보전해주는 것이다. 그럼으로써 현 소득 수준과 관계없이 최저생계 소비는 보장될 수 있다. 문제는 이 같은 소득의 보전은 일하지 않고 얻으므로 비근로소득과 같다는 점이다. 빈곤가구는 열심히 노력해 최저생계비를 넘는 수준의 소득을 얻는 순간, 이 같은 비근로소득을 받지 못하게 된다. 따라서 여가를 줄이고 더 일을 열심히 해서 소득을 얻는 상태와, 낮은 소득을 소득보조로 메꾸며 현재의 여가를 유지하는 상태 중 어느 것이 나은지 선택하게 된다. 일정 시간을 더 일해서 얻는 소득이 빈곤선을 훨씬 능가할 만큼 크다면, 일을 해 빈곤선을 벗어나는 선택을 할 것이다. 그러나 더 일해서 얻는 소득수준이 빈곤선을 약간 벗어날 정도라면, 또 이를 위해 현재 여가를 포기해야 한다면 차라리 현재처럼 빈곤층에 머물면서 소득보조를 받는 편이 낫다고 판단할 수 있다. 더 큰 문제는, 현재 장시간 노동하면서 최저생계비를 겨우 충족하는 수준으로 소득을 얻는 가구들의 행동 변화이다. 이들 가운데 차라리 일을 관두고 빈곤층으로 편입되어 부족한 소득은 보조금으로 받고, 대신 힘든 노동을 피하는 것을 선호하는 가구가 생긴다. 이렇게 되면 기초생활을 보장하는 제도가 보조를 받는 기초생활가구를 오히려 늘리는 역효과가 발생한다.

이 과정을 그림으로 설명하면 다음과 같다. 〈그림 4-4〉는 역시 소비-여가의 선택모형을 보여준다. 현재 근로자는 ae의 직선으로 표시되는 예산선을 가지고 있다고 가정하자. 그리고 정부가 결정한 최저생계비 수준은 M이라고 하자. 그러면 예산선 중 ac구간에 머물러 있는 가구들은 모두 최저생계비 수준에 미달하는 소득을 얻고 있다. 따라서 이들에 대해 현재소득과 최저생계비 사

〈그림 4-4〉 소득보전제도와 근로의욕

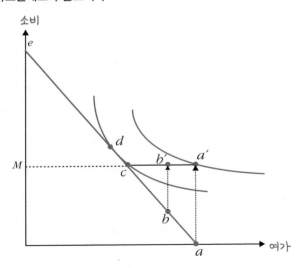

이의 차이를 보전해준다고 가정하자. 그러면 예산선은 이제 ae로부터 $a'ce$로 바뀔 것이다. 예를 들어 a점에 머물던 사람(소득이 전혀 없는 사람)은 M만큼 보조금을 받을 것이므로 a'점으로 옮겨갈 것이고, b점에 머물던 사람이라면 역시 M과의 차액을 보조받아 M의 소비가 가능해져 b'점으로 옮겨갈 것이기 때문이다. 그림에서 보듯이 예산선이 $a'ce$인 상황에서 효용을 극대화하는 점은 a'점이 된다. 즉 일하지 않고 M만큼 소득보조를 받는 것이다. 지금까지 일하던 사람도 일하지 않게 된다는 의미이다. 예를 들어 b에 있던 사람은 일을 하던 사람인데 이제 하지 않게 되는 것이다. 더 심각한 점은, d점처럼 최저생계비 이상의 소득을 벌던 사람도 일을 하지 않고 소득보조를 받으려 한다는 것이다. 그림에서 보듯이 d점을 통과하는 무차별곡선보다 a'점을 통과하는 무차별곡선이 더 높은 위치에 있다. 결국 최저생계비에 미달하는 소득을 전액 보조하는 소득보전제도는, 빈곤계층의 근로 인센티브를 없앨 뿐 아니라 빈곤선 이상 근로계층의 근로유인도 없애는 역효과를 낸다.

이에 대한 개선방안 중 하나는, 일정시간 일한 사람에게만 소득보조를 받는 자격을 주는 것이다. 〈그림 4-5〉는 이 내용을 나타낸다. 이제 ab시간만큼 일한 사람에게만 자격을 준다고 가정하자. 그러면 새로운 제도에서의 예산선은 $abb'ce$와 같은 형태로 바뀔 것이다. 다시 말해 ab보다 작게 일하면 소득보조가 전혀 없으므로 예산선은 ab가 되며, ab만큼 일하면 b점은 보조금을 받으므로 b'로 옮겨간다. 그리고 c에 이르기까지는 M만큼 소비가 가능하도록 보조를 받고 그 뒤로는 보조금이 끊기므로 ce의 예산선을 갖는다. 이 예산선에서 만족을 극대화하는 점은 b'점이다. b'점은 이전의 a'점과 비교할 때 일정한 시간 일한다는 장점이 있다. 특히 ab보다 작게 일하던 사람들이 ab만큼은 일하도록 하는 근로 유인의 결과로 이어진다는 점에서 긍정적이다. 그러나 일을 하지 않는 부정적 인센티브가 완전히 사라진 것은 아니다. 보전제도가 없을 때 b부터 d 사이에서 일하던 사람들에게는, 보전제도로 인해 일을 ab로 줄이는 부정적 효과가 여전히 존재하기 때문이다.

〈그림 4-5〉 일정 시간 근로 조건부 소득보전제도의 효과

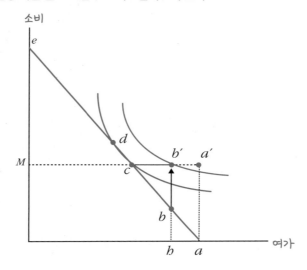

빈곤층을 도우면서도 근로 유인이 사라지는 폐단을 막으려면, 일을 하지 않을 때보다 일을 조금이라도 더 할 때 보조금이 더 늘어나도록 해야 바람직하다. 즉 일을 전혀 하지 않는다면 아예 보조금이 없고, 일하는 시간이 늘어갈수록 보조금을 늘리되, 본인의 근로소득과 보조금의 합이 일정 수준에 도달한 뒤부터는 점차 보조금을 줄이는 방법이 부정적 효과를 최소화할 수 있다.

05

노동시장의 균형

05

노동시장의 균형

5.1 경쟁적 노동시장의 균형이란?

지금까지는 노동수요와 노동공급을 설명하면서 임금이란 시장에서 주어진 것이라고 가정했다. 즉 임금이 이미 정해진 상태에서 수요 또는 공급이 결정되었다. 그렇다면 임금은 어떻게 결정될까? 임금은 시장에서 수요와 공급의 상호작용에 따라 결정된다. 그리고 고용은 임금의 함수이므로 결국 고용도 임금과 함께 시장에서 결정된다. 이번 장에서는 근로서비스 가격인 임금과 수량인 고용이 시장에서 어떻게 결정되는지, 어떤 요인들에 따라 변화하는지 알아보자.

먼저 경쟁적 노동시장의 균형에 대해 살펴보자. 경쟁시장이란 다음 세 가지 조건을 만족하는 시장이다. 첫째, 수없이 많은 수요자와 공급자가 존재한다. 둘째, 거래대상인 제품 또는 서비스가 거의 동일하다. 셋째, 공급자는 자유롭게 시장에 진입하고 퇴장할 수 있다. 첫째와 둘째 조건이 만들어내는 상황은 수요자든 공급자든, 시장에서 형성되는 가격을 받아들이는 가격수용자price taker가 된다는 것이다. 그리고 셋째 조건은 장기균형에서 공급자의 잉여가 제로가 되도록 한다.

노동시장이 경쟁적 시장이 되려면 위 조건 중 첫째 및 둘째 조건이 중요하다. 우선 수없이 많은 수요자와 공급자가 존재하는 시장이어야 한다. 노동시장의 수요자는 기업이고 공급자는 개별 근로자이다. 일반적으로 노동시장에서 근로자는 수없이 많다. 반면 노동수요자인 기업의 수는 거래대상인 근로 서비스의 성격에 따라 수없이 많을 수도 있고 얼마 되지 않을 수도 있다. 따라서 첫째 조건은 일반적으로 수용될 수 있다. 둘째 조건은 거래대상인 근로서비스가 거의 동일해야 한다는 것이다. 그런데 근로서비스는 사무직, 생산직 등 내용에 따라 종류가 매우 다양할 뿐 아니라, 동일한 내용의 서비스라 해도 근로자의 학력이나 숙련도에 따라 질적으로 다른 경우가 많다. 따라서 근로서비스가 거의 동일해야 한다는 조건은 단순한 근로서비스 노동시장에서는 무리없이 적용될 수 있지만, 근로서비스가 고도의 전문성을 포함하는 경우 거의 동일한 노동이라는 가정을 적용하기가 쉽지 않다. 종합적으로 말해서 노동시장은 일의 종류, 숙련도 등에 따라 다양한 시장으로 나뉘며, 이 모두에 경쟁시장의 조건이 들어맞는 것은 아니다. 경쟁시장의 조건이 들어맞을 경우 수요자인 기업이나 공급자인 근로자는 임금에 영향력을 갖지 못하고 가격수용자로 행동하지만, 경쟁시장의 조건이 맞지 않을 경우 수요자 또는 공급자는 노동 서비스의 가격인 임금에 영향력을 행사할 수 있다.

　노동시장이 현실적으로 경쟁시장의 조건을 만족하는 데 제약이 있는데도 경쟁적 노동시장의 균형에 관한 공부가 중요한 이유는 크게 두 가지다. 우선 경쟁적 노동시장 균형의 형성 과정을 알면, 현실 노동시장에서 임금, 고용 결정이 경쟁 노동시장과 다르게 이루어지더라도 어떤 측면에서 달라지는지 구별할 수 있다. 둘째로 경쟁노동시장의 조건이 충족되지 않는다 해서 수요의 기본원리 또는 공급의 기본원리가 사라지지 않는다. 따라서 현실 노동시장의 모습을 설명할 때 경쟁노동시장의 균형 모형이 여전히 유효한 수단이 될 수 있다.

　먼저 수요와 공급의 원리를 간단하게 다시 복습하면서, 노동시장의 수요곡선과 공급곡선을 도출한다. 노동수요자인 고용주는 근로자의 한계노동생산성을 임금과 맞추려 한다. 임금이 높으면 생산성도 올라가야 하므로, 고

〈그림 5-1〉 수요곡선과 공급곡선 및 균형

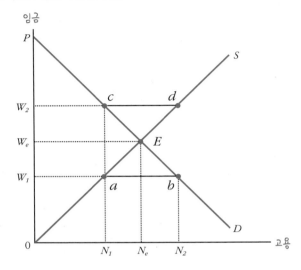

용을 줄여 등가성을 회복하려고 한다. 따라서 임금과 노동수요는 역의 관계를 갖는다. 시장에는 노동수요자들이 많다. 시장의 노동수요는 이들 개별 노동수요자들의 수요를 모두 합해 만들어진다. 즉 주어진 각각의 임금에서 개별 노동수요를 수평적으로 합horizontal sum한 값이다. 따라서 시장수요곡선은 〈그림 5-1〉에서 곡선 D로 나타난다.

　한편 노동공급자인 근로자는, 임금과 자신의 여가의 상대적 가치(한계효용)를 일치시키려 한다. 따라서 노동공급자에게 임금이란 여가의 기회비용이다. 임금이 상승하면 여가의 기회비용이 비싸지는 것이다. 사람들은 비싼 것을 아끼려 한다. 그래서 임금이 상승하면 비싸진 여가를 아끼고 대신 일을 하려 한다. 따라서 임금이 상승하면 일하러 나오려는, 즉 노동을 공급하려는 사람들이 늘어난다. 임금과 노동공급은 정의 관계를 갖는 것이다. 시장의 노동공급은 역시 개별 노동공급의 수평합이다. 각각의 임금 수준에서 일하겠다는 사람 수를 합한 값이다. 임금이 상승하면 노동공급자의 숫자가 늘어나므로, 임금에 대한 함수로서 시장공급곡선은 〈그림 5-1〉에서 곡선 S로 나타나며 양의 기울기를 갖는다.

이제 시장에서 노동수요와 노동공급은 상호 작용하면서 균형에 도달한다. 현재 임금이 W_1이라고 가정하자. 그러면 노동수요는 수요곡선에서 임금과 만나는 점 b에서 결정될 것이고 따라서 수요의 크기는 N_2가 된다. 반면 노동공급은 임금과 공급곡선이 만나는 점 a가 될 것이다. 따라서 공급의 크기는 N_1이 된다. 현재 임금 W_1에서 노동수요는 노동공급보다 크다. 즉 ab만큼 수요초과가 발생한다. 사람을 구하는 수요가 일하겠다는 공급보다 많으므로, 임금을 더 주고서라도 사람을 구하려 할 것이다. 따라서 임금이 상승한다. 임금이 상승하기 시작하면 고용주의 노동수요는 줄어들기 시작한다. 반면에 임금이 상승하기 시작하면 더 많은 노동이 공급되기 시작한다. 따라서 수요초과가 줄어든다. 이 같은 과정은 임금이 W_e가 될 때까지 계속된다. W_e의 임금수준에서 노동수요와 노동공급이 N_e로 동일해지면 이제 수요초과는 모두 해소되었으므로, 임금은 더는 움직이지 않는다. 이제 반대로 현재 임금이 W_2라 하자. 현재 임금수준에서 노동수요는 N_1이다. 반면 노동공급은 N_2가 된다. 따라서 일자리보다 일하겠다는 사람 수가 cd만큼 많은 공급초과 현상이 발생한다. 노동시장에서의 공급초과는 실업이 발생한다는 의미이다. 일자리가 없는 구직자들은 임금을 낮추어서라도 일하고자 한다. 따라서 임금이 하락하기 시작한다. 임금이 하락하면서, 노동수요는 점차 증가하고 노동공급은 감소하기 시작한다. 따라서 공급초과의 크기가 줄어들기 시작한다. 이 같은 과정은 임금이 W_e가 될 때까지 계속된다. W_e의 임금수준에서 노동수요와 노동공급이 N_e로 동일해지면 이제 공급초과는 모두 해소되었으므로 임금은 더는 움직이지 않는다. 결국 수요와 공급이 일치하는 E점에서 균형이 성립하고, 그때의 임금 W_e는 균형임금이 된다. 그리고 N_e는 균형고용이 된다.

노동시장의 균형은 다음과 같은 특성을 보인다. 첫째, 균형임금에서 노동수요의 크기와 노동공급의 크기는 일치한다. 따라서 노동이 남거나 모자라지 않는 점에서 낭비가 없고 효율적이다. 둘째, 균형에서 수요자와 공급자는 각각 자신이 추구하는 등가성을 이룬다. 즉 노동수요자로서는 임금과 생산성의 등가성을 이룬다. 노동공급자로서는 임금과 여가의 가치의 등가성을 이룬다. 시장 전체적으로는 노동 한 단위가 만들어내는 생산의 가치와 노동 한 단위를 위해 지불하는 비용(즉 포기하는 여가)의 가치가 일치한다. 셋째, 시장균형에서 수요자와 공급자는 각각 소비자잉여와 공급자잉여를 극대화한다. 소비자잉여란 수요자가 지불을 의도한 임금보다 실제 임금이 쌀 때 얻어지는 차익이다. 노동수요자의 지불의도 임금은 노동수요 곡선의 수직적 높이로 나타난다. 그때 실제 임금은 W_e이다. 따라서 노동수요 곡선과 임금선 사이에 만들어지는 삼각형 공간 PEW_e가 노동수요자의 소비자잉여다. 한편 공급자잉여란 공급자가 원하는 최소한의 임금보다 실제 임금이 높았을 때 얻어지는 차익이다. 노동공급자의 최소 요구 임금은 노동공급 곡선의 수직적 높이로 나타난다. 따라서 실제 임금선 와 노동공급곡선 사이에 만들어지는 삼각형 공간 OEW_e가 노동공급자의 공급자잉여다. 그리고 소비자잉여와 공급자 잉여는 균형에서 극대화됨을 알 수 있다.

시장균형은 정태적이지 않다. 노동수요와 노동공급에 영향을 주는 여러 요인이 변하면서 균형가격과 거래량도 끊임없이 변화한다. 따라서 현재의 가격이나 거래량이 균형이냐고 묻기보다는, 현재의 가격이나 거래량의 흐름이 균형으로 움직여가고 있냐고 묻는 편이 더 현명할 것이다. 노동수요와 노동공급에 영향을 주는 요인들은 매우 많지만, 결국 그림상으로는 노동수요곡선이 이동하거나, 노동공급곡선이 이동하거나, 아니면 둘 다 이동하는 양상으로 나타난다.

〈그림 5-2〉는 수요곡선과 공급곡선의 이동할 때 나타나는 결과이다. 왼쪽 그림은 수요의 이동인데, 예를 들어 수요가 증가하면 수요곡선이 D_1에서 D_2로 바깥 이동한다. 그러면 e_1의 균형에서 수요가 공급을 초과하므로, 고용이 증가하면서 임금이 함께 오르기 시작한다. 임금과 고용의 동시 증가는 e_2에서 멈춘다. 반대로 수요의 감소는 임금과 고용의 동시 감소로 나타난다. 〈그림 5-2〉의 오른쪽은 공급의 이동을 나타내는데, 예를 들어 공급이 증가하면 공급곡선이 S_1에서 S_2로 바깥으로 이동한다. 그러면 e_1의 균형에서 이제는 공급이 수요를 초과하므로, 공급초과 해소를 위해 고용이 증가하면서 임금은 하락한다. 이

〈그림 5-2〉 수요의 이동 및 공급의 이동

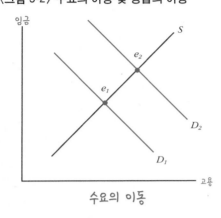

수요의 이동

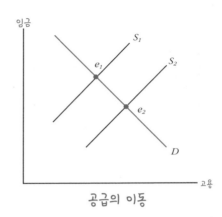

공급의 이동

과정은 e_2에서 멈춘다. 반대로 공급감소는 임금상승과 고용감소로 나타난다.

　　노동수요나 노동공급이 달라질 때 임금과 고용이 달라지는 수준은, 우선 노동수요 또는 노동공급의 변화 크기에 따라 다르다. 즉 다른 조건이 동일하다면 노동수요(노동공급)의 변화 크기가 클수록 임금과 고용의 변화 정도도 크다. 그러나 그 변화 정도 또한 노동수요곡선과 노동공급곡선의 탄력성에 따라 크기가 달라진다. 예를 들어 설명해보자. 지난 1970년대 이후 우리나라는 고도성장을 지속해왔다. 고도성장으로 인해 당연히 노동시장의 수요가 늘었다. 따라서 임금과 고용도 지속 증가해왔다. 그런데 임금과 고용증가의 크기는 시대에 따라 달라지는 것으로 나타났다. 즉 1970년대부터 1980년대 중반까지는 임금이 실질기준으로 많이 상승하지 않은 반면, 고용은 큰 폭으로 늘었다. 그러나 1980년대 후반부터는 임금은 큰 폭으로 상승하는 반면 고용은 과거보다 훨씬 작은 정도로 늘었다. 이 같은 역사적 사실관계를 어떻게 설명할 수 있을까? 노동시장 균형 모형이 설명할 수 있을까? 해답은 노동공급 탄력성이 시대에 따라 다르면 이 같은 차이가 발생할 수 있다는 것이다. 그림으로 알아보자.

　　〈그림 5-3〉은 1970년대와 1990년대의 노동수요 변화에 따른 임금과 고용 변화를 나타낸다. 두 기간 중 노동수요의 변동 폭은 동일하다고 가정하자. 그러나 1970년대의 노동공급곡선은 매우 완만한 형태이다. 즉 임금이 조금만 상승

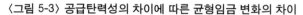

〈그림 5-3〉 공급탄력성의 차이에 따른 균형임금 변화의 차이

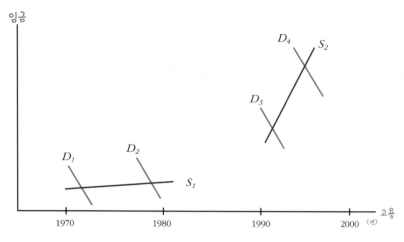

해도 일하고자 하는 노동공급이 크게 늘어나는 모습이다. 1970년대에는 농촌의 잉여인력이 매우 많았으므로 이 같은 노동공급 패턴을 보였다. 노동수요가 D_1 에서 D_2로 증가하면서 균형임금은 완만하게 상승하지만, 균형고용은 크게 증가한다는 사실을 확인할 수 있다.

그러나 노동공급은 농촌의 잉여노동이 다 소진된 1980년대 중후반부터 가파라지기 시작했다. 즉 이제는 임금이 상승해도 노동시장에 신규 진입할 수 있는 공급이 과거보다 줄어들었다. 따라서 수요가 D_3에서 D_4로 증가해도 고용은 별로 늘지 않는 대신, 임금은 큰 폭으로 상승하게 되었다. 지금까지 설명한 바와 같이, 우리나라 노동시장에서 경제성장 초기에는 임금보다 고용이 더 많이 증가한 반면, 후기로 갈수록 고용보다 임금이 더 많이 상승했다. 이 사실을 경쟁시장의 균형 모형이 잘 설명해준다.

5.2 정책토론: 이민의 경제학

앞 절에서 공급자의 자유로운 진입과 퇴장이 경쟁시장의 조건 중 하나라고 말했다. 일반 시장에서 이 조건은 제로 이윤의 장기 균형을 달성하는 데 중요한 역할을 하는 가정이다. 즉 공급자가 단기적으로는 양(+)의 경제적 이윤을 누릴 수 있지만, 이러한 경제적 이윤은 시장의 잠재적 공급자에게 진입하도록 신호를 보내는 기능도 한다. 그렇게 해서 시장에 공급이 늘어나 가격이 하락하고, 장기적으로는 경제적 이윤이 제로가 되는 균형을 향해 간다는 것이다.

이 조건은 노동시장에 어떤 함의를 줄까? 노동의 지역 간 이동, 즉 이민에서 가장 잘 살펴볼 수 있는 부분이다. 이론적으로 보면 노동시장에서의 자유로운 이동은 임금을 지역적으로 동일하게 만드는 결과를 낳는다. 물론 현실에서 노동시장의 이동은 자유롭지 않다. 특히 국가 간 이동은 법에 의해 규제를 받을 뿐 아니라, 타국으로의 이민은 단순히 일자리가 아니라 삶의 환경 변화를 의미하기 때문에 상당한 비용을 초래한다. 그런데도 교통과 통신의 발달에 힘입어, 국가 간 노동이동의 규모는 과거보다 훨씬 더 커지고 있다. 또한 노동이동의 내용을 살펴보면 대체로 경쟁노동시장의 균형 모형이 예측하는 방향대로 움직이고 있다.

노동시장의 지역 간 이동 방향과 결과를 직관적으로 살펴보기 위해, 먼저 이동 비용이 이동을 불가능하게 할 정도로 크지는 않다고 가정하자. 두 저수지에 수위 차이가 있고 두 저수지 사이에 수로가 뚫린다면, 당연히 수위 차 때문에 물이 한 저수지에서 다른 저수지로 흘러가게 된다. 즉 이동을 만드는 동인은 수위 차이다. 노동시장도 마찬가지로 이동 동인은 임금 차이다. 두 지역 또는 국가 간 임금에 차이가 난다면, 임금이 낮은 곳에서 임금이 높은 곳으로 이동이 일어날 것이다. 노동력의 이동은 두 국가(지역)의 노동공급에 각각 영향을 준다. 즉 인력유출국의 노동공급은 줄어들고 인력유입국의 노동공급은 늘어난다. 따라서 두 국가의 노동시장 균형이 달라진다. 인력유출국의 임금은 노동공급이 감소하면 상승하는 반면, 인력유입국의 임금은 노동공급이 증가하면 하락한다. 이 과정은 이론적으로 두 국가 노동시장의 임금이 동일해질 때까지 계속된다. 이를 그림으로 살펴보자.

〈그림 5-4〉의 왼쪽은 인력유출국(X국) 노동시장을, 오른쪽은 인력유입국

〈그림 5-4〉 국가간 노동이동의 효과

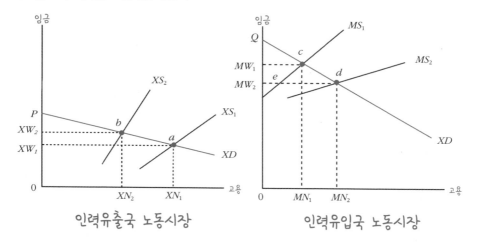

인력유출국 노동시장   인력유입국 노동시장

(M국) 노동시장을 보여준다. 인력유출국의 노동시장 균형은 a점에서 이루어지고 있다고 가정하자. 그리고 인력유입국의 노동시장 균형은 c점에서 이루어지고 있다고 가정하자. 두 균형을 비교하면 M국의 임금이 MW_1으로 X국의 임금 XW_1보다 월등히 높다는 사실을 알 수 있다. 이러한 임금격차 때문에 X국으로부터 M국으로 노동이동이 일어날 것이다. 노동이동에 의해 X국의 노동공급은 MS_1로부터 MS_2로 감소한다. 그리고 M국의 노동공급은 이제 MS_1에서 MS_2로 증가한다. 노동시장의 균형은 X국에서는 b로, M국에서는 d로 이동한다. 새로운 균형에서 X국의 임금은 XW_2로 이전보다 상승했고, M국의 임금은 MW_2로 이전보다 하락했다. 따라서 양국의 임금격차는 노동이동에 의해 줄어든다는 사실을 알 수 있다.

   이 같은 노동이동은 근로자, 고용주, 그리고 국가 전체에 어떤 이득 또는 손실을 줄까? 우선 인력유출국의 근로자들은 임금이 올라가 이득을 본다. 반면 인력유입국의 근로자들은 인력이 유입되어 임금이 낮아지므로 손해를 본다. 그러나 인력유입국의 고용주들은 인력유입으로 이익을 본다. 이 과정은 그림에서 다음과 같이 나타난다. 노동이동 발생 전 M국의 고용주들은 c점의 균형에서 삼각형 $QcMW_1$만큼의 소비자잉여를 얻고 있었다. 이제 인력유입으로 인해 고용이 늘고 생산이 증가함에 따라, d점의 균형에서 삼각형 $QdMW_2$만큼의 소비자 잉여를 얻게 된다. 따라서 MW_1cdMW_2만큼 소비자잉여가 증가한 것이다. 국가 전체로는 어떨까? 우선 인력유입국의 생산은 늘고 따라서 그만큼 GDP가 늘어나는 결과로 이어진다. 그림에서 인력유입국의 생산 크기는 노동이동 이전에는 사각형 $OQcMN_1$이었으나, 노동이동 이후 $OQdMN_2$로 증가한다는 사실을 알 수 있다. 반면 인력유출국의 생산은 사각형 $OPaXN_1$로부터 $OPbXN_2$로 감소한다. 따라서 인력유출국의 GDP가 감소하는 결과로 이어진다. 그러나 인력유출국의 국민소득^{NI}은 국내총생산^{GDP}과 달리 감소하지 않거나 오히려 늘어날 수도 있다. 인력유입국으로 이동한 인력들이 임금수입의 상당 부분을 자국의 가족에게 송금하기 때문이다. 이 같은 현상은 인력수출국에서 공통으로 나타나며, 인력수출국 정부가 인력수출을 오히려 장려하는 이유가 되기도 한다.

그러나 인력유입국에서는 노동이동으로 인해 수혜자와 피해자가 갈리므로, 갈등의 원인이 될 수 있다. 근로자 입장에서는 인력수입으로 인해 임금이 저하되는 피해를 본 반면, 고용주는 생산증가에 따라 잉여 증가의 수혜를 입기 때문이다. 다만 국가 전체로는 GDP가 증가하므로 총 효과는 긍정적이다. 그러나 인력수입 또는 이민으로 인한 자국인의 피해는, 정치적으로 외국인력 수입 제한 또는 이민 제한이라는 요구를 낳기도 한다. 정치인들은 이러한 요구를 적극 활용해 외국인력을 규제하려 한다. 외국인력 규제에 찬성하는 정치인들은, 현재 외국인력이 100만 명 들어와 있다면 100만 개의 일자리가 잠식되고 있으므로, 그들을 내보내면 내국인에게 100만 개의 일자리가 돌아갈 것이라고 주장한다. 맞는 주장일까? 외국인력을 내보낸다면 노동공급이 줄어들어 임금이 상승하고, 따라서 내국인의 노동공급이 분명히 늘어날 것이다. 그러나 임금이 상승하기 때문에 노동수요는 줄어든다. 따라서 외국인을 100만 명 내보낸다고 해도, 내국인 일자리는 그보다 훨씬 작은 정도로 증가할 것이다. 〈그림 5-4〉에서 보면, d점의 균형에서 일하고 있는 외국인력의 크기는 ed이다. 만약 외국인력을 모두 내보낸다면 노동공급은 MS_2으로 줄어들 것이고, 새로운 균형은 c에서 이루어진다. c의 균형에서 고용량은 MN_1이며, 이는 MN_2보다 훨씬 작다. 따라서 외국인을 내보내도 그로 인한 증가하는 내국인 일자리는, 내보내는 규모보다 작아진다. 그리고 내국인 일자리 증가 규모는 내국인의 노동공급탄력성에 따라 달라지는데, 노동공급이 비탄력적이라면 임금은 높게 상승하는 대신 고용은 그리 증가하지 않을 것이다.

외국인력 규제의 또 다른 문제점은, 외국인력이 내국인력과 보완관계인 경우 내국인 근로자의 피해도 불가피하다는 점이다. 〈그림 5−4〉를 통한 논의를 보면, 외국인력과 내국인력이 100% 상호대체된다는 가정을 하고 있다. 그러나 현실노동시장에서 외국인력은 내국인력과 대체관계인 부문도 있으나, 내국인력 중 기술직과는 보완관계이다. 즉 외국인력으로 인해 일자리가 생기는 직종이 많다. 이런 상황에서 외국인력에 대해 강한 규제가 이루어질 경우, 보완관계인 내국인 기술자 등의 일자리가 위협받는다. 외국인력과 내국인력에 대한 실증분석 결과를 보면, 외국인력은 내국인력과 대체관계라는 통계적 근거는 없다. 따라서 외국인은 내국인과 강한 대체관계임을 전제로 한 외국인력 규제는, 실증적 근거에 비추어보면 득보다 실이 더 크다.

5.3 수요자독점 노동시장

이렇듯 경쟁적 노동시장 모형은 현실 노동시장을 이해하고 설명하는 데 효과적이다. 그러나 본 장 서두에서 논의했듯이, 노동시장은 거래대상인 근로서비스가 동질적이지 않은 경우도 많고, 또 근로자는 많아도 수요자인 고용주는 많지 않다. 따라서 수많은 수요자가 있어야 한다는 경쟁시장의 가정과 들어맞지 않는 경우도 많다. 본 절에서는 특히 수요자가 단 하나만 존재하는 시장 즉 수요자독점monopsony 시장에서 임금과 고용이 어떻게 결정되는지 알아보자. 노동시장에서 수요자독점이란 고용주가 하나뿐이어서, 거기에 취업하지 않으면 다른 일자리가 없는 경우를 뜻한다. 현실에서 이같이 극단적인 경우를 찾기는 쉽지 않지만, 육지와 떨어진 섬에 병원이 하나뿐인데 간호사는 여러 명인 사례를 가정해볼 수 있다. 이 경우 간호사들을 이 병원에 취업하지 못하면 자신의 기술을 살릴 다른 일자리를 구할 수 없다.

　　경쟁노동시장에서는 수요자나 공급자 모두, 시장에서 결정되는 임금을 그대로 받아들이는 가격수용자price taker이다. 그러나 수요자독점 노동시장에서 공급자는 가격수용자일지 모르지만, 수요자는 하나뿐이므로 가격을 자신의 뜻에 따라 결정할 수 있다. 그렇다면 독점적 위치인 고용주는 임금을 어떻게 매길까? 노동수요의 원리는 시장형태와 관계없이 동일하다. 즉 어떤 상황에서든 수요자는 한계노동생산성과 한계노동비용이 일치하는 점에서 고용을 결정할 것이다. 수요자독점시장에서도 마찬가지다. 다만 수요자독점시장이 경쟁시장과 다른 점은, 한계노동비용이 임금과 일치하지 않고 임금보다 크다는 사실이다. 경쟁적 노동시장에서는 한 사람을 추가로 고용할 때마다 고용주가 지불하는 한계노동비용은 임금이다. 이때 임금은 시장에서 일정하게 주어질 뿐 특정 고용주가 고용을 늘린다 해서 올라가지 않는다. 따라서 경쟁적 노동시장에서는 한계노동비용이 임금과 같다. 그러나 수요자독점 노동시장에서는 한계노동비용은 임금보다 커진다. 이 양상을 이해하기 위해 숫자의 예를 들어보자.

　　섬에 하나밖에 없는 병원에서 간호사를 채용하려 한다고 가정하자. 섬에는 간호사가 여럿 있는데, 그들의 노동공급은 〈표 5-1〉과 같다고 가정하자. 즉 임금이 100이면 한 명의 간호사가 일할 용의가 있고, 120이면 2명의 간호사가 일할 용의가 있다. 이런 식으로 임금이 20씩 올라갈수록 간호사의 공급은 한 명씩 더 늘어난다. 그렇다면 병원 입장에서 간호사를 고용하는 데 드는 한계노동비용은 얼마일까? 맨 처음 한 명을 고용할 때는 임금 100을 주어야 하므로 한계노동비용도 100일 것이다. 그 다음에 한 명을 더 고용하는 경우, 임금은 120씩 주어야 하는데 한계노동비용은 140이 된다. 표에서 보듯이 총노동비용은 100에서 240으로 늘었기 때문에, 총노동비용의 차이인 140이 한계노동비용이 된

〈표 5-1〉 임금과 한계노동비용

일인당 임금	공급근로자 수	총노동비용	한계노동비용
100	1	100	100
120	2	240	140
140	3	420	180
160	4	640	220
180	5	900	260

다. 임금이 120인데 왜 한 명 더 쓸 경우 140이 들어갈까? 맨 처음 100만 주면 되던 간호사에게도 이제는 120을 주어야 해서, 20만큼 추가비용이 발생하기 때문이다. 이렇게 계산하면 〈표 5-1〉에서처럼 고용을 더 하려면 근로자의 노동공급임금도 증가하지만, 한계노동비용은 더 높게 증가한다는 사실을 알 수 있다. 〈그림 5-5〉는 노동공급곡선 S와 한계노동비용곡선 MC를 나타낸다. 고용주가 생각하는 간호사의 한계노동생산성 곡선은 D이다. 고용주는 이제 한계노동생산성과 한계노동비용이 같아지는 a점에서 고용을 결정할 것이다. 즉 3명을 고용할 것이다. 그러면 임금은 어떻게 될까? 3명을 고용하는 경우 한계노동생산성의 가치는 180이다. 그런데 노동공급 임금, 즉 3인이 일할 용의가 있는 임금의 최저선은 140이다. 이 섬에서 간호사를 고용할 수 있는 고용주는 하나뿐이다. 그는 이익을 극대화하려 할 것이고, 임금을 b점까지 낮추어 140으로 결정할 것이다. 그 임금에 간호사는 3명이 일하려 할 것이다. 그러나 고용주는 간호사가 만드는 한계노동생산성 가치 180보다 40이나 낮게 임금을 주어, 그만큼 이익을 취하게 된다. 즉 고용주가 독점적인 수요자가 됨으로써 자신에게 최대한 유리하게 임금을 결정한다. 그때의 임금은 근로자가 일할 용의가 있는 최저수준이 된다.

　　수요자독점 노동시장은 경쟁적 노동시장이 이루는 효율성을 달성하지 못한다. 만일 이 시장에 경쟁균형의 원리가 적용된다면, 한계생산성가치 곡선과

〈그림 5-5〉 수요자독점 시장에서의 임금 및 고용의 결정

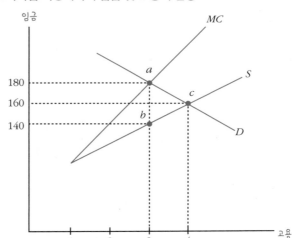

노동공급곡선이 교차하는 c점에서 임금과 고용이 결정될 것이다. 여기서 임금은 160이 되고 고용은 4명으로 늘어난다. c점에서 '임금 = 한계노동생산성 가치 = 여가의 가치'라는 등가성이 이루어진다. 즉 노동이 만들어내는 생산성의 가치와 노동을 위해 희생되는 여가의 가치가 일치해, 사회적 낭비가 없는 효율적인 배분이 이루어질 것이다. 그러나 수요자 독점시장은 이러한 효율적 배분에 비해 임금은 낮고 고용도 낮은 배분을 만든다. 생산에 종사할 수 있는 고용이 만들어지지 못한다는 점에서, 낭비적이고 비효율적이다.

　　수요자독점 노동시장을 현실에서 발견하기는 어렵다. 여기에서 예로 든 섬의 경우 다른 곳으로의 이동이 제약되어 있는 상황이다. 그러나 현실 노동시장에서는 이동이 제약되지 않기 때문에, 근로자 입장에서는 보다 나은 취업기회가 있다면 언제든지 이동할 것이다. 그렇게 되면 고용주는 수요자독점적인 위치의 지배력을 갖기 어렵다. 그러나 수요자독점적 상황이 단기적으로는 일어날 수 있다. 단기적으로 근로자는 주거를 쉽게 바꿀 수 없다거나, 기타 여러 이유로 현 직장에서 다른 곳으로 이동하는 데 제약을 받을 수 있기 때문이다.

06

임금은 왜 차이가 날까?
– 인적자본론

06

임금은 왜 차이가 날까? – 인적자본론

6.1 '인적자본'이라는 용어 이해하기

제1장부터 제5장까지는 노동시장을 구성하는 두 가지 주요한 기능인 노동수요와 노동공급, 또 이 두 기능이 결합되어 나타나는 노동시장의 균형에 대해 공부했다. 즉 노동수요와 노동공급이 결합되어 고용이 결정되고, 임금은 노동수요와 노동공급이 일치하는 방향으로 움직인다.

이번 장부터는 임금에 대해 보다 깊이 파고들어 공부하고자 한다. '임금은 왜 사람마다 차이가 날까?'라는 질문을 화두로 삼아, 임금 차이에 대한 여러 가능한 설명들을 공부한다. 첫 번째가 인적자본^{human capital} 이론이다. 인적자본 이론을 간단히 말하면, 임금(소득)의 차이는 사람들이 지닌 인적자본의 차이 때문에 발생한다는 이론이다. 그렇다면 인적자본이란 무엇일까?

인적자본이란 일하는 사람들에게 체화되어 있는 능력과 기능, 기술의 독특한 조합을 뜻한다. 단순한 노동이 아니라 노동하는 사람이 지닌 인적자본이 생산에 투입된다. 예를 들어 갑과 을이 동일한 시간 동안 일해도(노동량이 동일해도) 생산에 활용된 갑의 인적자본량이 을의 인적자본량보다 크다면 생산성이 더 높

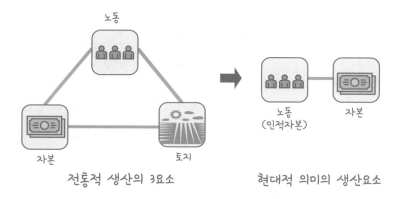

노동

자본   토지

전통적 생산의 3요소

노동
(인적자본)   자본

현대적 의미의 생산요소

고, 따라서 소득도 올라간다는 게 인적자본론의 요지이다.

　그런데 인적'자본'이라는 용어를 쓰는 이유는 무엇일까? 노동은 자본과 대비되는 개념이 아닌가? 물론 과거에는 그랬다. 전통적으로 생산의 3요소를 꼽으라면 노동, 자본, 토지였다. 그러나 생산의 중심이 농업에서 제조업과 서비스업으로 옮겨가면서 (농업에서 중요한 생산요소였던) 토지의 중요성은 감소했고, 토지는 자본의 하나인 토지자본으로 흡수되었다. 따라서 이제 생산요소는 노동과 자본, 이 두 요소가 된다. 그러나 이 같은 분류도 20세기 이후의 생산구조와는 맞지 않았다. 19세기식 생산에서는 대부분 육체노동physical labor이 주였으나, 20세기 이후 노동은 육체노동보다는 일하는 사람의 지식, 기술이 배어 있는 일work로 진화했다. 더욱이 일하는 사람들에게 체화된 지식, 기능과 기술 등은 교육과 훈련, 또 경험 등에 따라 그 가치가 축적된다. 자본이란 본질적으로 투자에 따라 축적되며 시간이 지나면 감가하는 특성이 있다. 그런데 사람들이 지닌 지식, 기능, 기술 또한 교육이나 훈련과 같은 투자에 따라 축적된다는 점에서, 또 시간이 지나면 가치가 감소한다는 점에서 자본의 특성과 동일하다. 따라서 20세기 이후 보다 정교하게 생산요소를 논하는 경우, 이제 '노동' 대신 '인적자본'이라는 용어를 쓰게된 것이다. 물론 물적자본과 구분할 때는 여전히 노동이라는 용어를 같이 쓴다. 그러나 근로의 대가를 논의할 때는 근로의 질을 포함하는 인적자본이라는 용어가 더 적절하다 하겠다.

6.2 인적자본 투자론의 기본적 이해

이제 막 고등학교를 졸업하려는 청년이 있다고 가정하자. 그는 장래에 대해 두 가지 선택을 할 수 있다고 가정하자. 하나는 졸업 후 바로 취직하는 것, 다른 하나는 대학(4년제 대학을 가정함)에 진학하고 대학 졸업 후 취직하는 것이다. 그는 대학에 다니는 자체에 대해서는 특별한 선호가 없다고 가정하자. 논의를 쉽게 하기 위해 병역 부분은 없다고 가정하자. 그는 현재 만 18세이며 고등학교 졸업 후 바로 취직한다면 60세까지 지속적으로 일할 수 있다. 만일 대학에 간다면 22세에 대학 졸업 후 60세까지 지속적으로 일할 수 있다. 취직을 바로 해야 할까 아니면 대학에 먼저 다녀야 할까? 앞서 가정했듯이 대학에 다니는 자체에 대해 특별한 선호가 없다면, 이 청년의 선택은 두 가지 선택 중 화폐 면에서 더 높은 결과로 이어지는 진로로 결정된다.

고등학교 졸업 후 바로 취직하면 비용 지출 없이 수입이 일정하게 흐른다. 반면 대학 졸업 후 취직하면 수입은 재학에 따른 비용을 지출한 뒤에야 일정하게 흐르게 된다. 따라서 대학을 졸업한 뒤 취직할 경우 순수한 수입은 평생 버는 수입의 흐름에서 대학 재학에 따른 비용을 뺀 금액이 된다. 대학에 갈지, 바로 취직할지 여부는 각 선택으로 인한 순수입을 비교해 결정된다. 그림을 통해서 보다 쉽게 이해해보자.

〈그림 6-1〉은 고등학교 졸업자와 대학교 졸업자의 소득의 흐름을 비교해 보여준다. 먼저 고등학교 졸업자의 경우 18세부터 60세까지 소득을 얻으므로, 평생소득의 크기는 면적 $A+C$로 나타난다. 논의를 더 쉽게 하기 위해, 미래가치는 전액 현재가치와 같다고, 즉 할인율이 제로라고 가정해보자. 한편 대학 졸업자의 경우 22세부터 60세까지 소득을 얻으므로, 평생소득의 크기는 $C+D$로 나타난다. 그러나 대학졸업자의 순수입은 여기에서 대학재학에 따른 직접비용을 빼야 한다.

대학 재학에 따른 비용은 두 가지로 나뉜다. 보이는(가시적) 비용과 보이지

〈그림 6-1〉 고졸자와 대졸자의 연령별 소득곡선

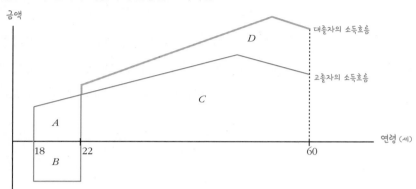

않는(비가시적) 비용이다. 보이는 비용은 대학등록금, 교재대금, 실험실습비 등 직접적으로 들어가는 비용이다. 보이지 않는 비용은 대학 재학 때문에 포기해야 하는 소득forgone earning이다. 대학에 다니지 않았다면 취직해서 벌었을 소득을 뜻한다. 〈그림 6-1〉에서 포기소득은 면적 A로 나타난다. 대학교육에 따른 직접비용은 면적 B 부분이다.

대학졸업자의 순수입은 평생소득의 크기인 C+D에서 대학진학의 직접비용 B를 차감한 금액이다. 대학졸업자의 순수입은 따라서 C+D-B이며, 이것과 고등학교 졸업 후 취직에 따른 순수입 A+C를 비교한 뒤 대학 진학 여부를 결정하는 것이다. 〈그림 6-1〉을 자세히 보면, 결국 A+B의 크기와 D의 크기를 비교해 D가 A+B보다 크면 대학 진학을 선택한다는 뜻이다. 그런데 D는 대학을 진학할 때 얻는 소득의 증가분, 즉 한계수입이다. 반면 A+B는 대학에 진학할 때 발생하는 한계비용이다. 결국 대학 진학이라는 선택은 그 선택에 따른 한계수입과 한계비용의 비교이다. 이는 투자 결정의 일반원리와 같다. 즉 투자로 인해 기대되는 한계수입과 투자에 따르는 한계비용을 비교해, 한계수입이 한계비용보다 크면 투자를 하는 것이다.

인적자본 투자이론에서는 대학진학과 같은 교육을 인적자본 확대를 위한 투자라고 본다. 교육을 통해 사람의 지식, 기능과 기술 등이 발전한다고 보기 때문이다. 인적자본 투자에는 교육뿐 아니라 직업훈련 또는 현장훈련On the Job Training; OJT 등이 포함된다. 그리고 교육을 투자로 간주하는 이유는 이러하다. 투자란 현재의 비용을 지출하되 미래의 수익을 기대하며 이루어지는 선택인데, 대학진학과 같은 교육 역시 $A+B$라는 현재의 비용을 치르되 D라는 미래의 수익을 기대하며 이루어지기 때문이다.

6.3 인적자본 투자 모형

지금까지는 논의를 보다 쉽게 하기 위해, 미래의 금액은 현재의 금액과 가치가 같다고 암묵적으로 가정했다. 그러나 사람들은 내년의 100만 원과 현재의 100만 원을 같게 보지 않는다. 내년의 100만 원을 현재의 100만 원보다 작게 평가한다. 사람들은 크기가 같다면 미래가치보다는 현재가치를 선호하기 때문이다. 따라서 미래가치를 액면 그대로 평가하지 않고 어느 정도 깎아서, 즉 할인해 평가한다. 예를 들어 내년의 105만 원 가치라면 현재 가치로는 100만 원 정도로 평가할 수 있다. 이때 내년의 가치(예를 들어 105만 원)를 현재의 가치(100만 원)로 할인하는 정도를 할인율discount rate이라 한다. 또한 이와 같이 미래가치에 할인율을 적용해 환산한 가치를 현재가치present value; PV라 한다. 따라서 1년 후의 X원에 할인율 r을 적용해 현재가치를 계산하면 다음과 같다.

$$(\text{식 6-1}) \quad PV_X = \frac{X}{1+r}$$

그리고 할인율 r은 복리로 적용된다. 예를 들어 10년 후의 미래가치 Z의 현재가치는 다음과 같다.

$$(\text{식 6-2}) \quad PV_Z = \frac{Z}{(1+r)^{10}}$$

이제 현재가치 개념을 이용해, 앞 절의 인적자본 투자에 대한 결정을 보다 일반화해보자.

현재의 시점은 제로($t=0$)로 가정한다. 그리고 모든 근로자는 R년 후($t=R$) 은퇴한다. 근로자는 현재 상태에서 일을 계속하거나 또는 k년이 걸리는 인적자본 투자를 한 이후 일할 수 있다. 현재 상태에서 계속 일할 경우 임의의 t년에 Y_t의 소득을 얻는다. 따라서 현재부터 퇴직 때까지 그가 평생 버는 소득의 현재가치(PV_Y)는 다음과 같다.

(식 6-3) $$PV_Y = Y_0 + \frac{Y_1}{1+r} + \frac{Y_2}{(1+r)^2} + \cdots\cdots + \frac{Y_R}{(1+r)^R} = \sum_{t=0}^{R} \frac{Y_t}{(1+r)^t}$$

한편 이 근로자가 k년이 걸리는 인적자본 투자를 하고 그 이후 임의의 t년에 X_t의 소득을 얻는다면, 그가 버는 평생 소득의 현재가치(PV_X)는 다음과 같다.

(식 6-4) $$PV_X = \frac{X_k}{(1+r)^k} + \frac{X_{k+1}}{(1+r)^{k+1}} + \cdots\cdots + \frac{X_R}{(1+r)^R} = \sum_{t=k}^{R} \frac{X_t}{(1+r)^t}$$

앞 절에서 든 사례처럼 대학교육이라면 k는 4일 것이다. 그리고 현재인 0년부터 3년까지는 학교에 다니므로, 대학졸업 후 소득은 4년째부터 발생하고 첫 소득은 X_4가 된다. 한편 인적자본투자에는 직접비용이 들어가는데, 매년 T_t만큼씩 들어간다면 직접비용의 현재가치(PV_T)는 다음과 같다.

(식 6-5) $$PV_T = T_0 + \frac{T_1}{1+r} + \frac{T_2}{(1+r)^2} + \cdots + \frac{T_{k-1}}{(1+r)^{k-1}} = \sum_{t=0}^{k-1} \frac{T_t}{(1+r)^t}$$

이 근로자가 인적자본 투자를 할지 말지 그 여부는 인적자본 투자의 순수입인 $PV_X - PV_T$와 현재 소득의 현재가치인 PV_Y를 비교해, 투자의 순수입이 현재 상태보다 크면 투자한다. 즉 투자 조건은 다음과 같다.

(식 6-6) $PV_X - PV_T \geq PV_Y$ 또는

$$\sum_{t=k}^{R} \frac{X_t}{(1+r)^t} - \sum_{t=0}^{k-1} \frac{T_t}{(1+r)^t} \geq \sum_{t=0}^{R} \frac{Y_t}{(1+r)^t}$$

위의 식을 정리하면 다음과 같은 투자 조건이 나온다.

$$\text{(식 6-7)} \quad \sum_{t=k}^{R} \frac{X_t - Y_t}{(1+r)^t} \geq \sum_{t=0}^{k-1} \frac{Y_t}{(1+r)^t} + \sum_{t=0}^{k-1} \frac{T_t}{(1+r)^t}$$

이 식의 좌변은 앞 절에서 든 대학 진학의 예에서 D와 같다. 즉 인적자본 투자에 따른 소득 차이에서 비롯되는 추가 수입의 현재가치이다. 우변의 첫째 항은 인적자본 투자로 인한 포기소득의 현재가치로, 앞 절의 A와 같다. 둘째 항은 인적자본 투자의 직접비용으로, 앞 절의 B와 같다. 따라서 인적자본 투자에 따른 한계수입이 한계비용보다 크다면 인적자본 투자를 해야 바람직하다는 의미이다. 또한 각 개인은 인적자본 투자의 한계수입이 한계비용과 같아지는 점에서 최적투자량을 결정한다. 인적자본 투자의 한계수입과 한계비용은 개인에 따라 다르므로, 결국 개인에 따라 인적자본 투자가 달리 이루어진다.

위의 투자조건으로부터 다음과 같은 인적자본 투자의 결정요인들을 도출할 수 있다. 첫째, 인적자본 투자에 따른 소득 격차($X_t - Y_t$)가 클수록 인적자본 투자는 증가할 것이다. 예를 들어 대졸자와 고졸자의 소득 격차가 커지면 대학진학 수요가 늘어날 것이다. 대학진학에 대한 투자 수익이 증대할 것이기 때문이다. 둘째, 포기소득이 커지면 인적자본 투자는 감소할 것이다. 예를 들어 높은 연봉을 받는 직장에 다니는 사람은 낮은 연봉을 받는 직장에 다니는 사람에 비해, 직장을 그만두고 대학원에 진학할 확률이 낮다. 셋째, 인적자본 투자의 직접비용이 크면 투자는 감소할 것이다. 이를 반대로 적용하면, 최근 수년에 걸친 우리나라의 대학 등록금 동결은 대학진학에 따른 직접비용을 낮추어 진학이 증가하는 효과를 낳는다. 넷째, 할인율이 높을수록 인적자본투자는 감소할 것이다. 할인율의 상승이란, 현재가치를 더 중시하고 미래에 얻을 가치를 더 작게 평가한다는 의미이다. 따라서 할인율이 높은 사람은 교육에 따른 수익을 높이 평가하지 않을 것이고, 교육을 더 받으려 하지 않을 것이다. 다섯째, 연령이 높아질수록 인적자본 투자가 줄어들 것이다. 연령이 높아질수록 인적자본 투자

생각할 거리

☀️ 고졸자의 임금상승률이 대졸자의 임금상승률보다 높다면 대학을 덜 가게 될까?

다음 기사를 보자. "지난 10년간 대졸자의 연봉은 평균 30% 상승한 반면, 고졸자의 연봉은 더 높이 40% 상승했다고 한다. 따라서 앞으로 대학 진학에 대한 경제적 유인은 줄어드리라고 전망된다."

얼핏 보면 이 기사는 타당해 보인다. 고졸자의 임금이 대졸자의 임금보다 더 높게 올랐으니 대졸자와 고졸자 간 임금격차는 축소되었을 것이고, 인적자본 이론에 따르면 이로 인해 대학진학의 한계 수익을 낮출 것이기 때문이다. 과연 그럴까?

10년 전 대졸자의 연봉 평균이 4천만 원이었다고 가정하자. 고졸자의 연봉 평균은 2,500만 원이었다고 가

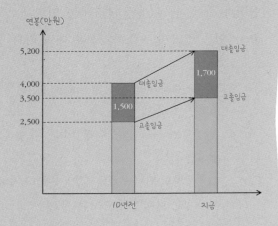

정하자. 지난 10년 사이 대졸자의 연봉은 30% 상승해 5,200만 원이 되고, 고졸자의 연봉은 40% 상승해 3,500만 원이 되었을 것이다. 10년 전 대졸자와 고졸자의 연봉 차이는 1500만 원이었다. 이제 연봉 차이는 1,700만 원이다. 비율로는 연봉 차이는 줄었지만 절대 금액으로는 늘었다. 그런데 본 장에서 공부한 인적자본 투자이론에 따르면, 투자에 따른 수익은 소득의 금액차이(즉 $X_t - Y_t$)이다. 따라서 금액 차이가 10년 전에 비해 늘어났으므로, 오히려 대학 진학을 부추기는 요인이 된다. 학력간 임금의 비율이 아니라 절대금액 차이가 중요하다.

이후 투자수익을 회수할 수 있는 시간이 작아진다. 즉 투자의 회임 기간이 짧아진다. 따라서 예상되는 투자수익의 크기가 줄어들기 때문에 투자하지 않게 된다. 이는 역으로, 현실에서 왜 거의 모든 교육이 인생 초기에 집중되는지 그 이

유를 부분적으로 설명해준다. 나이가 젊을수록 교육을 받고 난 이후, 활용할 수 있는 기간이 많기 때문이다.

6.4 교육과 소득의 관계

인적자본론에 따르면 교육은 중요한 인적자본 투자이다. 그리고 교육에 따른 인적자본 증가는 소득증가로 이어진다고 추론한다. 교육과 소득 간 관계는 연령과 소득 간 관계를 나타내는 연령−소득곡선age-earning profile을 통해 분석할 수 있는데, 연령−소득곡선은 대략 다음과 같은 실증적 규칙성을 드러낸다.

① 연령−소득곡선(age−earning profile)은 우상향하되 증가율이 체감하는 형태이다.
② 연령−소득곡선은 고학력일수록 더 높은 곳에 위치한다(학력 간 소득격차가 존재한다).
③ 고학력자의 연령−소득곡선일수록 더 가파르게 올라간다. 따라서 학력 간 소득격차는 나이가 들수록 더 커진다.

이 실증적 규칙성들은 〈그림 6−2〉와 같이 나타날 수 있다.

〈그림 6−2〉는 연령과 소득과의 관계를 나타내는 연령−소득곡선을 학력별로 드러낸다. 우선 연령−소득곡선의 모양은 연령에 따라 소득이 증가하되, 소득증가율은 점차 체감하는 형태이다. 연령이 증가할수록 경험과 기술 축적 등으로 인적자본이 증가해 소득도 증가하기 때문이다. 그러나 인적자본 투자는 연령에 따라 감소하므로, 인적자본의 증가분도 체감하며 따라서 소득증가율도 체감한다. 둘째, 고학력자의 연령−소득곡선은 저학력자의 곡선보다 위쪽에 위치한다. 같은 연령이라 하더라도 학력에 따라 소득격차가 발생한다는 의미이다. 역시 학력상승으로 인한 인적자본 상승이 그 원인이다. 마지막으로 고학력자의 연령−소득곡선은 저학력자의 곡선에 비해 더 높은 곳에 위치할 뿐

〈그림 6-2〉 학력별 연령-소득곡선

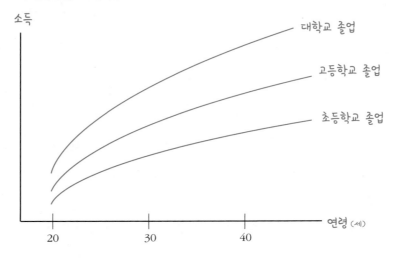

아니라, 같은 연령대에서는 기울기(소득의 증가율)도 더 가파르다. 그 이유는 고
학력자일수록 졸업 후 인적자본 축적도 더 많기 때문이다. 인적자본 투자에는
정규교육뿐 아니라 각종 훈련, 자격증 교육, 및 현장훈련OJT 등이 들어가며, 정
규학력이 높을수록 현장훈련을 포함한 각종 교육을 더 많이 받는다. 따라서 추
가 인적자본 투자에 따른 추가 소득상승이 이루어지므로, 소득증가율이 더 높
아진다. 이에 따라 소득격차는 연령이 높아질수록 더 커진다.

6.5 인적자본 투자의 수익률

    인적자본론은 개인간의 소득 격차를 이해하는 데 가장 중요한 설명이다.
그렇다면 교육이 소득에 미치는 정도, 즉 교육의 수익률은 얼마나 될까? 보다
넓게, 교육 등을 비롯한 인적자본의 차이가 개인 간 소득 차이를 어느 정도 설
명할 수 있을까? 본 절에서는 이러한 질문들을 다루고자 한다. 우선 교육, 경력
등 각종 인적자본이 소득에 미치는 영향을 측정하려면 소득함수(또는 임금함수)
를 추정해야 한다. 소득함수란 소득과 소득에 영향을 미치는 여러 변수들과의

관계를 표현한 함수이다. 소득함수에서는 소득이 종속변수(Y변수)가 되고, 교육, 경험, 근속연수, 자격증 여부, 기타 변수들이 설명변수(X변수)가 된다. 소득함수의 일반적인 형태는 다음과 같다.

(식 6-8) $\log소득_i = \beta_0 + \beta_1 교육연수_i + \beta_2 경력연수_i + \beta_3 (경력연수)^2_i + \beta_4 근속연수_i + \sum_{j=5}^{k} \beta_j X_{ji} + u_i$

위 식에서 아래첨자 i는 i째 개인을 말한다. 그리고 소득에 로그값을 취하는 이유는, 각 변수의 영향을 나타내는 계수 β의 값이 각 변수의 한 단위 변화에 따른 소득의 변화율을 나타내기 때문이다.[1] 따라서 β_1은 교육연수 1년 추가에 따라 소득이 몇 퍼센트 상승하는지 그 변화율을 나타내며, β_2는 경력 1년 증가에 따른 소득 변화율을 나타낸다. 경력연수의 경우 제곱항이 추가로 들어가는데, 앞서 살펴보았듯 경력 증가에 따라 소득상승률이 체감하는 정도를 측정하기 위해서이다. β_4는 근속연수 1년 증가에 따른 소득변화율로, 근속연수는 현장훈련OJT의 크기를 나타내는 대리변수로 포함된다. 마지막으로 개인의 소득에 영향을 주는 다른 많은 변수들, 예를 들어 근무 기업의 특성, 결혼 여부, 노동조합 가입 여부 등이 기타 설명변수 X_k로 포함된다.

이러한 형태의 소득함수를 정해놓고 이제 개인의 소득, 교육연수, 경력연수, 또한 기타 변수의 값을 투입해 계수들의 추정치를 구한다. 지금까지 여러 나라에서 수많은 추정이 이루어졌고, 만들어진 소득함수의 형태, 포함된 설명변수, 추정에 사용된 데이터 등의 차이에 따라 다양한 계수 추정치를 얻었다. 그러나 여러 연구를 통해 몇 가지 공통으로 인정할 만한 결과들을 도출할 수 있었다. 우선 교육의 수익률에 관해 미국의 경우, 0.08~0.10, 즉 교육연수가 1년 추가되면 소득은 8~10% 포인트 정도 상승한다고 본다. 한국의 경우 교육의 수

---

1 식을 간단하게 줄여 '$\log소득 = \beta_0 + \beta_1 교육연수$'라 가정하자. 이 함수를 교육연수에 대해 미분하면 다음과 같다. '$\frac{d\log소득}{d교육연수} = \beta_1$'. 그런데 '$d\log소득 = \frac{d소득}{소득} = \frac{\Delta소득}{소득} = 소득의 증가율$', 그리고 '$d교육연수 = \Delta교육연수 = 교육연수의 변화분$'이다. 따라서 '$\beta_1 = \frac{소득의 변화율}{교육연수의 변화분} = 교육연수 1년 변화에 따른 소득의 변화율$'을 나타낸다.

익률은 7~15% 정도로 추정된다. 두 번째로 인적자본 변수들의 전반적인 영향도와 관련해 실증연구들은, 개인 간 소득 차이의 70% 정도는 인적자본 변수들의 차이에 따라 설명할 수 있다고 본다. 따라서 개인 간 소득 차이 발생에는 인적자본의 차이가 가장 중요한 원인이라고 판단할 수 있다.

그러나 이 같은 실증분석 결과들이 확실하다고 말할 수는 없다. 우선, 설정된 소득함수가 소득을 결정하는 모든 원인을 포함하며, 그들 간 관계를 정확히 규정했다고 판단하기 어렵기 때문이다. 또한 실증분석에 사용되는 데이터는 전체 모집단이 아닌 표본이어서, 특정한 표본이 모집단을 정확히 반영한다고 보기 어렵기 때문이다. 따라서 연구자들은 보다 낫다고 판단한 함수의 모형을 설정하고, 보다 낫다고 판단한 데이터를 이용하고, 보다 낫다고 판단한 추정방법을 동원, 새로운 연구들을 끊임없이 진행하고 있다.

가장 많이 논의되는 모형 설정의 한계점 중 하나는 능력Ability이라는 요인을 어떻게 반영하는가이다. 동일 학력, 동일 경력, 동일 연령 등 여러 면에서 동일한 두 사람이 일할 때, 그중 능력이 더 뛰어난 사람이 더 높은 소득을 올리는 것은 주지의 사실이다. 이 '능력'이라는 것을 객관적으로 측정하기가 매우 어렵다는 게 문제다. 그런데 추정이란 해당 변수에 대해 객관적인 데이터가 있어야 하므로, '능력'을 나타내는 객관적(다수가 동의할 수 있는) 지표가 포함될 수 없다면 이를 빠트린 추정은 결과를 왜곡할 수 있다. 예를 들어 능력이 뛰어난 사람들이 일반적으로 교육에도 수월성을 보여 교육연수가 높다고 가정하자. 그리고 이들은 높은 능력으로 높은 소득을 올린다. 그들의 높은 소득은 한편으로는 높은 학력 때문이기도 하지만, 한편으로 높은 능력 때문이기도 하다. 그런데 능력이라는 요인이 추정함수에 포함되지 못하고 빠져 있다면, 그들의 높은 소득이 마치 높은 학력 때문으로 추정되기 쉽다. 즉 교육변수의 수익률이 실제보다 과대 추정되는 셈이다. 만일 능력 변수가 정확히 반영되었다면 높은 소득의 일부는 능력에 의해 설명되고 나머지 일부가 학력에 의해 설명되므로, 교육의 수익률은 낮아질 것이다. 연구자들은 사람들의 능력을 나타내는 대리변수로 부모의 학력, 부모의 관심 정도, 출신 고등학교 교사의 질 등 다양한 지표를 사용해 왔으나, 그 어느 것도 객관적 지표로 인정받지는 못한다. 심지어 개인의 용모를 능력의 대리변수로 삼는 연구도 있었다. 즉 제3자가 판단하기에 용모가 준수한 사람은, 그만큼 호감을 줄 것이며 따라서 더 능력을 발휘해 소득을 높이리라는 가정이다. 실제로 용모가 준수하다고 판단되는 사람들은 소득이 더 높다고 나타났다. 그러나 이 방식은 용모가 좋아서 소득이 높아졌는지, 소득이 높아져 용모도 좋아진 것인지 구분할 수 없다는 단점이 있다.

6.6 일반 인적자본 투자와 기업특수 인적자본 투자

인적자본 투자는 교육뿐만 아니라 기업이 실시하는 각종 훈련 등도 포함한다. 이 같은 인적자본 투자로 인해 개인의 인적자본은 커지고 생산성도 높아진다고 간주된다. 그런데 가만히 살펴보면 투자비용을 기업이 부담하기도 하고 개인이 부담하기도 한다. 또 투자에 따른 수익도 근로자가 높은 임금으로 받으면서 보상받기도 하고, 높은 생산성으로 기업이 보상받기도 한다. 왜일까? 본절은 이런 질문에 대해 답하고자 한다. 나아가 어떤 기업에서 근로자가 장기근속을 하는지에 대한 설명도 덧붙인다.

우선 인적자본을 크게 둘로 나눌 수 있다. 일반 인적자본general human capital 과 기업특수 인적자본firm-specific human capital이다. 일반 인적자본이란, 투자로 인해 획득하는 인적자본의 가치가 근로자의 근무기업과 관계없이 근로자를 따라다니는 인적자본을 뜻한다. 정규교육을 통해 취득한 학위, 각종 국가자격 등이 일반 인적자본이다. 예를 들어 개인이 지닌 학사 학위가 특정 기업에서만 통용되지는 않는다. 반면 기업특수 인적자본이란, 그 투자로 인해 획득하는 인적자본의 가치가 특정기업에서는 발휘되지만 그 기업을 떠나 다른 기업으로 옮기면 그리 발휘되지 못하는 인적자본을 뜻한다. 한 기업 내의 각종 규정과 시스템에 대한 이해, 그 기업과 관계하는 특정 거래선에 대한 이해 등이 이에 속한다. 이런 이해도는 당해 기업에 근무할 때는 생산성에 기여하지만, 근로자가 다른 기업으로 옮기면 그 가치가 발휘되지 못한다.

이 두 인적자본에서 투자는, 각각 누가 비용을 부담하고 누가 수익을 수혜할까? 먼저 일반 인적자본 투자부터 살펴보자. 일반 인적자본의 경우 투자로 인한 생산성 제고와 그에 따른 임금 상승을 기업과 관계없이 기대할 수 있다. 따라서 이 투자에 대해 기업이 비용을 부담할 인센티브가 없다. 만일 기업이 부담해 투자가 이루어진 후 훈련이 끝나고 그 높아진 생산성을 거둘 무렵 근로자가 이직해버린다면? 기업은 수익 없이 비용만 부담한 셈이고, 근로자는 여전히 다른 기업으로 가서 높아진 생산성만큼 높은 임금으로 수익을 올릴 수 있기 때문이다. 따라서 일반 인적자본의 경우, 수익자부담 원칙이 적용되어 근로자가 비용을 부담하고 수익도 향유한다. 그러므로 정규 학위과정 교육 또는 각종 자격증에 대한 개인 부담이 당연하게 받아들여진다. 경우에 따라 기업에서 학위과정 교육에 대해 일부 또는 전부 지원하기도 한다. 이런 경우 거의 예외 없이, 학위 취득 후 일정 기간 동안 이직을 금지하는 강제규정을 둔다. 이렇게 강제규정을 두는 이유는 바로 학위과정 교육이 일반 인적자본 투자이기 때문이다. 즉 비용을 지원한 기업에서 일정 기간 이상 종사하도록 해 그 기업에 투자수익을 돌려주려는 것이다.

일반 인적자본 투자에 대한 비용과 수익의 흐름은 〈그림 6-3〉의 왼쪽 그림에 나타나 있다. 어떤 근로자가 어떤 훈련도 받지 않을 경우 W_a만큼의 생산성과 그만큼의 임금을 받는다고 가정하자. 이제 이 근로자가 일반 인적자본 훈련을 받는다고 가정하자. 훈련기간 동안에는 직장 근무에 지장을 초래해 생산성이 낮아진다고 가정하자. 훈련기간이 끝나면 생산성은 훈련을 받지 않았을 때보다 높이 증가한다고 가정한다. 그러면 수익자부담 원칙에 따라 훈련기간 중 낮아진 생산성에 대해 근로자는 낮아진 임금을 감수하되, 훈련이 끝난 후에는 생산성이 높아진만큼 임금도 올라간다. 따라서 그림에서 임금은 생산성과 일치한다.

〈그림 6-3〉 일반 인적자본 투자와 기업특수 인적자본 투자의 차이

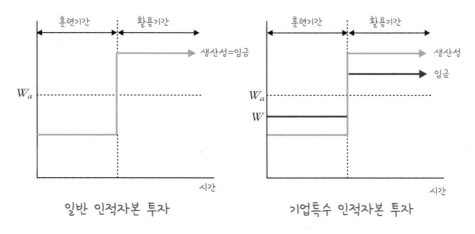

일반 인적자본 투자　　　　　기업특수 인적자본 투자

　　기업특수 인적자본 투자의 경우, 수익자부담 원칙을 적용하기 어렵다. 기업이나 근로자 어느 한쪽이 완벽한 수익자라 할 수 없기 때문이다. 〈그림 6－3〉의 오른쪽 그림을 이용해 알아보자. 기업특수 인적자본 훈련을 받는 동안 생산성은 훈련을 받지 않을 때보다 낮아진다. 그러나 훈련기간이 끝난 후에는, 훈련을 받지 않은 경우보다 생산성이 높아진다. 만일 훈련을 받지 않는다면 근로자는 다른 기업에서 받는 임금수준인 W_a만큼 받는다. 이제 훈련기간 동안 낮아진 생산성만큼 기업은 임금을 낮추어야 할까? 근로자는 이를 받아들이려 하지 않을 것이다. 만일 훈련기간 도중 기업이 근로자 고용을 종료한다면 근로자에게만 손해이기 때문이다. 그렇다면 기업은 근로자에게 훈련 기간 동안 대안임금 W_a을 지불하여 훈련에 따른 비용을 전부 부담해야 할까? 기업 입장에서는 위험한 선택이다. 만일 훈련기간 중이나 직후 근로자가 이직해버린다면, 기업은 투자비용만 날리고 수익은 하나도 거두지 못하기 때문이다. 따라서 어느 한쪽이 비용을 모두 부담하는 대신 양쪽이 비용을 나누는 방식을 택해야 합리적이다. 수익 또한 양쪽이 나누어 갖는 방식이 합리적임은 물론이다.

　　〈6－3〉의 오른쪽 그림에서, 훈련기간 동안 근로자의 임금은 대안임금보다

는 낮지만 생산성보다는 높다. 이렇게 해서 일부 비용은 근로자가 부담하고(임금 < 대안임금) 일부는 기업이 부담하는(임금 > 생산성) 형태로 나타난다. 훈련이 끝난 이후에는 높아진 생산성을 역시 공유하는데, 근로자는 다른 기업에서 받을 수 있는 대안임금 W_a보다는 임금이 올라가니 만족하고, 기업은 근로자에게 주는 임금보다 생산성이 높으니 역시 만족하는 결과로 이어진다.

기업특수 인적자본 훈련 모형은 근로자의 장기근속 설명에 중요한 단서를 제공한다. 즉 기업특수 인적자본 훈련을 많이 하는 기업일수록 근로자와 기업이 서로 헤어지기보다는 함께하는 것을 선호해, 장기근속이 이루어진다는 것이다. 예를 들어 대기업이며 큰 시스템으로 움직이고 고유한 기업문화를 강조하는 기업일수록, 기업특수 인적자본을 중시하고 그에 대한 훈련을 강화한다. 그 결과 직원의 생산성은 다른 기업에 있을 때보다 올라가고 급여도 높다. 그러나 직원이 그 기업을 떠나 다른 기업으로 이직하면, 높은 생산성은 더는 유지되지 않고 급여도 유지되지 않는다. 따라서 자발적인 장기근속이 이루어지게 된다.

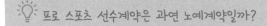

가끔 '노예계약'이라는 용어가 언론에 등장한다. 주로 프로 스포츠 분야에서 그리고 연예계에서 쓰는 말이다. 프로 스포츠 선수들과 구단 사이에 이루어지는 계약에 일정 기간 동안 다른 구단으로 이적할 수 없다는 조항을 담고 있어서, 마치 인신을 구속하는 노예계약과 다름없다는 뜻이다. 지금이 어느 때인데 이런 황당한 일이 가능할까 싶겠지만, 사실 이런 계약은 전 세계적으로 보편적이다. 왜일까? 힌트는 일반 인적자본 개념에 숨어 있다.

생각해보자. 프로 스포츠 선수들의 훈련은 일반 인적자본 훈련일까? 기업특수 인적자본 훈련일까? 훈련한 결과 선수의 실력이 올라가는데 이 선수가 다른 구단으로 옮기면 그 실력이 갑자기 사라질까 아니면 유지될까? 유지된다면 이는 일반 인적자본 훈련이다. 그런데 각 구단은 해외전지훈련 또는 2군 운영 등 많은 훈련비용을 부담한다. 그런 비용을 들여 훈련한 결과 실력이 상승한 선수가 다른 구단으로 자유롭게 스카웃되어 간다면, 과연 누가 비용을 들여 훈련할까? 따라서 기업에서 직원의 학위과정 연수를 지원하는 대신 일정기간 이직을 제한하는 원리가, 프로 스포츠 선수들의 일정기간(일반적으로 6년) 이적 금지에도 적용되는 것이다. 물론 다른 방법도 있다. 스페인 프로축구에서는 이적금지 기간 중이라도, 선수를 데려가는 구단에서 선수를 보내는 구단에게 서로 동의한 만큼의 금액을 보상하면 이적이 가능하다. 일반 인적자본 훈련비용을 보상해주는 셈이다.

6.7 교육은 생산성을 높일까?: 신호가설

인적자본론의 근본 가정 중 하나는 인적자본 투자를 통해 개인의 생산성이 향상된다는 것이다. 그래서 높은 수준의 인적자본은 높은 생산성을 의미하고, 따라서 높은 임금을 합리화한다. 그런데 실제로 인적자본 투자가 생산성을 정말로 올리는지 의문이 생길 수 있다. 예를 들어 대학을 졸업하면 생산성이 올라가기 때문에 대학에 가는 것일까? 혹시 대학을 졸업해 능력 있는(생산성 높은) 사람이라고 증명하기 위해 대학에 가는 것은 아닐까?

신호가설signaling hypothesis에서는 생산성 높은 사람이 교육을 자신의 생산성이 높다는 신호signal로 사용한다고 주장한다. 이 가설에 따르면 생산성과 신호의 시스템은 다음과 같이 움직인다.

① 생산성 또는 능력은 눈에 보이지 않는다.
② 사람들은 생산성을 포착하는 지표로 다음 두 가지를 사용한다. 하나는 인덱스(index)로, 개인의 의지로 바뀌지 않는 것들이다. 예를 들어 연령, 성별, 종족 등이다. 다른 하나는 신호(signal)로, 개인의 의지와 노력에 따라 바꿀 수 있는 것들이다. 예를 들어 학력, 경력, 자격 등이다.
③ 그런데 개인의 생산성(능력)은 인덱스나 신호와는 관계없이 타고난다.
④ 고용주들은 인덱스나 신호를 사용해 근로자의 생산성을 판단, 그에 따라 임금을 결정한다. 예를 들어 대졸 연봉 얼마, 고졸 연봉 얼마 하는 식이다.
⑤ 개인은 이런 고용관행에 대응해, 자신에게 가장 유리한 신호를 고른다. 교육 같은 신호를 선택할 때 일정 비용이 드는데, 생산성(능력) 높은 사람은 낮은 사람보다 신호를 선택할 때 드는 비용(예를 들어 교육비용)이 상대적으로 낮다.
⑥ 따라서 생산성(능력) 높은 사람은 상대적으로 낮은 비용으로 높은 신호를 취득하기 쉽다. 반면 생산성(능력) 낮은 사람은 높은 수준의 신호를 취득하는 데 비싼 비용을 치루어야 하므로, 낮은 신호에 머무르게 될 수 있다.
⑦ 이처럼 자기선택에 따라 생산성 높은 사람이 높은 신호를 취득하고 생산성 낮은 사람이 낮은 신호를 취득하면, 신호의 수준으로 생산성을 판단하는 관행은 계속 유지되고 확산된다.

신호가설의 중요한 가정은, 개인의 생산성이 교육 등과 관계없이 이미 주어져 있다는 것이다. 그런데도 교육수준을 생산성을 나타내는 신호로 사용함으로써 교육수준과 생산성은 양의 상관관계를 갖게 되고, 이를 인과관계로 착각, 교육수준을 높이면 생산성도 높아진다고 오해한다는 것이다. 신호가설에 따르면 현재 우리는 교육에 지나치게 낭비하고 있는지도 모른다. 교육은 단지 생산성 높은 사람과 낮은 사람을 구별screening하는 역할을 할 뿐인데, 생산성을 높인다고 착각해 너도나도 높은 교육을 위해 돈을 쏟아붓기 때문이다.

　신호가설은 생산성이 교육과 관계없다고 가정함으로써, 교육을 통해 생산성이 증대하리라는 가정에 기반한 인적자본론과 정면으로 맞선다. 결국 궁금한 점은, 과연 교육이 생산성 증대에 기여하는지에 대한 여부이다. 현실을 보면 자신의 생산성을 높이기보다 단지 졸업장을 위해, 즉 졸업장이 주는 인정을 얻고자 학력을 추구하는 경우가 많다는 사실을 부인할 수 없다. 그러나 동시에 교육을 통해 자신의 생산성을 올리려고 열심히 노력하고, 또 그렇게 해서 생산성이 올랐다고 믿는 사람들도 매우 많다. 진실은 아마 양자 사이 어디쯤에 있을지도 모르겠다.

07

임금은 왜 차이가 날까?
— 보상격차론과 효율임금 —

07

임금은 왜 차이가 날까?
– 보상격차론과 효율임금

7.1 보상적 임금격차

  우선 간단한 예부터 살펴보자. 5명의 신입사원이 있다고 가정하자. 이들은 신입교육을 마치고 곧 실무부서에 배치될 예정이다. 근무예정지 중 네 자리는 수도권에 있는 반면 한 자리는 지방에 있다. 이들을 어떻게 배정할까? 우선 본인의 희망 근무지를 우선으로 할 것이다. 그러나 공교롭게 5명 모두 일단 수도권을 선호한다면 어떻게 해야 할까? 본인 희망을 무시하고 강제로 배정할 수도 있겠지만 그 경우 불만을 가진 사원이 퇴사할 수도 있다. 그럴 경우 업무 공백이라는 손실은 물론, 사람을 다시 뽑고 훈련해야 하는 채용과 훈련비용이 추가되는 손실도 발생한다. 따라서 직원들이 스스로 선택할 수 있도록 인센티브를 주어야 합리적이다. 인센티브의 한 방식으로 몇 년 뒤 희망 근무지로 옮겨 주겠다고 약속할 수도 있다. 다만 그 약속은 지켜지지 않을 수도 있다는 점에서 불안하다.

  가장 확실한 인센티브는 임금을 더 지급하는 것이다. 즉 지방근무에 따라 추가임금을 지급하는 것이다. 그런데 추가임금은 어떤 선이 적정할까? 그 수준은 수요와 공급에 따라 결정되어야 가장 합리적이다. 예를 들어 매월 30만 원을 제안했을 때 누구도 받아들이지 않는다면 그 추가임금은 상승되어야 한다. 만일 추가임금으로 매월 150만 원을 제안했을 때 다섯 명 중 세 명이 가겠다고 희망한다면 추가임금은 그보다 낮아져야 한다. 이러한 과정을 거쳐 지원자가 한 명이 되는 수준의 추가임금이 결정될 수 있다.

보상적 임금격차compensating wage differential 또는 보상격차compensating differential 란, 이처럼 근무 특성이나 조건 차이에 대해 보상하는 임금격차를 뜻한다. 얼핏 보면 비슷한 일자리 같아도 일의 특성이나 조건이 다른 경우가 많다. 이렇게 다양한 일자리의 특성을 보상하는 표준적인 방법은 임금으로 차이를 두는 것이다. 그러면 어떤 일자리에 여러 특성이 있을 경우, 각 특성에 대해 다른 보상가치가 매겨질 것이고, 임금이란 결국 이런 각각의 보상가치를 합한 모습을 띨 것이다.

이런 면에서 임금은 이른바 군집가격群集價格; hedonic price이다. 군집가격이란 어떤 제품이나 서비스의 가격이 그것을 구성하는 여러 요소나 특징 각각의 가격을 합한 것과 같다는 의미로, 개별요소 가격의 집합체라는 뜻이다. 군집가격의 예로 아파트가격을 들 수 있다. 하나의 아파트 가격은 그 아파트의 여러 요인, 예를 들어 몇 평인지, 교통입지는 어떤지, 교육입지는 어떤지, 문화입지는 어떤지 등 각각의 요소가 지닌 가치의 합과 같다. 이러한 분류법을 노동에 대입하면, 노동의 가격인 임금은 그 노동의 여러 요소, 예를 들어 근로시간, 근무장소, 근무의 자기조절성, 근무위험도 등의 요소가 갖는 가치의 합이다. 그렇다면 임금의 차이를, 바로 이 같은 특정한 노동을 구성하는 여러 요인이 갖는 가치의 차이로 해석할 수 있다. 따라서 야간에 일해야 하는 일자리라면 임금이 높아지리라 예상할 수 있고, 어떤 아르바이트가 깨끗하고 쾌적한 공간과 즐거운 음악이 있는 환경의 일자리라면 임금은 낮아도 그 일자리는 금새 채워지리라 예상할 수 있다.

보상격차가 만들어지려면 세 가지 조건이 필요하다. 첫째, 객관적인 근무 특성의 차이가 있어야 한다. 둘째, 근무 특성에 대한 근로자의 선호도에 차이가 있어야 한다. 셋째, 근무 특성을 변화시키는 기업의 비용구조에 차이가 있어야 한다.

객관적인 근무 특성의 차이는 다양하다. 전술한 근무지의 지역 차이뿐 아니라, 실내근무인지 실외근무인지 등 근무위치의 차이, 주간인지 야간인지 등 근무시간대의 차이, 근무가 어느 정도의 재해 위험을 동반하는지 등 위험도의 차이, 근무시간과 방식을 근로자가 얼마나 유연히 조정할 수 있는지 등 근무유연성의 차이 등등 수없이 많다. 이처럼 근무 특성의 객관적 차이가 있어야 한다. 둘째, 그러한 차이에 대해 근로자의 선호도 또한 차이가 있어야 한다. 만일 근무지에 지역차가 있어도 근로자들의 선호도가 동일하다면 보상격차는 만들어지지 않는다. 그러나 실제 노동시장에서 근로자들의 업무 조건이나 특성에 대한 선호도 차이는 엄연히 존재한다. 예를 들어 어떤 근로자는 업무가 조금만 위험해도 피하려 하는 반면 어떤 근로자는 그 스릴을 즐기기도 한다. 마지막으로, 근무조건이나 특성을 바꿀 때 들어가는 기업의 비용구조에 차이가 있어야 한다. 근로자가 회피하는 근무 특성(예를 들어 재해위험, 작업경직성 등)을 변화시키는 데 비용이 크게 들지 않는 기업이라면 근무특성 변경이 상대적으로 유리하다. 비용이 많이 드는 기업이라면 근무특성은 고정하고 근로자에게 더 높게 보상하는 편이 낫다.

이상의 세 요소가 결합해 보상격차가 결정된다. 만일 다수가 회피하는 일이라면 당연히 보상격차는 커지겠지만, 근로자 중 일부가 그 일을 좋아한다면 보상격차는 아주 작거나 아예 없을 수도 있다. 심지어 어떤 근로자는 좋아하는 일을 하려고 낮은 임금을 기꺼이 감수하기도 한다. 예를 들어 좋아하는 스포츠 또는 연예 활동을 하기 위해 교통비 정도만 받고 일하는 경우 등이다. 따라서 보상격차는 일의 특성과, 그 특성에 대한 근로자의 선호도가 어떻게 연결되는지에 따라 양(+)의 보상격차일 수도 있고 음(−)의 보상격차일 수도 있다. 양의 보상격차는 일의 특성에 대해 근로자들이 일반적으로 부정적인 선호를 보이는

'열정페이'는 과연 착취인가?

'열정페이' 논란이 끊이지 않고 있다. 열정페이란 특정한 아르바이트 또는 인턴 일자리를 젊은이들에게 제공하고, 일자리를 제공한다는 자체에 대해 가치를 부여하며, 일의 대가인 임금은 '열정페이'라 해서 최저임금에 못 미치는 낮은 수준으로 주는 것을 말한다. 열정페이는 연예계나 예술계 또는 특정 기술을 배울 수 있는 일자리에서 많이 나타난다.

낮은 임금을 받는 입장에서는 열정페이를 일종의 착취라고 주장한다. 반면 임금을 주는 입장에서는, 이 일을 좋아서 하겠다는 이들이 스스로 자원한 만큼 일반 일자리의 노고와는 다른 활동이므로 똑같은 개념의 임금이 아니라고 주장한다.

임금의 보상격차 특성을 감안하면 이 '열정페이' 논란을 쉽게 이해할 수 있다. 예를 들어 본인이 보고 싶은 연예인들을 다수 만날 수 있는 일자리가 있다면, 아무리 힘들어도 무료 봉사라도 하고 싶을 수 있다. 이 경우 일의 힘듦이라는 부정적 요인을 그 자리에 함께하며 느끼는 즐거움이라는 긍정적 요인이 상쇄한다. 힘듦에 대한 양의 보상격차를 즐거움에 대한 음의 보상격차가 상쇄한다. 그리고 이때의 임금은 최저임금보다 훨씬 더 낮아질 수 있다. 이 낮은 임금에 대한 근로자의 자발적 수용도가 중요하다. 임금이 낮아질 수 있는 까닭은, 낮은 임금에도 불구하고 그 일이 즐거워서 근로자가 자발적으로 받아들이기 때문이다. 일자리의 특성에 대해 근로자마다 선호도가 다르다는 점을 인정할 필요가 있다. 다른 사람이 보기에는 턱없이 낮은 임금에도 즐겁게 일하는 사람이 있기 때문이다.

경우 만들어진다. 예를 들어 재해 위험, 경직적인 업무조건, 오지 근무 등이다. 반면 일의 특성에 대해 근로자들이 일반적으로 긍정적인 선호를 갖는 경우, 근로자들은 그 긍정적인 특성을 누리는 대신 낮아지는 임금을 받아들일 수 있다. 이때 임금격차는 (−)가 되고 이를 음의 보상격차라고 한다. 예를 들어 대학교수라는 직업은 연구원 등 동종의 다른 직업에 비해 근무시간을 자기가 조절할 수 있고 유연하다는 특성이 있는데, 이는 대부분의 사람들이 선호하는 특징이다. 따라서 많은 연구원들이 현재의 높은 연봉을 포기하고 연봉은 낮은 교수직을 선호한다. 이 때 줄어드는 연봉의 크기는 유연한 근무시간이라는 긍정적인 일의 특성을 감안한 음(−)의 보상격차이다.

7.2 재해위험과 보상격차

이번에는 재해위험이라는 구체적인 일의 특성을 두고 보상격차가 어떻게 결정되는지 살펴보고자 한다. 우선 다른 요소들이 모두 동일한 대신 신체적 부상을 당할 위험도만 다른 일자리들이 있다고 가정하자. 이제 근로자는 어떤 일자리를 선호할까? 당연히 위험이 작을수록 선호할 것이다. 질문을 바꾸어 일자리의 위험도가 높아진다면 근로자는 임금이 어떻게 달라지기를 바랄까? 대부분 위험도가 높아질수록 임금도 높아져야 한다고 할 것이다. 이는 위험이라는 부정적 요인이 임금인상이라는 긍정적 요인으로 보상되어야 한다는 사실을 반영한다. 〈그림 7−1〉은 근로자의 위험과 임금에 대한 선호관계를 나타낸다. 즉 곡선 I는 근로자의 만족(효용)이 일정하게 유지되려면, 위험이 증가할수록 임금이 상승한다는 무차별곡선indifference curve이다. 그림을 보면 무차별곡선

〈그림 7-1〉 위험과 보상격차

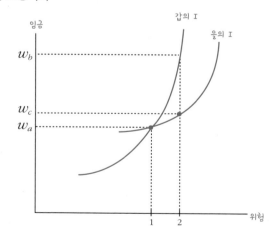

은 기울기가 갈수록 가파르게 올라간다. 위험이 높아질수록 원하는 보상이 기하급수적으로 높아진다는 사실을 의미하며, 사람들은 일반적으로 위험회피적 risk averse이기 때문이다.

그런데 위험회피도는 사람에 따라 다르다. 예를 들어 '갑'은 위험에 매우 민감해서, 높아지는 위험에 대해 매우 높은 보상을 요구할 수 있다. 반면 '을'은 상대적으로 위험에 덜 민감할 수 있다. 이 경우 을이 요구하는 보상의 정도는 '갑'보다는 작을 것이다. 〈그림 7–1〉은 이처럼 '갑'과 '을'의 위험과 임금에 대해 서로 다르게 그려지는 무차별곡선이다. 그림에서처럼 예를 들어 위험 정도가 1에서 2로 증가하는 데 대해 갑은 $w_b - w_a$만큼의 높은 추가적 보상을 필요로 한다. 그에 비해 을은 추가적 보상을 $w_c - w_a$만큼만 필요로 한다.

이제 기업들은 위험의 변화에 대해 어떻게 대응할 수 있는지 살펴보자. 일자리의 위험도를 낮추려면 비용이 든다. 예를 들어 보호용 헬멧을 마련하거나 안전시설을 강화하는 데 비용이 든다. 그런데 생산비용이 일정하다면 위험도를 낮추는데 따라 발생하는 비용은 어디에선가 상쇄되어야 한다. 다른 생산비용이 고정되어 있다면 임금은 낮아지게 된다. 역으로 해석하면, 위험도가 높아지는 대신 임금이 더 상승할 수 있다. 〈그림 7–2〉는 위험이 증가(감소)함에 따

〈그림 7-2〉 위험에 따른 등비용곡선의 차이

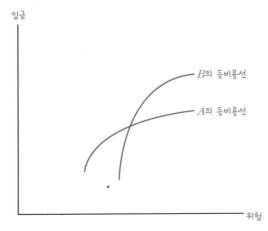

라 근로자가 받을 수 있는 임금이 증가(감소)하는 임금제안 곡선^{wage offer curve}이다. 여기서 임금제안 곡선의 기울기는 위험도가 작아질수록 더 가파라진다. 위험도를 추가로 낮출수록 비용이 더 높이 상승하기 때문에, 그만큼 임금이 더 큰 폭으로 하락한다는 의미이다.

그런데 위험도를 변화시키는 데 따라 달라지는 임금의 정도는, 기업의 생산 특성에 따라 달라질 수 있다. 예를 들어 A기업의 경우 위험을 감소시키는 데 상대적으로 작은 비용이 든다면, 이로 인한 임금의 감소 정도는 상대적으로 작을 것이다. 반면 B기업은 작업의 특성상 위험이 높을 뿐 아니라 위험을 감소시키는 데 높은 비용이 든다면, 위험 감소에 따른 임금 감소 정도 또한 클 것이다. 〈그림 7-2〉는 A기업과 B기업에 따라 달라지는 위험-임금 조합을 나타낸다.

이제 시장에는 두 종류의 근로자 갑과 을이 있고, 두 종류의 기업 A와 B가 있다고 가정하자. 시장에서 이들이 어떻게 서로 결합되는지 살펴보자. A기업과 B기업은 〈그림 7-2〉처럼 서로 교차하는 임금제안 곡선을 보인다. 이처럼 서로 교차하는 임금제안 곡선이 있을 경우, 시장에서는 같은 위험도라면 임금이 높은 제안이 우위에 있을 것이다. 따라서 시장의 임금제안 곡선은 〈그림 7-3〉의 실선으로 나타난다. 그러면 〈그림 7-3〉에서 보이는 임금제안 곡선상에서 갑

〈그림 7-3〉 균형 보상격차의 결정

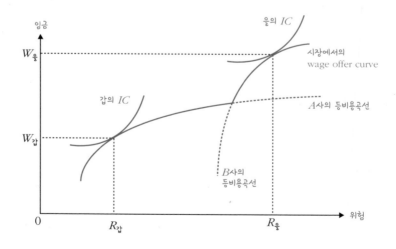

과 을은, 각각 자신의 효용을 극대화할 위험 – 임금의 조합을 찾으려 할 것이다. 그림을 통해서 보면, 갑은 A회사를, 을은 B기업을 선택해야 최선이다. 갑과 을 두 근로자 중에서는 갑이 더 위험 회피적이다. 두 기업 중 A기업은 낮은 수준의 위험에서 상대적으로 더 높은 임금을 제공하고, B기업은 높은 수준의 위험과 높은 수준의 임금을 제안한다. 따라서 더 위험회피적인 갑은 상대적으로 낮은 수준의 위험을 제공하는 A기업의 $R_갑$을 선택하고, 그에 따라 임금은 상대적으로 낮은 $W_갑$을 받는다. 반면 위험에 대범한 을은 상대적으로 높은 수준의 위험과 임금을 제공하는 B기업으로 가서 $R_을$과 $W_을$을 택한다. 이렇게 해서 각각 위험의 선호도가 다른 근로자와, 각각 위험에 대한 생산기술적 구조가 다른 기업이 서로에게 최적인 상대를 만나 결합한다. 시장에서 균형의 결합equilibrium matching이 가능해지고, 이렇게 해서 $R_을 - R_갑$의 위험의 차이에 대해 시장은 $W_을 - W_갑$이라는 균형의 보상격차equilibrium compensating differential를 만들어낸다.

7.3 보상격차의 현실 응용: 법정 근로시간 단축은 근로자에게 유리할까?

우리나라 노동시장의 뜨거운 이슈 중 하나는 근로시간이다. 우리나라의 연간 근로시간은 OECD국가 중 가장 길다는 주장도 있다. 이는 과도한 연장근로 때문이므로, 연장 근로시간도 법으로 상한을 정해야 한다고 한다. 그 논리로, 연장근로를 포함한 주당 근로시간이 최대 52시간을 넘지 않도록 하는 법안이 국회에 제출되었다. 이에 반대하는 입장도 있다. 우리나라의 연간 평균 근로시간이 많은 것처럼 통계에 잡히는 이유는 근로시간이 짧은 시간제 근로 비중이 다른 나라에 비해 상대적으로 작아서이며, 따라서 직접비교는 어렵다는 주장이다. 또 연장근로를 법으로 제한하면 기업과 근로자 모두에게 손해이므로 이를 당사자 간 자율에 맡겨야 한다고 주장한다. 현재 정해진 우리나라의 법정 근로시간은 주당 40시간이다. 연장근로는 일주일에 12시간이 상한이다. 그러나 휴일근로는 포함되지 않는다고 해석하여, 당사자 합의에 따라 추가로 일할 수 있다.

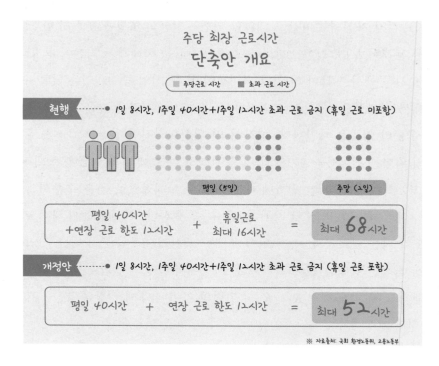

현재의 상황은 어떻게 해석할 수 있는지, 여기에 새로운 법적 제한이 가해질 경우 결과는 어떻게 될지 보상격차의 시각에서 분석해보자. 앞 절에서 알아보았듯이, 근무 특성과 그에 따른 임금은 규제가 없을 경우 근로자의 선호도와 기업의 비용구조에 따라 서로에게 최적인 상태로 결정된다. 〈그림 7-4〉를 통해서 보면, 시장의 근로시간에 따른 임금선은 abc로 나타난다. 임금선이 b점에서 가파라지는 이유는, 그 점 이후부터는 연장근로에 따른 할증임금이 추가되기 때문이다. 현재 근로자 갑은 일을 조금만 하고자 하므로 $H_{갑}$시간만큼 일하고 $W_{갑}$의 임금을 얻는다 가정하자.

반면 근로자 을은 일을 많이 하더라도 그만큼 돈을 많이 벌고자 하므로, $H_{을}$의 근로시간 동안 일하고 $W_{을}$만큼의 임금을 얻는다 하자. 그런데 이제 $H_{을}$의 근로시간이 너무 길다고 국가에서 판단, 근로시간이 H_2를 넘지 못하도록 법으로 규제하기 시작했다고 가정하자. 이 규제에 갑은 영향을 받지 않을 것이다. 그러나 을과 을을 고용한 기업 B는 영향을 받을 것이다.

〈그림 7-4〉 근로시간 규제가 근로자 만족에 미치는 영향

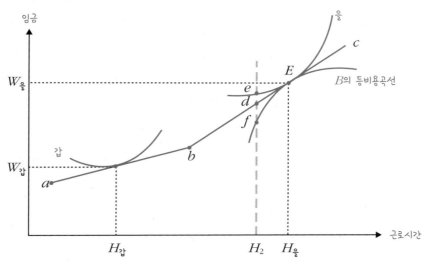

규제 이전에는 을과 기업 B는 E점에서 최적을 이루었다. 이제 E점은 불가능하고, 근로시간이 H_2를 초과하지 않는 범위에서 시장임금선이 제시하는 점은 d가 된다. d점은 E에 비해 근로시간이 작아지는 만큼 임금도 작아진다. 을의 만족도(효용)는 어떻게 될까? 그림을 보면 d에서 을의 만족도는 이전보다 더 작아진다는 사실을 알 수 있다. E와 같은 만족을 주는 점 e보다 근로시간은 같아도 임금은 더 작기 때문이다. 즉 을의 입장에서 근로시간이 H_2로 줄어든다면 임금이 e점에 있어야 이전과 같은데, 시장임금은 d만큼밖에 안 되기 때문이다. 그렇다면 기업은 이득을 볼까? 아니다. 이전보다 비용이 더 많이 들어가므로 손해를 본다. 기업의 입장에서는 근로시간이 H_2로 줄어든다면 임금이 f점에 있어야 이전과 비용이 같아지는데, 시장임금은 d만큼 주어야 한다. 이는 f보다 높은 수준의 임금이므로, 이전에 비해 비용이 상승한다. 따라서 당사자 자율에 반하는 법적 규제로 인해 기업과 근로자 모두 손해를 보는 결과로 이어진다.

7.4 효율임금

이 책을 통해 지금까지 임금은 생산성에 근거해 결정된다고 배웠다. 즉 임금이 낮다면 생산성이 낮기 때문이며, 생산성이 오르면 임금이 상승한다는 것이다. 그러나 현실에서 우리는 임금이 올라가면 생산성이 오르는 경우도 많이 본다. 예를 들어 근로자들이 신나게 일해 결과적으로 생산성이 오르기도 한다. 그렇다면 생산성이 원인이고 임금이 결과라는 공식이 반드시 성립하지는 않는 것 아닐까? 그렇다. 생산성과 임금 간에는 일방향이 아니라 쌍방향인 관계가 성립한다. 즉 일반적으로는 생산성이 원인이 되어 임금이 결정되는 인과관계가 성립하지만, 역으로 임금에 변화를 주면 생산성이 영향받아 변하는 관계도 성립한다. 즉 임금을 전략적 수단으로 이용하면 생산성에 변화를 줄 수 있다. 효율임금efficiency wage이란, 이처럼 생산성을 올리기 위해 전략적으로 사용하는 임금이다.

그런데 생산성과 임금 간 이렇게 쌍방향인 관계가 성립한다면 끝이 없는 것 아닐까? 임금을 올리면 생산성이 증가하고, 생산성이 증가하니 다시 임금이 오르고, 임금이 다시 오르니 생산성이 추가로 증가하고… 이런 식으로 말이다. 그러나 임금을 전략적 수단으로 사용한다는 데 착안하면, 이렇게 끝없이 지속되지는 않는다. 임금을 올리면서 그에 따라 생산성이 얼마나 증가하는지 면밀히 관찰할 것이기 때문이다. 예를 들어 고용주가 임금을 10% 올린다고 가정하자. 이에 근로자들이 긍정적으로 반응해 생산성이 15% 상승했다고 하자. 임금상승률보다 높은 생산성 증가율에 고무된 고용주가 다시 임금을 10% 올린다고 하자. 이번에도 역시 근로자들이 긍정적으로 반응해 생산성이 올랐는데 이전보다는 작게 12% 상승했다고 하자. 그렇더라도 임금상승률보다 높은 생산성 증가율 덕분에 이 전략은 성공하고 있다.

그러면 다시 임금을 10% 올린다고 하자. 그러면 생산성이 또다시 10% 이상 상승할까? 그렇지 않을 가능성이 높다. 생산성은 오르겠지만 그 크기는 이전에 비해 점차 감소할 것이다. 만일 추가적인 생산성 증가율이 10%에 못 미친다면, 이제 비용증가율이 생산성 증가율보다 커져서 이전보다 손해를 보게 된다. 따라서 가장 최적이 되는 때는, 임금증가에 따른 추가적 생산성 증가율이 임금 증가율과 같아지는 때이다. 이를 탄력성 개념으로 설명하면 다음과 같다. 생산성의 임금탄력성은 다음과 같이 정의된다.

$$\text{(식 7-1)} \qquad \text{생산성의 임금탄력성} = \frac{\text{생산성의 \%변화율}}{\text{임금의 \%변화율}}$$

만일 임금의 %변화율보다 생산성의 %변화율이 크다면 탄력성이 1보다 커지고, 이 경우 임금 인상은 성공적이다. 반면 1보다 작다면 비용이 수익보다 커지므로 바람직하지 않다. 따라서 탄력성이 1과 같아지는 점에서 임금 인상을 멈추어야 가장 최적이다. 또한 이 수준의 임금이 가장 효율적이므로 그 임금을 효율임금efficiency wage이라 한다.

효율임금의 원리는 직관적으로는 이해가 가지만, 구체적으로 어떤 경로를 통해 생산성이 달라질 수 있는지 궁금하다. 효율임금이 작용하는 경로에 대해서는 대략 다음과 같은 가설들이 존재한다.

영양가설 임금수준이 높아지면 근로자의 영양과 건강이 나아져 생산성이 향상된다는 가설이다. 영양과다로 다이어트가 관심사인 우리나라의 현실과는 다소 거리가 있어 보이지만, 많은 개발도상국의 근로자들이 부족한 영양으로 인해 작업장에서 제대로 일을 못하는 현실에서는 충분히 적용할 만하다. 1990년대에 동남아 국가로 공장을 이전한 우리나라 기업에서 구내식당을 지어 직원들에게 점심을 제공한 이후부터 오후 생산성이 급격히 상승했다는 사례는 영양가설이 작동하는 한 예이다.

태만방지가설 임금수준이 높아지면 근로자들이 더 열심히 일하게 되어 생산성이 향상된다는 가설이다. 임금수준이 동종의 다른 회사에 비해 높아진다고 느끼면, 근로자들은 자칫 태만하다가 해고되면 그만한 직장을 구하기 어렵다는 사실을 깨닫게 되므로, 결근, 지각과 기타 근무태만 행위를 줄이고 열심히 일한다는 것이다. 따라서 노동생산성이 오른다는 가설이다. 역으로 임금수준이 동종의 다른 회사에 비해 낮아진다고 느끼면, 근로자들이 열심히 일하지 않게 되어 생산성이 떨어진다고 본다.

장기근속가설   임금수준이 높아지면 근로자의 이직이 줄어들므로 장기근속이 이루어지고, 그에 따라 근로자의 기업특수 인적자본이 커져서 생산성이 증가한다는 가설이다. 동종의 다른 회사에 비해 임금수준이 높아지면 자연히 근로자들의 이직이 줄어들 것이다. 한편으로는 근로자들의 평균 근속연수가 늘어나고, 기업고유의 특성에 대한 근로자들의 이해도가 올라가 곧 생산성을 높이는 결과를 낳는다. 다른 한편으로는 이직이 줄어들므로, 잦은 이직에 따른 채용과 훈련비용을 절감할 수 있어서 수익성을 높인다.

우수근로자 유인가설   임금수준이 높아지면 더 우수한 근로자들이 몰려들고, 따라서 더 우수한 근로자들을 채용할 수 있어 생산성이 증가한다는 가설이다. 동종의 다른 회사에 비해 임금수준이 높아지면 취업 희망자들이 더 많이 몰릴 것이다. 그들 중 가장 우수한 근로자를 뽑을 수 있고 그들은 또 다른 곳에 합격해도 가지 않을 것이다. 그러면 생산성 높은 근로자들이 추가됨에 따라 평균적으로 생산성이 올라간다.

효율임금이 가장 잘 작동하는 경우는 동종의 다른 기업에 비해 임금을 더 올려주는 경우다. 그러면 근로자들이 다른 기업의 임금수준과 비교하고 그에 따라 반응한다. 만일 모든 기업이 효율임금 전략을 사용해 다 같이 임금을 올린다면 어떻게 될까? 다른 기업보다 더 받는다고 느끼지 못할 것이며 따라서 위에서 제시한 효과들이 나타나지 않을 것이다. 그래서 효율임금을 전략적으로 활용하는 기업도 있지만 효율임금 전략을 쓰지 않는 기업도 있다. 그러면 어떤 기업들이 효율임금을 활용할까? 주로 대기업이다. 대기업은 직원의 규모가 큰 특성상 개별 감독을 통해 근무태만을 통제하기 어렵기 때문이다. 반면 중소기업은 규모가 작으므로 상대적으로 감독비용$^{monitoring\ cost}$이 적게 든다. 따라서 효율임금과 같은 전략을 쓸 필요성이 낮다.

효율임금 논리는 임금상승보다는 임금하락의 영향에 더욱 잘 적용되기도 한다. 어떤 이유로든 임금이 내려가면 근로자들의 근로의욕에 부정적인 영향을 주고 이직이 증가하는 한편, 좋은 근로자를 뽑기 어려워져 생산성이 내려간다는 것이다. 때문에 기업들은 단기적으로 수익성이나 생산성이 악화되어도, 임금인하로 인한 부정적 효과 때문에 임금을 내리지 못하는 경우가 많다. 이는 이른바 임금의 하방경직성의 한 원인으로 꼽히기도 한다. 이 부분은 실업에 대해 공부할 때 다시 소개할 것이다.

대기업의 임금이 중소기업의 임금보다 높은 이유는?

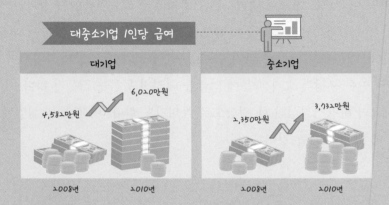

대중소기업 1인당 급여

대기업	중소기업
4,582만원 6,020만원	2,350만원 3,732만원
2008년 2010년	2008년 2010년

대기업 근로자의 임금은 중소기업 근로자의 임금에 비해 높다. 이는 우리나라만의 현상이 아니고 어느 나라에서나 공통적이다. 물론 중소기업 가운데 대기업보다 높은 수준의 임금을 주는 회사도 꽤 있다. 다만 평균적으로는 대기업 임금이 높다는 사실을 부인할 수 없다. 현재 우리나라의 경우 대기업 임금은 중소기업 임금에 비해 평균 두 배를 약간 넘는다. 이처럼 기업 규모에 따라 임금이 차이나는 이유는 무엇일까?

먼저 노동경제의 기본으로 돌아가서 살펴봐야 한다. 임금은 노동생산성에 따라 결정된다. 따라서 대기업의 임금이 높은 이유는 대기업 근로자의 노동생산성이 높기 때문이다. 그렇다면 어떻게 해서 생산성이 높다는 것인가? 예를 들어 두 사람이 같은 학교를 나왔고 성적도 똑같았고 현재 다니는 회사의 업종도 똑같고 하는 일도 똑같다고 가정하자. 다만 한 사람은 대기업에 취직했고 한 사람은 중소기업에 취직한 차이밖에 없다면, 그래도 두 사람의 노동생산성에 차이가 있다는 말인가? 그렇다. 차이가 있을 수밖에 없다. 이 두 사람을 염두에 두고 어떤 점에서 생산성의 차이가 발생하는지 살펴보자.

우선 임금은 노동생산성의 가치와 같다. 노동생산성의 가치는 제품(서비스)의 시장가치와 물적 노동생산성(근로자 1인당 생산의 크기)을 곱한 값이다. 대기업 근로자와 중소기업 근로자 간 물적 노동생산성이 같더라도, 대기업제품의 시장가치가 더 크면 대기업 근로자의 노동생산성 가치는 더 높아진다. 이것이 첫째 이유다. 둘째로 물적 노동생산성도 대기업 근로자가 더 클 가능성이 높다. 물적 노동생산성이란 혼자 일해서 만들어지는 것이 아니라, 다른 여러 직원과 함께, 또 자본을 비롯한 여러 요소를 섞어 만들어지는 것이다. 그런데 대기업은 규모가 커서 여러 종류의 업무가 전문화되어 있으므로, 각 개인의 생산성을 더 잘 발휘할 수 있는 적재적소에 배치가 가능하다. 이 같은 배치로 각 근로자의 생산성이 높아질 뿐 아니라, 다른 전문화된 직원, 기능과 보완적으로 일하므로 그들의 도움에 따라 서로 생산성이 높아진다. 따라서 같은 근로자라 하더라도 대기업에 들어가면 물적 노동생산성이 높아지는 것이다.

노동생산성이 높아지는 세 번째 이유는, 대기업에서 인적자본 투자가 더 활발하기 때문이다. 규모의 경제는 생산에서뿐만 아니라 훈련에서도 일어난다. 대기업은 규모의 경제로 인해 상대적으로 여러 인적자본 훈련을 더 쉽게 할 수 있다. 반면 중소기업에서는 당해 직무의 현장훈련OJT 외에는 인적자본을 키울 기회를 만들기 어렵다.

임금과 노동생산성이 동시에 높아지는 네 번째 이유는 효율임금 때문이다. 앞서 언급한 바와 같이 대기업은 중소기업에 비해 감독비용monitoring cost이 비싸다. 따라서 효율임금 전략을 통해 근로의욕을 돋우려 하고 임금수준을 중소기업에 비해 높인다. 이는 두 가지 효과를 통해 노동생산성을 높여 임금과 노동생산성의 등가성을 회복한다. 첫째 효율임금으로 이직이 줄어들고 이직관련 비용이 절감된다. 둘째 효율임금으로 근로자의 장기근속이 유도되고 따라서 기업특수 인적자본이 증가하고 노동생산성이 증가한다.

대기업의 임금이 높은 마지막 이유로 보상격차를 들 수 있다. 대기업의 근무환경은 일반적으로 여러 규정에 의해 엄격하고 분위기도 엄숙하다. 이런 면들은 근로자의 선호에서 마이너스적인 요인이어서, 그에 대한 보상격차로 임금을 더 주는 경향이 있다.

이상의 여러 요인들로 인해 대기업 임금은 중소기업 임금에 비해 높은 경향이 있다. 그런데 우리나라의 경우 그 임금격차가 다른 나라에 비해 유달리 심하다. 그 이유는 무엇일까? 앞서 살펴본 여러 원인의 강도가 세기 때문이라고 볼 수도 있다. 그러나 앞서 언급되지 않은 다른 요인도 있다. 대기업 노동조합에 의한 임금푸시(강제적인 밀어올림)가 가장 대표적이다. 노동조합을 다루는 장에서 보다 자세히 알아보겠지만, 우리나라의 경우 대기업 노동조합이 막강한 힘을 행사하며, 높은 임금수준을 만드는 데 기여했다.

08

임금체계 이해하기

08

임금체계 이해하기

　지금까지 임금이 기본적으로 어떻게 결정되는지 알아보았다. 다시 한 번 정리하면, 임금은 시장의 노동수요와 노동공급의 상호작용에 따라 결정된다. 노동수요가 증가하면 임금은 상승하고 노동공급이 증가하면 임금은 하락한다. 그러나 이러한 임금 결정은 모든 시장에 적합하다고 할 수는 없다. 노동력을 매일같이 사고파는 일용노동시장에는 맞지만, 직장에 속한 근로자의 임금 결정을 설명하려면 다소 아쉬운 부분이 많다. 직장의 경우 임금에 대해 일정한 기준과 틀이 사전에 짜여 있다. 따라서 일시적인 노동수요나 노동공급에 변동이 발생하더라도 그 틀 자체가 바뀌지 않으면 임금도 쉽게 달라지기 힘들기 때문이다.

　이번 장에서는 '임금체계'라는 주제에 따라 이와 같은 임금의 틀을 살펴보고자 한다. 임금체계는 두 가지 논리적인 관계를 가정하고 출발한다. 생산성이 임금의 크기를 결정한다는 논리적인 관계를 전제하지만, 한 발 더 나아가, 임금이 생산성에 영향을 줄 수도 있다는 역의 관계도 놓치지 않는다. 생산성이란 기본적으로 조직에 속한 근로자의 능력, 노력 그리고 근무환경에 따라 달라질 수 있다. 그런데 근로자의 능력과 노력은 뚜렷하게 드러나지 않을 뿐만 아니라, 어떤 인센티브가 주어지느냐에 따라 유동적이기도 하다. 그리고 임금은 바로 이러한 인센티브에 중요한 영향을 미친다. 따라서 임금의 틀을 어떻게 만들어야 할까? 정확한 측정이 쉽지 않고 구분도 어려운, 유동적인 능력과 노력을 어떻게 극대화할 수 있을까? 임금의 틀을 어떻게 세울지 여부는 중요한 전략 과제이다. 모든 조직은 각 조직에 적합하면서도 효율적인, 최선의 임금체계를 지향한다.

우선 임금체계는 크게 세 가지로 구성된다. 임금의 기준은 무엇인가? 임금의 수준은 어느 정도여야 하는가? 끝으로 임금의 지급 배열은 어떠해야 하는가? 이 세 요소는 각각 인센티브에 영향을 미친다. 이 개념에 대해 차례로 살펴보자.

8.1 임금을 정하는 기준(basis)

임금의 기준이란 임금을 어떤 요소에 근거basis해서 지불하느냐는 것이다. 예를 들어보자. 당신은 한 농장을 운영하고 있다. 한 여행자가 경비가 떨어졌다며 잠시 일하고 싶다고 해서, 일주일 정도 일을 시켰다고 가정하자. 일주일 후 임금을 주고 보내야 한다. 그때 무엇을 근거로, 얼마나 지급해야 할까?

기본적으로 임금은 노동생산성에 따라 정해져야 한다. 노동생산성이란, 한 단위의 노동이 투입되었을 경우 그 노동이 만들어내는 성과output이다. 만일 그 여행자가 귤 따는 일을 했다면, 귤의 수확량을 근거로 임금을 지급할 수 있다. 이렇게 근로의 성과output를 근거로 주는 임금을 성과급output pay라고 한다. 그러나 만일 그가 여러 사람과 한데 모여 밭에 거름 주는 일을 했다면 어떨까? 그 여행자만의 단독 근로 성과를 측정하기란 어려울 것이다.

그렇다면 이 경우 어떤 방법이 가능할까? 보통 해당 노동자가 하루 몇 시간 일했고 며칠 일했는지를 계산해 임금을 지급한다. 즉 노동자가 거둔 성과를 노동 투입에 비례한다고 가정해, 노동 투입input자체를 근거로 임금을 주는 것input pay이다. 이러한 경우 노동 투입은 보통 시간time에 따라 계산하므로, 일반적으로 시간급$^{time \, pay}$이라고 한다.

따라서 임금을 정하는 기준은 크게 두 가지, 즉 성과^{output}와 투입^{input}이다. 성과에 근거해 정하는 임금을 말 그대로 성과급, 투입 시간에 근거한 임금을 시간급이라고 한다. 시간급은 다시 시급, 일급, 주급, 월급 등 시간에 따라 다양한 형태로 나뉘고, 대부분의 임금 근로자들이 받는 임금 기준 형태이기도 하다.

한편 성과급은 개별 성과급과 집단 성과급으로 나뉜다. 영업사원이 실적에 따라 받는 커미션^{commission}이 개별 성과급의 대표적인 예이다. 또 특정한 작업을 수행한 개수에 따라 받는 임금을 임률$^{piece \, rate}$이라 한다. 자동차 타이어를 한 개 교체하는 작업을 생각해보자. 타이어 한 개 교체 작업당 근로 단가가 이미 정해져 있을 수 있다. 개별 성과급은 작은 단위로 개별적인 성과를 측정할 수 있을 때 유용하지만, 그렇지 못한 경우 집단 성과급을 활용할 수 있다. 개별적으로는 성과를 측정하기 애매하지만, 집단으로 성과 측정이 가능한 경우이다. 이윤배분제$^{profit \, sharing}$ 또는 부서별 성과배분제$^{gain \, sharing}$ 등이 바로 집단 성과급의 대표적인 예이다.

그런데 어떤 때 성과급을 기준으로 할지, 어떤 때 시간급을 기준으로 할지, 그 여부는 말처럼 그리 단순하지 않다. 기본적으로 투입량과 성과가 반드시 비례하지 않기 때문이다. 다시 예를 들어보자.

머슴 vs 소작농, 보상 방식은 왜 달라질까?

과거 농촌에는 머슴이라는 직업이 있었다. 지주의 집에서 살면서 농사뿐만 아니라 다양한 잡일을 하는 직업이다. 머슴이 받는 보상을 '새경'이라 한다. '1년에 벼 몇 섬'이라는 방식으로 정해져 있는 새경은, 그해 농사 작황과 상관없이 고정되어 있다. '시간급'인 셈이다.

한편 지주는 머슴의 노동만으로 농사를 짓지는 않는다. 가진 땅 가운데 일부 경작지는 다른 농부에게 빌려준다. 소작농을 쓰는 것이다. 소작농이 받는 보상은 '성과급'이다. 소작농은 스스로 알아서, 독립적으로 농사를 짓고 가을 추수가 끝나면 거둬 들인 수확물을 사전에 정해진 비율(예를 들어 5:5)에 따라 지주와 나누어 갖는다. 그해 작황이 중요할 수밖에 없다. 수확이 많으면 많이 가져가고 적으면 적게 가져가는, 철저한 '성과급' 체계이기 때문이다.

여기에서 의문이 생긴다. 지주는 왜 머슴이면 머슴, 소작농이면 소작농으로 일원화하지 않는 것일까? 두 방식을 섞어서 노동으로 활용하는 이유는 무엇일까? 또 머슴에게는 시간급을 적용하고 소작농에게는 성과급을 적용하는 이유는 무엇일까?

힌트는 다음과 같다. 집에서 가까운 땅, 문전답은 머슴이 농사짓도록 한다. 그런데 집에서 거리가 먼 땅은 소작농에게 맡긴다. 이제 조금씩 이해가 될 것이다.

궁금증을 해결할 열쇠는 바로 '감독비용monitoring cost'이다. 집에서 가까운 땅이라면 열심히 일하는지 감독하기 쉽다. 반면 집에서 멀리 떨어진 땅은 감독하기 어렵다. 즉 감독비용이 비싸다. 따라서 상대적으로 감독하기 어려운 땅은 소작농이 알아서 농사짓게 하고 대신 보상 형태를 '성과급'으로 하는 것이다. 감독 없이도 소작농이 알아서 열심히 일하도록 할 인센티브 장치를 설정하는 것이다. 그러나 집에서 가까운 땅은 주인이 머슴을 직접 지휘, 감독해 농사를 짓도록 한다. 그 결과에 대한 책임도 감독한 지주 본인이 지고, 머슴은 투입한 시간에 따라 새경이라는 '시간급'으로만 보상받는다.

정리해보자. 성실한 근로 투입input을 확인할 수 있다면 투입시간time에 근거해 보상하고, 투입에 대한 철저한 감독이 어려우면 성과output를 근거로 보상해, 자발적으로 성실하게 근로하도록 유도하는 것이다.

감독비용으로 인해 임금 기준이 달라지는 사례로 택시기사와 버스기사의 보상제도가 있다. 버스기사는 완전월급제이다. 즉 시간급이다. 반면 택시기사는 그날 영업실적에 따라 급여가 좌우되는 성과급이 기본 골격이다. 똑같이 차를 운전하는 기사인데 왜 이렇게 보상방식이 달라질까? 버스기사는 정해진 노선을 정해진 일정에 따라 운행한다. 따라서 감독비용이 거의 제로이다. 감독할 필요가 없다는 말이다. 반면 택시는 노선과 일정이 고정되어 있지 않고 기사의 재량에 맡긴다. 따라서 성실 근무에 대한 감독비용이 매우 커서 시간급보다는 성과급이 더 효율적이다. 그러나 기술이 발전하면서 이 같은 방식은 바뀔 수도 있다. IoT^{Internet of Things}가 본격적으로 활용되면 영업용 택시인 경우 현재 위치와 상태에 대한 정보를 쉽게 얻을 수 있어, 감독비용은 크게 감소하고 따라서 시간급으로 바뀔 수도 있다.

시간급과 성과급에 대한 선택은 감독비용에만 의존하지 않는다. 고용주나 근로자 어느 한쪽에서 일방적으로 선호하지도 않는다. 장점과 단점이 섞여 있기 때문이다. 고용주 입장에서 성과급은 앞서 살펴보았듯 감독비용이 크게 감소한다는 장점이 있다. 또한 성과지표를 회사의 목표에 맞게 조정해 회사와 직원의 목표를 일치시킬 수 있다. 예를 들어 시장점유율 확대가 기업의 목표라면 성과지표를 영업실적으로 삼는 등이다.

그러나 고용주 입장에서 성과급의 단점 또한 만만치 않다. 우선 일의 속도는 증가하지만 근로자들이 성과의 양에만 집착해 일의 질을 무시할 수 있다. 또한 개인의 성과에만 집착한 나머지 기업 전체의 수익이나 동료의 일에 대한 협조가 줄어들 수 있다. 예를 들어 보험판매원이 같은 회사 동료의 고객을 뺏는다면, 자신의 실적은 올라도 회사에는 도움이 전혀 안 되고 동료에게는 손해를 끼치는 것이다. 또한 일을 빨리 처리하는 데만 급급하므로 장비 오용이나 파손 위험이 커질 우려가 있다. 또 성과급을 정할 때 노사가 만족하는 기준을 잡기가 어려울 수 있다. 예를 들어 새로운 기계를 도입해 작업의 생산성이 향상되어 공정당 단가^{piece rate}를 하향 조정할 필요가 있더라도, 근로자가 제대로 협조하지 않을 수도 있다. 끝으로 성과를 개별 측정하고 평가하기가 어려울 수 있다. 성과지표가 명확하더라도 평가 과정이 복잡할 수도 있고, 아예 일 자체가 성과 측정이 힘들 수도 있다. 특히 근로자 한 사람의 일이 여러 업무로 구성되었을 때 그중 성과 측정이 가능한 업무는 한두 개뿐일 수도 있다.

이런 경우 대안으로 집단 성과급을 활용한다. 집단이 함께 일하는 경우 개별 성과를 측정하기는 어렵지만, 집단적인 성과 측정은 가능하다. 예를 들어 지점 내 개인의 성과 측정은 어려워도 지점 전체의 성과 측정은 가능하다. 집단 성과급의 장점은 개인 성과급에 비해 팀 전체의 노력을 이끌어낼 수 있다는 점이다. 반면 단점은 열심히 일하지 않으면서 동료 팀원들의 노력에 편승해 이익만 챙기는, 이른바 무임승차자free rider문제가 발생할 수 있다는 점이다. 실증분석 결과, 다른 인적자원 전략과 조화를 이루는 이윤배분제는 조직 전체의 생산성을 높인다고 한다.

시간급과 성과급은 각각 장단점이 있으니, 현실에서는 어느 한쪽으로만 치우치기보다는 두 기준을 같이 쓰는 방식이 늘어났다. 이전에는 시간급 또는 성과급 단일 기준만 사용하던 기업들도 이제는 시간급에 성과급을 보태는 방식pay for time with merit increase으로 달라지고 있다. 'merit pay'란 업적 또는 성과평가를 반영한 차등평가급여이다. 따라서 기본적인 노동 투입 조건이 충족되면 시간급은 기본으로 제공되고 이에 성과 또는 업적을 평가한 개별 성과급(또는 업적급)이 추가되는 형태가 된다. 이 방식의 장점은 시간급을 통해 성과와 관계없이 임금의 기본 안정성을 보장하고, 차등적 성과급(업적급)을 통해 결과에 대한 공정한 보상과 함께 열심히 일하도록 하는 인센티브를 제공한다는 점이다.

merit pay는 객관적 성과와 함께 상사의 평가를 통해 결정되는데, 평가의 객관성 문제가 발생할 수 있다. 따라서 기업에서는 객관성을 높이기 위해 가능한 한 많은 지표를 정량화하려고 하지만, 근로 성과를 정성적으로 판단할 수밖에 없는 부분이 있다. 그래서 정성적으로 판단하는 대신, 절대평가를 하지 않고 상대평가를 해서 평가자 자의에 의한 쏠림 현상을 막고자 한다. 절대평가는 '누

'가' 더 잘했는지뿐 아니라 '얼마나' 더 잘했는지까지 평가해야 하므로, 정확한 정보가 더 많이 필요하다. 반면 상대평가는 '누가' 더 잘했는지만 평가하므로, 정보 부족에 따른 불공정 평가 시비를 줄일 수 있다.

그러나 merit pay의 단점은, 상대평가이다 보니 스스로 열심히 해서 보상받기보다는 같이 평가받는 동료에 비해서만 나은 평가를 받으면 된다는 점이다. 따라서 '상대방 죽이기'를 통해 보상받으려는 비생산적 인센티브가 작용할 수 있다. 또한 성과 자체를 높여 평가를 잘 받기보다 상사에게 잘 보여 평가를 잘 받으려는 '정치공작politicking'이 일어날 수 있다. 또한 평가를 누가 하느냐에 따라 결과가 달라질 경우, 일관성이 결여되어 제도 자체에 대한 신뢰도가 낮아질 우려도 있다.

그러면 근로자들은 성과급보다 시간급을 선호할까? 반드시 그렇지는 않다. 근로자들은 일반적으로 위험회피적이다. 시간급은 투입 시간에 따라 결정되므로 안정적인 반면, 성과급은 성과에 따라 결정되는데 성과는 변동성이 있다. 따라서 〈그림 8-1〉에서처럼 성과급은 상대적으로 불안정하다. 위험회피적인 근로자에게는 소득 증가에 따른 만족 증가보다는 소득 감소에 따른 만족 감소가 더 크게 느껴진다. 따라서 성과급과 시간급의 평균이 같다면 시간급을 선호한다. 예를 들어 평균적으로 5천만 원을 기대할 수 있되 변동이 발생할 수 있는

〈그림 8-1〉 안정적인 시간급과 변동적인 성과급의 예시

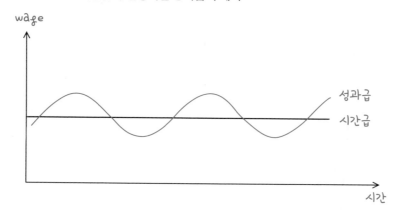

성과급과 5천만 원이 안정적으로 지급되는 시간급이 있다면 후자를 선호한다.

지금까지의 논의는 근로자들이 성과급을 수용하려면 변동적 성과급의 평균값이 시간급보다 커야 한다는 의미이다. 즉 성과급에 내재된 임금 변동성에 따른 위험을 보상하기 위한 '양의 보상격차'가 있어야 한다. 예를 들어 기존의 시간급이 연봉 5천만 원인 직장에서 성과급을 도입하려면, 새로운 성과급 체제에서 연봉의 평균은 과거 5천만 원보다 높은 5천 5백만 원 정도가 되든가 해야 마찰 없이 수용될 수 있다는 것이다.

근로자가 임금 변동성에 대해서는 회피적이지만, 근로자 간 임금 차등성에 대해서는 선호도가 달라진다. '성과급 기준을 적용하는 경우 내 능력을 더 잘 발휘해 남보다 더 성과를 낼 수 있다'고 생각하는 근로자일수록 성과급을 선호한다. 자신의 능력이 평균보다 높은, 또는 높다고 생각하는 이들이다. 성과급을 선호함으로써 자신이 능력있는 인재라고 알리는 '신호signal'를 보내는 셈이다.

성과급이 지닌 '양의 보상격차'적 성격에 '신호'적 성격을 결합할 경우, 다른 조건이 동일하다면 성과급은 시간급에 비해 임금이 더 높으리라 예측할 수 있다. 즉 변동적인 위험을 보상하기 위해 임금이 더 올라가며, 또 성과급을 택하는 근로자들은 더 능력 있고 성과가 좋은 근로자들이므로 임금이 또한 올라간다고 볼 수 있다.

8.2 임금의 수준(level)

임금의 수준이란 금액의 크기이다. 임금체계에서 임금의 수준이 중요한 까닭은 생산성에 매우 큰 영향을 주기 때문이다. 제7장의 효율임금 이론에서 이미 살펴보았듯, 임금과 생산성은 상호 영향을 주고받는 관계이다. 생산성이 높아야 임금이 올라가지만 역으로 임금수준을 높이면 생산성이 올라가기도 한다. 임금수준을 높이면 생산성이 증가하지만 그 증가율은 점차 체감할 것이다. 따라서 최적의 임금수준은, 임금의 퍼센트 증가율과 생산성의 퍼센트 증가율이 일치하는 수준이 된다. 이때의 임금을 '효율임금'이라고 한다.

임금수준이 높아지면 생산성이 올라가는 이유는 제7장에서 소개했듯이 다양하지만, 내부노동시장과 관련해 추가적으로 고려해야 할 점은 근로자 입장에서의 공정성이다. 근로자들은 자신이 받는 임금이 공정한 보수인지에 대해 민감하다. 공정성은 두 가지 측면으로 나뉜다. 먼저 다른 직장과 비교해 자신이 다니는 회사의 보수가 공정한가이다. 다른 하나는 같은 회사 내 다른 직원과 비교했을 때 나의 보수가 공정한가이다. 다른 직장과 비교해 우리 회사의 임금수준이 높다고 인식되면, 근로자의 회사에 대한 충성심은 높아지고 더 열심히 일하게 되어 생산성이 올라간다. 회사 내 다른 직원과 비교해 나의 임금수준이 높다고 인식되면, 회사에서 공정하게 대접받고 있다는 생각에 열심히 일하며 오래 다니고자 한다. 반대인 경우도 가능하다. 예를 들어 어떤 직원이 일을 잘해서 상사로부터 내년 연봉을 10% 올려주겠다는 말을 들었다고 하자. 이 직원은 회사가 노력을 인정해주었다는 생각에, 회사에 대한 충성심이 강해질 것이다. 그러다가 우연히 옆자리 동료의 내년 연봉이 자신보다 높게 15% 상승한다는 사실을 알게 된 순간, 회사에 대한 충성심은 서운함으로 바뀐다. 갑자기 일도 하기 싫어질 것이다.

적정한 임금수준을 설정하려면 임금의 절대 크기도 중요하지만 상대 격차도 중요하다. 회사 내 직급 간 또는 근속연수 간에 어느 정도 격차를 두느냐도 생산성에 중요한 영향을 미친다. 다른 회사에 비해 우리 회사의 임금수준이 높아도 회사 내에서 임금 격차가 너무 작다면 직원 간 동기유발 효과도 작을 것이다. 반면 초임은 다른 회사와 차이가 없지만 위로 올라갈수록 임금이 크게 상승한다면, 회사 내에서 경쟁은 더 치열해질 것이다. 따라서 회사 내 근로자 간 어느 정도의 격차를 둘 때 가장 큰 동기유발이 이루어지느냐에 따라 격차 수준이 달라진다. 이는 회사의 특성에 따라 달라진다. 예를 들어 회사 내 구성원의 일반 인적자본이 중요하고 기업특수 인적자본이 별로 중요하지 않으면(예를 들어 대학교 교수진), 다른 회사와의 격차가 중요하고 회사 내 직급간 격차는 그리 크지 않

생각할 거리

최저임금이 인상되면 다른 임금도 동반 상승할까?

　최저임금 인상에 대한 논란이 뜨겁다. 일부에서는 최저임금을 현재보다 60% 이상 높은 시간당 1만 원으로 인상해야 한다고 주장한다. 반대하는 입장은 그렇게 하면 경제가 버틸 수 없을 것이라고 주장한다. 서로 상반되는 입장의 논거는 다양하지만, 그중 최저임금이 인상되면 최저임금 대상이 아닌 다른 근로자의 임금에 영향을 미치는지 여부도 중요한 쟁점이다.

　최저임금을 대폭 인상해야 한다는 주장에서는, 최저임금이 저임금 근로자를 위한 것이므로 최저임금 이상을 받는 근로자는 해당되지 않기 때문에 영향이 미미할 것이라고 본다. 그러나 이번 장에서 논의한 임금수준의 공정성이라는 측면에서 보면, 그 영향은 작지 않을 것이다. 근로자들은 자신의 임금과 주변 근로자가 받는 임금수준을 비교해 임금이 공정한지 불공정한지를 인식한다. 즉 자신의 근로에 비해 생산성이 떨어지는 근로자의 임금이 자신의 임금에 근접하다면, 그 근로자의 임금이 높다고 생각하기보다는 자신의 임금이 낮다고 생각하고 근로의욕이 떨어진다. 이미 설명한 바와 같이 적정한 임금격차는 생산성 차이를 반영할 뿐 아니라, 근로자간 공정성 의식을 반영해 정해질 수밖에 없다.

　따라서 최저임금이 인상되면 최저임금을 받는 일자리 바로 위에 있는 일자리의 임금도 인상될 수밖에 없다. 그리고 그 위까지 차례로 영향을 미친다. 이는 두 가지 결과로 이어진다. 첫째는 전반적인 임금 상승이다. 또한 임금의 전반적 상승률은 최저임금 인상률이 클수록 커진다. 둘째는 일자리 간 임금격차가 줄어든다. 최저임금이 50% 상승하더라도 그 위의 직급 임금이 그 정도로 상승할 수는 없으니, 결국 직급 간 임금격차가 축소된다. 앞서 논의했듯 이로 인해 임금이 불공정하다는 의식이 확산되고 나아가 근로자 전반의 동기유발을 저해하는 결과로 이어질 수 있다.

게 된다. 반면 장기근속에 따른 기업특수 인적자본의 역할이 중요한 회사라면 직급 간 임금 격차가 커질 것이다. 그래야 장기근속을 유도할 수 있기 때문이다.

8.3 임금 배열(sequencing)

임금 배열sequencing이란 말 그대로 근속기간에 따라 임금의 크기를 어떻게 배열할지를 뜻한다. 즉 근로자의 회사 내 연공과 임금이 어떤 관계여야 바람직한가의 문제이다. 우선 임금의 원천은 생산성이라는 기본원리에서 생각해보면, 근속기간과 관계없이 생산성에 맞추면 된다. 그러나 근속기간에 따라 임금을 어떻게 배열하느냐에 따라 생산성뿐 아니라 근로자의 만족도 달라진다면, 전략적인 임금 배열 고안이 중요할 수도 있다. 임금 배열과 관련한 두 가지 방식을 생각해보자.

(1) 연공급

임금을 생산성에 따라 결정한다면, 근속기간 중 생산성이 달라지는 대로 지급하면 된다. 생산성은 일반적으로 근속기간에 걸쳐 초기에는 증가하다가 상당한 기간이 지나서부터는 감소하는 경향이 있다. 생산성이 근속기간에 따라 증가하는 이유는 두 가지이다. 우선 궁합가설matching hypothesis이다. 사람들끼리도 서로 잘 맞는 사이가 있듯 직장과 근로자도 서로 궁합이 있다는 것이다. 궁합은 근로자의 성향과 회사 업종의 성격 사이에도, 근로자의 성격과 회사 내 직원 분위기 사이에도 존재할 수 있다. 근속 초기에는 서로 잘 맞는지 모르지만 시간이 가면서 잘 맞지 않는 근로자는 떠나고 회사와 잘 맞는 근로자만 남는다. 궁합이 잘 맞는 만큼 생산성도 근속에 따라 올라간다. 두 번째는 기업특수 인적자본 가설이다. 이미 살펴보았듯이, 근속이 길어지면서 기업특수 인적자본이 더 축적되고 따라서 생산성이 증가한다.

이처럼 생산성은 근속에 따라 처음에는 증가하지만 상당기간이 지나면 결국 하락한다. 그 이유는 다음과 같다. 궁합에 의한 생산성이든 기업특수 인적자본에 의한 생산성이든, 생산성 증가는 시간이 갈수록 체감한다. 반면 장기근속에 따른 고령화의 영향으로 인적자본은 감가하고 생산성은 감소한다. 따라서 일정기간이 지나고 나면 생산성 증가보다 생산성 감소가 커지므로, 전체적으로 생산성이 체감하는 것이다. 〈그림 8-2〉는 한계노동생산성 가치MRP가 근속연수에 따라 처음에는 증가하다가 결국 감소하는 역 U자형을 보인다.

그런데 근로자의 입장에서는 나이가 들면서 소득이 이전보다 조금씩 증가하기를 바란다. 그래야 경제적으로 더 여유 있게 살 수 있기 때문이다. 따라서 근로자 입장에서는 생산성에 따라 임금이 증가했다가 나중에 감소하는 것보다, 처음에 낮더라도 점차 올라가는 배열을 더 선호할 수 있다. 기업 입장에서는, 근속기간 전체에 걸친 생애임금의 크기가 생애 생산성의 크기보다 크지 않는 한 임금을 처음에는 낮게 시작해 점차 높이는 배열을 하는 편이 낫다. 근로자의 만족을 높이고 장기근속을 유도하는 효과를 거둘 수 있기 때문이다. 따라서 〈그림 8-2〉처럼 연공에 따라 임금이 상승하는 연공급을 만들 수 있다. 그림에서 생애생산성의 크기는 ①＋②＋③이다. 생애임금의 크기는 ②＋③＋④이다. 이론적으로 생애생산성의 크기와 생애생산성의 크기는 같아야 하므로, ①과 ④가 현재가치 기준으로 동일해야 한다는 의미이다.

그림에서처럼, 연공급은 임금이 생산성보다 낮게 지급되는 과소지급under pay과 과대지급over pay의 기간을 지닌다. 바꾸어 말하면 근속 초기는 임금이 생산성보다 낮은 과소지급기이며, 근속말기는 임금이 생산성보다 높은 과대지급

〈그림 8-2〉 생산성과 연공급

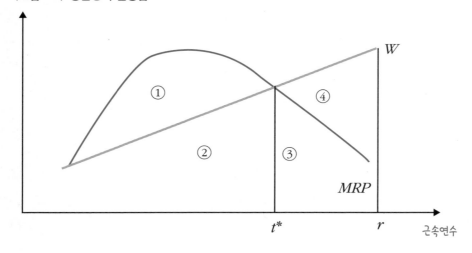

기이다. 회사는 과소지급기에 생산성보다 임금을 낮게 주는 대신, 그 잉여를 저축해두었다가 나중에 생산성이 떨어질 때 임금으로 보전하는 역할을 한다. 따라서 연공급은 이연지불deferred payment이며 일종의 저축인 셈이다.

연공급은 장기고용을 선호하는 근로자에게는 강한 인센티브로 작용할 수 있다. 반면 근로자와 기업 모두에게 불안정할 수도 있다. 우선 근로자로서는 t^* 시점에서 회사가 망하거나 또는 해고를 당할 경우 손해를 볼 수 있다. 지금까지 과소지급을 받았고 지금부터 그동안 못 받았던 부분을 생산성을 초과하는 임금으로 받으려는 참에 고용이 종료되기 때문이다. 이러한 위험에 대비한 보완책은 없을까? 단체협약 등에 의한 후입선출last in first out 방식이 있다. 고용조정을 해야 할 경우 나중에 들어온 사람이 먼저 나가도록 하는 장치이다. 장기 근속자를 우선 보호하는 장치인데, 우리나라에서는 잘 쓰지 않는다. 또 다른 방법은 과소지급기에 축적되는 부분을 퇴직연금 등에 연동해 고용이 종료된 경우에도 받도록 하는 것이다.

한편 기업으로서는 가장 어려운 문제는, 연공급 체계에서는 다른 유인제도가 없는 한 장기근속 근로자의 근로의욕이 감소할 수 있다는 점이다. 근로의욕 감소로 생산성은 떨어지는데 근로자 임금은 생산성과 관계없이 정해진 비율에 따라 상승하므로, 시간이 가면서 임금과 생산성 격차는 더욱 벌어진다. 특히 그림에서 ①과 ④가 같아지는 r점에 이르러 근로자가 퇴직하지 않으려는 인센티브가 있다. 이에 따른 피해를 막기 위해 도입된 장치가 정년제도이다. 즉 r점에 이르면 근로자의 고용은 강제로 종료된다. 그러나 뒤에 살펴보겠지만, 정년이 연장될 경우에는 기존 연공급제도가 적합하지 않아 수정이 불가피하다.

(2) 승진

기업 내 일자리는 동일하지 않고 사다리 구조가 일반적이다. 주어진 과업을 수행하는 일자리도 있고 그 일자리들을 지휘, 감독하는 일자리도 있다. 관리·감독의 일자리는 일반적으로 더 높은 수준의 자질과 경험이 필요하다. 기업

내 일자리 사다리의 위로 올라갈수록 그 숫자는 점점 줄어든다.

　승진은 기업 내 일자리 사다리를 오르는 과정이다. 승진하면 이전보다 많은 권한을 갖지만 동시에 책임도 늘어난다. 일을 제대로 못하면 회사 전체에 미치는 피해도 더 커진다. 따라서 아무나 승진시킬 수 없지만, 근무 강도 또한 강해지므로 누구나 원하는 것도 아니다. 다른 인센티브 장치가 없다면 승진 그 자체만으로 근로자를 동기유발하기는 어렵다. 따라서 승진과 동시에 급여상승 동반이 일반적이다.

　승진과 급여가 연동되는 구조에서 급여는 승진 사다리를 따라 점점 더 커지는 구조로 배열을 이룬다. 그리고 이는 근로자들에게 강한 동기를 유발한다. 그 이유 중 하나는 승진이란 구조적으로 토너먼트 방식이기 때문이다. 즉 상위 자리는 제한적이어서 서로 경쟁해 더 나은 사람이 올라가는 반면 패자는 현재에 머문다. 그리고 토너먼트는 기수적 평가가 아니라 서수적 평가로 이루어진다. 즉 내가 남보다 얼마나 잘해야 하는지가 아니라 남보다 잘하기만 하면 올라가므로 단순하다.

　둘째, 사전적으로 누가 승자가 될지 알 수 없기 때문에 모두에게 강한 동기유발을 일으킨다. 누구를 승진시킬지의 기준은 크게 두 가지에 의존한다. 하나는 누가 그 상위 일자리에 더 맞는지인 적합도qualification이고, 다른 하나는 누가 그동안 더 고생했는지에 대한 보상compensation이다. 근속연수에 따라 보상으로 승진을 결정한다면 누가 승자가 될지 사전에 알 수 있으므로, 승진이라는 동기유발 효과는 크지 않을 것이다. 그러나 다른 기준으로 성실근무를 판단하면서, 동시에 누가 승진하면 일을 더 잘 할지라는 적합도를 기준으로 잡는다면 모두가 기회를 가지므로 열심히 일할 것이다.

　승진은 이처럼 장점이 있지만 단점도 있다. 우선 승진의 승패가 결정된 이후에는 새로운 인센티브가 없다. 승자로서는 추가적인 승진 기회가 없는 한 이후 더 열심히 일할 인센티브가 없다. 임원 승진까지는 열심히 일하던 사람들이 승진 이후 열심히 하지 않는 경우가 대표적인 예이다. 패자 입장에서는 더 이상 기회가 없다면 그나마 남았던 열의도 사라질 것이다. 따라서 보완장치가 필요하다. 승자에게는 성과와 업무 평가에 따른 성과급의 비중을 높여 동기유발을 할 수 있다. 패자에게는 패자부활이라는 새로운 승진 기회를 열어놓거나 유관 기업의 일자리를 소개하는 방법 등이 있다. 마지막으로 승진 제도의 또 다른 단점은 상대방 죽이기로 발생하는 생산성 저하이다. 승진제도는 상대평가 제도이므로, 내가 잘하기보다 상대편 죽이기를 통해 이길 수 있다. 즉 상대방의 생산성을 방해하여 나는 승리하지만 회사 전체로는 손해를 볼 수 있다.

8.4 정책토론: 정년 연장과 임금피크제

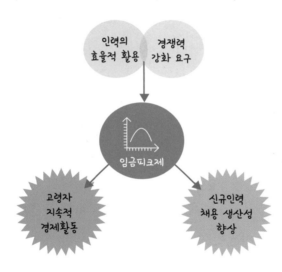

정년 연장과 임금피크제에 대한 논란이 여전히 뜨겁다. 임금피크제란 임금이 일정한 근속 연수 또는 연령에 도달하면 그 이후부터는 더 올라가지 않고 내려가도록 한 임금체계이다. 근로자의 입장에서는 연공에 따른 임금 상승을 당연하다고 여기는데, 그렇지 않을 뿐 아니라 일정 시점 이후로는 오히려 내려간다니 이런 체계의 도입을 반대한다. 반면 도입을 찬성하는 쪽에서는, 생산성에 비해 과도하게 지급되는 임금과 생산성 간 괴리가 줄어들 수 있고 그래야 정년 연장도 가능하다고 본다. 즉 정년 연장을 위해 임금피크제가 필수적으로 시행되어야 한다는 주장이다.

이 논란을 이해하기 위해 〈그림 8-3〉과 같은 그림을 새로 그려보자. 〈그림 8-3〉은 기본적으로 〈그림 8-2〉와 같다. 즉 근속 초기에는 임금이 생산성

〈그림 8-3〉 정년 연장과 임금피크제

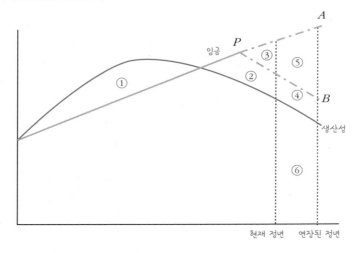

보다 낮다가 나중에는 생산성보다 높아지는 연공급의 형태를 나타낸다. 이미 논의한 바와 같이 과소지급시기의 생산성과 임금의 차이, ①은 과대지급시기의 임금과 생산성의 차이인 ②＋③과 같도록 제도가 설계되어 있다. 그리고 근로자는 현재 정년에서 퇴직하도록 되어 있다.

　그런데 이제 정년을 연장하자는 논의가 있다. 새로운 정년은 그림에 '연장된 정년'으로 표시되어 있다. 이렇게 정년을 연장하는 경우 현재의 연공급을 유지하기란 불가능하다. 현재의 연공급 체계에서는 이미 임금이 생산성을 크게 상회한다. 그림에서 보다시피 만일 현재의 연공급 체계를 그대로 유지한 채 연장된 정년까지 간다면, 임금은 PA선을 따라 움직이므로 추가로 ④＋⑤만큼 생산성보다 더 커지기 때문이다. 생산성은 더 떨어지는 반면 임금은 계속 올라가는 형태여서 유지될 수가 없다.

　어떤 대안이 있을까? 임금피크제가 하나의 대안이다. 즉 임금을 P점에서 피크로 묶고 그 이후부터는 B에 이르도록 점차 감소시키는 것이다. 이론적으로 볼 때 연장된 정년까지의 임금과 생산성의 괴리인 ②＋④가 ①과 같아지는 점을 피크로 삼아야 최적이다. 임금피크제는 기업이 정년연장에 따르는 임금부담을 최소화하는 장치 중 하나이다. 근로자 입장에서는 임금이 줄어드는 대신 더 오래 일하는 것이다. 그런데 임금피크제는 과거와 비교할 때 정년 이전에 임금이 깎이기 시작한다는 점에서, 근로자에게는 상대적으로 박탈감을 줄 수 있다.

그런 점에서 임금피크제는 최선의 대안이라고는 할 수 없다. 임금피크제 외에 다른 대안이 가능하다. 현재의 정년까지는 과거 방식의 연공급제도를 운영하는 방식이다. 즉 ②+③을 모두 지급하는 것이다. 그리고 이제 현재 정년을 넘어서는 시점부터는 연공급이 아닌 새로운 임금체계를 적용하는 것이다. 즉 이제부터는 생산성에 맞는 수준으로 임금을 지급하는 것이다. 그림에서 연장된 기간 동안 ⑥의 임금을 지급하는 것을 의미한다. 생산성 기반의 새 임금제는 임금피크제와 비교하면 더 합리적이다. 임금피크제는 여전히 변형된 의미의 연공급제를 유지하며, 근로자간 생산성의 차이를 감안하지 않고 일률적으로 정해진 임금을 지급한다. 반면 새로운 생산성 기반 임금제는 일단 현 정년까지는 기존의 연공급을 보장해 근로자의 박탈감을 해소한다. 이후부터는 개인별로 생산성의 차이를 적용해 각각 다른 임금을 지급해 임금과 생산성의 괴리를 원천적으로 없앤다. 생산성이 높은 근로자는 여전히 높은 임금을 받고 일하고, 생산성이 매우 낮은 근로자는 낮은 임금을 제시해 스스로 더 일할지 선택하도록 하는 방식이다.

09

노동이동의 경제학

09

노동이동의 경제학

선사시대 이래 인류는 보다 나은 생활터전을 찾아 끊임없이 이동해왔다. 고고학자들은 현생인류의 선조인 사피엔스가 아프리카에서부터 유럽과 중동으로 이동해 생존 영역을 넓혔다고 추정한다. 그러니 인류의 역사는 어쩌면 이동의 역사인지도 모른다. 보다 나은 생활터전을 향한 이동은 후세에 내려오면서 농촌에서 도시로, 또는 도시에서 도시로, 나아가 한 국가로부터 다른 국가로의 이민으로 나타나기도 한다. 그러면서 인구의 지역별 구성도 바뀐다. 예를 들어 우리나라의 경우 1970년만 해도 전체 취업자 중 절반이 농촌에서 일하고 있었다. 그러나 2000년에 이르면서 농촌에서 일하는 근로자의 비중은 10% 미만으로 떨어졌다. 그 이전 30년 동안 농촌에서 도시로 대규모로 이동했다는 의미이다.

노동이동은 반드시 지역 간 이동만을 의미하지는 않는다. 현재 거주지를 옮기지 않고도 직장을 옮기기도 한다. 지역이동migration과 대비해 직장이동turnover 이라고 한다. 직장이동도 이동이라는 측면에서는 기본적으로 지역이동과 같은 성격이다. 다만 이동에 영향을 주는 요인이 조금 다르다. 이번 장에서는 먼저 노동이동의 기본에 대해 살펴본 뒤 지역이동을 결정하는 요인과 그 경제적 효과 등을 살펴본다. 또한 국가 간 노동이동과 관련된 정책 이슈에 대해 짚어보고, 끝으로 직장이동에 대해 알아본다.

9.1 노동이동의 기본 모형

앞서 말했듯, 사람들은 보다 나은 생활터전을 위해 이동한다. 이동의 시작
과 끝에는 현재의 일자리와 새로운 일자리가 있다. 이 두 일자리의 형편을 비교
한 끝에 이동한다. 즉 현재의 일자리가 주는 만족이 있고 새로운 일자리로부터
기대되는 만족이 있다. 새로운 일자리로부터 기대되는 만족이 현재의 일자리로
부터 얻는 만족보다 클 뿐만 아니라, 일자리를 옮기는 데 따르는 비용을 감안해
도 더 크면 옮기려고 할 것이다. 한마디로 이동에 따르는 편익^{benefit}과 비용^{cost}
을 따져서, 편익이 비용보다 크면 이동한다. 제6장에서 알아본 인적자본 투자
의 논리와 기본적으로 동일하다.

지금까지 설명한 내용을 보다 자세히 살펴보자. 우선 이동을 하는 경우,
새로운 일자리로부터 기대하는 만족 또는 효용이 있을 것이다. 이를 예상만족
(PS_n)이라 하자. 예상만족은 여러 기간에 걸쳐 나타나므로 현재가치로 다음과
같이 표현된다.

(식 9-1) $PS_n = S_0 + \dfrac{S_1}{1+r} + \dfrac{S_2}{(1+r)^2} + \cdots + \dfrac{S_{t-1}}{(1+r)^{t-1}}$

즉 현재인 0기에서부터 예상되는 마지막 기간인 $t-1$기까지, 각 기간의 만
족(S_i)에 대한 현재가치를 합한 값이다. 만족(S)은 금전뿐 아니라 심리적인 만족
도 포함한다. 즉 새 일자리에서 기대하는 소득뿐 아니라 새 일자리 환경에서 기
대하는 비화폐적인 만족, 예를 들어 자녀교육 여건, 일자리 스트레스 정도 등을
포함한다. 한편 현재의 일자리에 머무를 경우 기대되는 예상만족을 PS_0라고 하
자. 이는 다음과 같이 표현된다.

$$\text{(식 9-2)} \quad PS_o = U_o + \frac{U_1}{1+r} + \frac{U_2}{(1+r)^2} + \cdots + \frac{U_{t-1}}{(1+r)^{t-1}}$$

U_t는 현재의 일자리에서 얻는 각 기간의 만족이며, 역시 금전적·심리적 만족을 포함한다. 그런데 일자리를 이동할 때는 이동에 따른 비용이 든다. 지리적으로 이사해야 할 경우 이사 비용이 든다. 이같은 화폐적 비용 말고도 지리적 이동을 해야 할 경우 친지와 헤어져야 하는 심리적 비용도 발생한다. 이를 합해 이동 비용 C라고 하자. 이동 비용은 현재 기간에만 발생한다고 가정하면, 노동 이동은 다음과 같은 조건이 성립할 때 일어난다.

$$\text{(식 9-3)} \quad PS_n > PS_o + C$$

즉 새 일자리로부터의 편익이 이동에 따르는 총비용보다 클 때 이동이 일어난다. 이동에 따르는 총비용은 현재의 일자리를 포기할 때 발생하는 PS_0와 이동비용 C의 합이다.

9.2 지역 간 이동의 결정요인

이제 노동이동을 지역 간 이동과 직장이동으로 나누어, 먼저 지역 간 이동부터 결정요인을 살펴보자. 지역 간 노동이동의 결정요인은 다시 개인적 요인과 지역 노동시장적 요인으로 나눌 수 있다.

먼저 개인적 요인에서 첫 번째는, 앞 절에서 보았듯 새 일자리와 현재 일자리 간 임금 격차이다. 사람들은 다른 조건이 동일하다면 임금이 낮은 곳에서 임금이 높은 곳으로 옮겨가려고 한다. 둘째로 새 일자리가 제공하는 생활환경이 현 일자리의 생활환경보다 좋다면 사람들은 이동한다. 예를 들어 새 일자리의 자녀 교육환경이 현재 일자리보다 좋다면, 임금이 같더라도 또는 임금이 조금

줄더라도 이동할 인센티브가 발생한다. 우리나라에서 지역 간 노동이동에는 이처럼 교육환경으로 인한 만족도 차이가 중요한 원인으로 작용한다. 셋째로 이사에 따르는 화폐적, 비화폐적 비용이 영향을 준다. 예를 들어 교통수단이 발달해 이사비용이 줄어들면 노동이동을 촉진한다. 여객기 항공권의 상대 가격은 꾸준히 하락했다. 때문에 국가간 교통비용이 낮아져 노동이동을 촉진했다. 또 노동이동은 같은 종교문화권 내에서 더 활발하다. 같은 종교와 문화권에서 이동에 따르는 심리적 비용이 더 줄어들기 때문이다.

노동이동은 연령에 의해서도 영향받는다. 일반적으로 나이 들어서보다는 젊었을 때 지역 간 이동이 더 활발하다. 이유는 크게 두 가지이다. 우선 이동을 인적자본 투자처럼 투자행위로 보았을 경우, 젊을수록 투자의 회임기간이 길기 때문이다. 예를 들어 25세에 이민을 가는 경우와 45세에 이민을 가는 경우를 비교하면, 이민을 통해 기대하는 증가된 편익을 20년 더 향유할 수 있다. 또 젊었을 때 이동하면 가족 동반 부담이나 친지와의 이별과 같은 이동비용이 더 적다.

노동이동은 근로자의 교육 수준에도 영향받는다. 일반적으로 학력이 높을수록 노동이동이 더 원활하다. 근로자들이 탐색하는 일자리의 지역적 범위는 학력이 높아질수록 더 넓어진다. 예를 들어 저학력으로 가능한 단순한 일자리는 범위가 특정 시·군 이내로 제한된다. 반면 대학졸업자의 일자리 범위는 전국 단위이다. 나아가 박사급 엔지니어 또는 교수인 경우 일자리 범위가 국가 단위를 넘어 국제적으로 노동시장이 형성되기도 한다. 학력이 높아질수록 해당 인적자원이 희소해지고, 따라서 더 넓은 지역에서 인재를 구해야 하기 때문이다. 근로자 입장에서는 학력이 높을수록 일자리 범위를 현 주거지역에 한정하기보다 넓혀야 더 유리하고, 따라서 지리적으로 더 먼 곳까지 일자리를 이동하게 된다.

마지막으로 노동이동은 근로자의 할인율에 영향을 받는다. 할인율이란 미래 소비에 대한 현재소비의 선호도이다. 현재소비를 희생하더라도 미래소비를 중시하는 사람은 할인율이 낮다. 할인율이 낮은 사람은 앞 절의 식에서처럼, 이동에 따른 미래소득 또는 만족 증가를 더 높이 평가한다. 따라서 더 쉽게 노동이동하는 경향이 있다.

노동이동은 근로자 개인의 성향뿐 아니라 현 일자리 지역과 새로운 일자리가 위치한 지역의 경제 여건 차이에도 영향을 받는다. 무엇보다 현 지역과 새로운 지역 간 임금 격차가 큰 영향을 주는 요인이다. 미국의 경우 두 지역 간 임금격차가 10%포인트 증가하면 지역간 이동 가능성이 7% 증가한다고 한다. 두 지역 간 실업률 차이 또한 영향을 준다. 현 지역의 실업률이 다른 지역의 실업률보다 지속적으로 높아지면 현 지역으로부터 이탈하는 노동이동이 발생한다. 이를 '밀어내기 이동push migration'이라 한다. 한편 새로운 지역의 실업률이 현 지역보다 낮아지면 그쪽으로 유인되어 가는 노동이동이 발생한다. 이를 '끌어오기 이동pull migration'이라 한다. 이 두 특성의 노동이동 중에서는 '끌어오기 이동'이 '밀어내기 이동'보다 더 강력하게 영향을 미친다.

노동이동에는 거리 또한 중요하다. 다른 조건이 동일하다면 거리가 가까울수록 노동이동 비용이 적게 들고, 따라서 노동이동이 더 활발해진다. 국내 이동과 국가 간 이동에도 마찬가지로 적용된다. 세계적으로 이루어지는 국가 간 노동이동을 살펴보면 인접국가로의 노동이동이 가장 활발하다. 미국과 멕시코, 미국과 캐나다, 말레이시아와 싱가폴 등을 예로 들 수 있다. 다음으로는 지역 내 이동이 이루어진다. 예를 들어 동유럽에서 서유럽으로 이동하는 유럽권 이동, 그리고 인도, 파키스탄 등에서 중동산유국으로 이동하는 중동권 이동이 있다. 우리나라의 경우 동남아시아, 중국 등에서 이동해오는 아시아권 이동이다.

인적자본에 대한 소득분포 차이의 중요성: Roy 모형

우리는 일반적으로 가난한 나라에서 부자 나라로 노동이 이동한다고 생각한다. 이동에 대한 이런 일반적인 생각이 틀린 것은 아니지만, 늘 그렇다고만 할 수는 없다. 유럽국가들은 상대적으로 다른 나라보다 잘산다. 그러나 유럽의 고급 엔지니어들은 미국으로 이동하는 경향이 있다. 한편 멕시코에서는 하층

민이 미국으로 이동하는 경향이 크다. 멕시코는 가난한 나라이지만, 국내에서 잘사는 사람이 부자 나라로 이동하는 경우는 드물다. 이 점을 이해하려면 국가 간 임금 차이뿐 아니라 소득분포의 차이 또한 노동이동에 영향을 준다는 사실을 공부해야 한다.

소득은 근로자가 지닌 인적자본 차이에 따라 달라진다. 인적자본 수준이 올라가면 소득 수준도 높아진다. 그런데 인적자본 수준이 올라가면서 소득수준도 높아지는 정도는 국가마다 차이가 있다. 예를 들어 유럽 국가들의 경우 인적자본 차이에 따른 소득수준 차이가 북아메리카 국가들보다는 낮다. 이런 경우 어느 나라에서 어느 나라로 이동이 일어날까? 그림을 통해 생각해보자.

〈그림 9-1〉은 가로축에 인적자본 수준을, 세로축에 소득을 둔다. 인적자본 수준이 올라갈수록 소득이 높아지므로, 인적자본과 소득을 연결하는 선은 우상향할 것이다. 그런데 A국가와 인력유출국은 인적자본 증가에 대한 소득증가율이 서로 다르다고 가정하자. 즉 〈그림 9-1〉의 왼쪽 그림에서 유출국의 인적자본 증가에 대한 소득증가율은 상대적으로 낮고, A국가의 인적자본 증가에 대한 소득증가율은 상대적으로 높다고 가정하자. 그러면 그림에서는 A국가의 인적자본-소득선의 기울기가 더 높아질 것이다. 즉 인적자본에 따른 소득 분

〈그림 9-1〉 인적자본에 대한 소득분포 차이와 인력이동

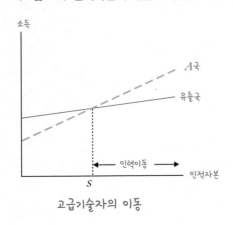

고급기술자의 이동

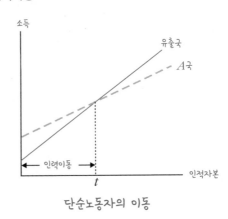

단순노동자의 이동

포가, 유출국보다는 A국가에서 상대적으로 더 불평등하다. 그러면 그림에서처럼 s점 오른쪽에 있는 고급기술인력의 경우, A국가에서의 소득이 유출국에서의 소득보다 높다. 따라서 유출국에서 A국으로 고급기술자의 인력이동이 발생한다. 유럽에서 미국으로 이동하는 고급기술자들이 그 실례이다. 구소련이 붕괴된 직후 러시아 과학자들이 우리나라의 기업연구소로 온 경우도 있다.

반면 유출국의 소득분포가 유입국보다 더 불평등한 경우도 있다. 〈그림 9-1〉의 오른쪽 그림은 유출국의 인적자본에 대한 소득증가율이 A국보다 더 높게 나타난다. 이 경우 유출국의 고급기술자들은 이동에 따른 인센티브가 없다. 그러나 인적자본 수준이 t점 아래인 단순 노동자의 경우, A국으로 이동하면 더 높은 소득을 기대할 수 있으니 이동하려 할 것이다. 따라서 소득이 불평등한 국가로부터 상대적으로 소득이 평등한 국가로, 단순노무직의 노동이동이 발생한다. 멕시코에서 미국으로 단순노무자가 노동이동하고 필리핀 등 동남아시아 국가에서 한국으로 단순노무직이 노동이동하는 사례도 들 수 있다.

★ 우리나라는 외국의 고급인력을 유치할 수 있을까?

Roy모형은, 어떤 수준의 노동력이 이동하는지에 대한 여부가 국가간 소득분포 차이로부터도 영향받는다는 사실을 시사한다. 따라서 어떤 국가가 특정 수준의 노동력만 받기를 원한다 해도, 해당 정책이 효과를 거두기 어려울 수도 있다. 우리나라가 외국 인력에 대해 문호를 개방하되 고학력의 전문 기술자 위주로 개방한다고 가정해보자. 그러나 만일 우리나라의 학력간 소득격차가 다른 국가보다 상대적으로 작다면, 즉 인적자본에 따른 소득분포가 상대적으로 평등하다면 고학력 전문기술직에게 우리나라 노동시장은 그리 매력적이지 않을 것이다.

지난 수년간 정부는 고학력 전문직에 문호를 개방하고 있으나, 실적은 신통치 않다. 그 이유로 외국인에게 배타적인 문화, 자녀 교육에 불편한 생활환경 등도 꼽히지만, 근본적으로는 저기능에는 후하고 고기술에는 상대적으로 박한 우리나라의 임금구조가 주요한 원인이다. OECD 자료를 보면, 25~34세 연령층에서 고등학교 졸업자의 임금을 100으로 둘 때

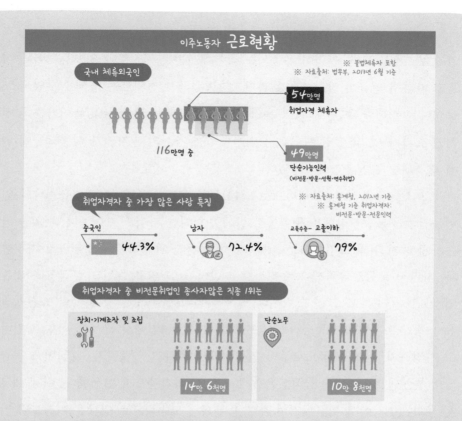

고졸 미만 학력의 임금은 OECD 평균 80인데 반해, 한국은 85로 저학력에 상대적으로 후하다. 반면 대학졸업자의 임금은 OECD 평균이 146인데 반해 한국은 132에 불과해 상대적으로 박하다. 이러한 임금 분포때문에 한국 노동시장은 고학력 근로자를 기피하고 저학력 근로자를 선호하는 구조이다. 따라서 외국의 고급인력을 유치하기가 쉽지 않다.

9.3 노동이동의 경제적 효과

이제 두 나라 간 노동이동에 따른 경제 효과를 살펴보자. 노동이동은 우선 개인 차원에서는 소득 증대, 기타 여러 기회 증대와 같은 긍정적 효과를 낳는다. 또한 소득 증대는 이민국의 언어를 얼마나 빨리 습득하느냐에 따라 그 정도가 달라지기도 한다.

그러나 국가적인 차원에서는 긍정적인 효과만으로 이어지지는 않는다. 직관적으로 설명하면, 인력이 유출되는 국가에서는 한편으로 과잉노동력이 줄어들고 따라서 임금이 상승하는 효과가 있지만, 국가 전체로는 생산에 투입될 노동력이 손실된다. 한편 인력이 유입되는 국가에서는 생산이 더 늘어나는 긍정적인 효과가 있지만, 일부 근로자 입장에서는 자신의 일자리가 이주노동에 의해 대체되는 불안을 느낄 수 있다.

그림을 통해 보다 구체적으로 살펴보자. 〈그림 9-2〉는 인력유출국와 인력유입국의 노동시장이 노동이동과 함께 변화하는 과정을 보여준다. 논의를 단순하게 하기 위해 그림에서는 노동공급이 임금과 관계없이 결정된다고 가정한다. 따라서 노동공급곡선은 수직선으로 나타난다. 왼쪽 그림은 한국을 인력유입국으로 가정하고 그린 그림이다. 인력이동이 일어나기 전 한국의 노동시장은 노동수요곡선과 노동공급곡선 S_1이 교차하는 A점에서 균형을 이루고 있다고 가정하자. 이제 외국으로부터 인력이 들어온다고 가정하자. 그러면 노동공급이 늘어나므로 노동공급곡선은 S_1에서 S_2로, 바깥쪽으로 이동한다. 이제 새로운 균형은 B점에서 이루어지며 보다 풍부해진 노동력으로 임금은 이전보다 낮아진 W_2가 된다. 경제 전체적으로 생산이 늘어나며, 그 크기는 사각형 $ABDC$와 같다. 이 늘어난 사각형만큼의 생산의 일부인 $BDCE$는 유입된 근로자에게 임

〈그림 9-2〉 인력이동의 경제적 효과

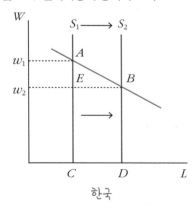

한국

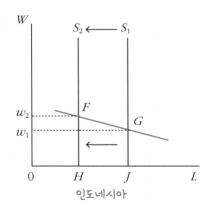

인도네시아

금으로 지불되고, 나머지 삼각형 *ABE*는 생산자 잉여로 기업에게 돌아간다. 그런데 노동인력 유입으로 얻게 되는 생산자잉여의 증가는 기존 근로자의 임금이 하락해 발생하는 w_1AEw_2만큼의 사각형도 있다.

〈그림 9-2〉는 이주 근로자와 기존 내국인 근로자가 서로 완벽히 대체된다고 가정한 그림이다. 따라서 이주 근로자가 유입해 내국인 근로자의 임금이 하락한다. 그러나 내국인 근로자와 이주 근로자는 보완관계이기도 하다. 따라서 보완으로 인해 내국인의 임금은 오르기도 한다. 예를 들어 이주 근로자가 이른바 3D업종인 염색 중소기업에 단순직으로 취업했다고 가정하자. 그러면 같은 일을 하는 단순직 내국인 근로자는 대체될 수 있으므로 손해를 볼 수 있다. 그러나 염색공장의 일이 힘들어서 내국인들이 기피하며, 실제로 일할 내국인 근로자를 구하기 힘든 상황이라 가정하자. 누군가 이 일을 하지 않으면 공장 전체가 멈춘다. 이런 상황이라면, 이주 근로자가 들어와 힘든 일을 해줄 경우 이 공장의 기술자를 비롯한 다른 근로자에게 도움이 된다. 생산이 유지되거나 늘어나 일자리가 보전될 뿐 아니라 임금도 올라갈 수 있기 때문이다. 바로, 서로 보완관계인 경우다.

정리하면 인력유입으로 인해 유입국의 생산은 증가한다. 생산자잉여 또한 증가한다. 내국인 근로자와 이주 근로자가 서로 대체관계인 경우 임금이 하락해 내국인근로자는 손해를 본다. 그러나 서로 보완관계인 경우 내국인 근로자의 임금은 하락하지 않거나 오히려 오를 수도 있다.

한편 〈그림 9-2〉의 오른쪽 그림은 인력유출국으로 가정한 인도네시아의 노동시장을 나타낸다. 우선 인력유출 전 이 나라의 노동시장은 *G*점에서 균형을 이룬다. 따라서 임금은 w_1이며 고용은 *J*이다. 이제 보다 높은 임금을 찾아서 인력이 유출된다고 가정하자. 그러면 인도네시아의 노동공급이 줄어든다. 그림에서 노동공급곡선이 S_1에서 S_2로, 안쪽으로 이동한다는 의미이다. 노동력이 줄어들면서 이제 생산이 *FGJH*만큼 줄어든다. 반면 노동공급이 감소해 임금은 w_2로 상승한다. 따라서 남아 있는 근로자들은 혜택을 본다. 한편 생산자잉여는 노동공급 감소와 임금상승으로 인해 FGw_1w_2만큼 줄어든다.

그러면 노동이동으로 인한 세계 전체의 경제적 효과는 어떻게 될까? 인력 유입국인 한국의 총생산은 증가했다. 인력유출국인 인도네시아의 총생산은 감소했다. 전체적으로는 어떨까? 생산이 늘어난다. 한국의 총생산 증가분이 인도네시아의 총생산 감소분보다 더 크기 때문이다. 〈그림 9-2〉에서 보면 한국의 총생산 증가분은 $ABDC$로, 인도네시아의 총생산 감소분 $FGJH$보다 더 크다고 나타난다. 이렇게 되는 까닭은 한국의 1인당 노동생산성이 인도네시아의 노동생산성보다 더 높기 때문이다. 즉 동일한 인력이 생산성이 낮은 곳에서 생산성이 높은 곳으로 옮겨가서, 전체적으로 생산이 늘어난다.

전체적으로 생산이 늘어나는 것은 노동이동의 경제적 효과 중 가장 중요한 부분이기도 하다. 노동이동은 이동을 통해 인력이용의 효율성을 높이는 수단이 된다. 노동이동은 나라 안에서도 나라 밖으로도 이루어진다. 나라 안에서 이루어질 경우 노동이동은 노동력의 효율적인 재배치를 의미하고, 이를 통해 국가 경제가 성장하도록 한다. 각국의 경제성장 과정을 살펴보면 거의 예외없이, 생산성 낮은 농촌에서 생산성 높은 도시지역으로의 이주를 동반하고 있다. 이를 연장하면, 나라 밖으로의 노동이동은 전 세계에 걸쳐 인력이용의 효율성을 높여 전 세계의 성장에 기여한다고 하겠다.

9.4 외국인력 정책 논란

인력이동이 전체적으로는 인력 효율화를 통해 경제성장에 기여하는 긍정적 효과로 이어지지만, 이민 또는 이주노동을 제한하려는 법적 규제가 여러 나라에서 지지를 얻고 있다. 값싼 외국 인력이 내국 인력을 대체해 내국인이 피해를 보고 있다는 인식 때문이다. 따라서 정치인들은 특히 이러한 국민들의 두려움을 이용해 외국 인력 도입을 규제하는 정책을 만들어 정치적 지지를 획득하고자 한다. 일부 정치인들이 이와 관련해 가장 흔히 하는 주장을 예로 들면,

〈그림 9-3〉 이주 근로자의 변동과 고용효과

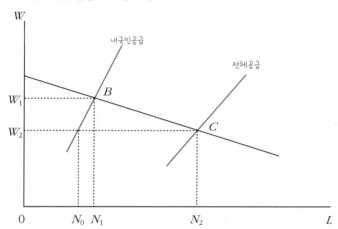

"지금 외국인들이 국내에서 100만 개의 일자리를 차지하고 있는데, 그들을 내보내면 국내 일자리가 100만 개 늘어날 것이다"라는 식이다. 과연 그럴까? 아래에서 다시 그림을 통해 분석해보자.

〈그림 9-3〉은 내국인 노동공급과 이주 근로자 노동공급을 포함한 전체 노동공급과 노동수요가 교차하는 점에서 현재 균형이 이루어진다는 사실을 나타낸다. 즉 균형은 C점이고 임금은 W_2이며 전체 고용규모는 N_2이다. 그중 내국인 고용은 내국인 공급곡선을 따라서 이루어지므로, N_0만큼이다. 따라서 이주 근로자의 고용 규모는 N_0N_2만큼이다. 이제 이 이주 근로자의 고용규모가 100만 명 정도라고 가정하고 위의 정치인 주장이 타당한지 점검해보자. 이들 이주 근로자를 모두 내보내면 나라 안 노동공급은 모두 내국인으로만 채워지므로, 그림에서 보는 내국인공급곡선으로 나타난다. 그 경우 노동수요과 내국인노동공급이 만나는 새로운 균형점은 B점이 된다. B점에서 임금은 W_1이므로 이전보다 상승했다. 그리고 고용은 N_1이 되므로 이전 수준인 N_0보다는 늘어났다. 그러나 내보낸 이주 근로자 규모인 N_0N_2보다는 턱없이 적게 늘어난다. 다시 말해 이주 근로자 100만 명을 내보냈지만 그로 인해 늘어난 내국인 근로자의 일자리는 불

과 10만 개 정도일 수 있다. 노동공급이 감소하면서 임금이 상승하고, 그에 따라 노동수요가 감소하기 때문이다. 그림에서처럼 이주 근로자를 없애면 노동공급은 단지 내국인공급만 남는다. 따라서 임금이 상승하기 시작한다. 임금이 상승하면 각각 노동수요와 노동공급이 반응하는데, 노동수요는 줄어들고 노동공급은 늘어난다. 그림에서 처럼 노동수요의 감소가 노동공급의 증가보다 훨씬 커서, 결과적으로 내국인 고용이 약간 늘어난다 해도 대부분의 일자리가 임금상승에 따라 소멸하고 만다. 일자리의 소멸 정도와 내국인 일자리가 늘어나는 정도는 노동수요와 노동공급의 탄력성에 따라 결정된다. 수요의 임금탄력성이 클수록 소멸되는 일자리의 숫자는 커진다. 노동공급의 임금탄력성이 작을수록 내국인 일자리 숫자는 작게 늘어난다. 참고로 이주 근로자를 받는 노동시장은 내국인근로자 공급이 대부분 비탄력적이다. 따라서 임금이 올라도 그에 따라 노동공급이 쉽게 늘지 않을 수 있고, 결과적으로 내국인 고용이 많이 늘어나지 않을 가능성이 높다.

지금까지 논의를 통해 이주 근로자를 규제하면 상당수의 일자리가 사라지지만, 내국인으로 약간은 채워질 수 있음을 알 수 있다. 그러나 이주 근로자에 대한 규제로 인한 일자리 공백을 내국인으로 채울 수 없는 경우도 발생한다. 역시 그림을 통해 살펴보자. 〈그림 9-4〉는 〈그림 9-3〉과 한 가지를 제외하면 똑같다. 즉 내국인 노동공급과 전체 노동공급의 모양은 똑같다. 따라서 이주 근로자에 대한 규제가 없을 경우의 균형은, 전체 노동공급과 수요가 만나는 c점에서 이루어지고 임금과 고용이 각각 W_2 및 N_2가 된다는 점도 동일하다. 다만 노동수요곡선이 〈그림 9-3〉과 달리 b점에서 끊어져 있다. 노동수요 곡선이 b점에서 끊겨 있다는 것은 지불능력이나 생산성의 제약으로 임금이 W_1이상으로 올라갈 수 없다는 뜻이다. 아울러 생산을 위한 최소한의 수요량이 b만큼은 되어야 한다는 의미이다. 다시 말해 노동수요는 b점에서부터 생성되기 시작해, 이후 임금이 내려감에 따라 점차 노동수요량이 늘어난다는 의미이다.

이제 이 시장에서 이주 근로자를 전부 내보내면 어떻게 될까? 임금이 상승

〈그림 9-4〉 내국인 공급 부족의 노동시장

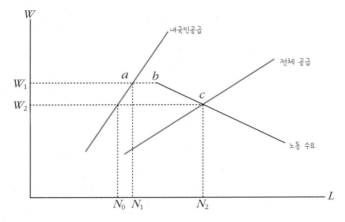

하기 시작하고 따라서 노동수요량이 줄어들 것이다. 임금 상승에 따라 노동공급량도 노동공급곡선을 따라 늘어나기 시작할 것이다. 그런데 노동수요량의 감소는 b점에서 멈춘다. b점이 노동수요의 하한이기 때문이다. 한편 임금상승에 따라 노동공급량은 늘어나지만, W_1의 임금에서 공급될 수 있는 최대 노동공급량은 N_1이다. 따라서 임금은 W_1, 고용은 N_1이 되는데, 이 상태는 시장의 노동수요를 충족하지 못한다. 즉 시장에서는 ab만큼의 인력이 채워지지 못하고 있는 것이다.

이것이 이른바 '고임금–인력난'의 노동시장이다. 즉 노동수요자의 입장에서는 임금이 더는 올라갈 수 없는 한계점에 달한 고임금인데도 불구하고, 빈 일자리가 채워지지 않는 인력난을 겪고 있는 상황이다. 노동수요자의 생산성과 임금은 낮은데, 이런 환경에서 일하지 않으려 하기 때문에 노동공급이 발생한다. 1990년대 이후 우리나라의 중소 제조업 현장의 상황이 그러했다. 이렇게 인력난이 지속되면 기업은 결국 문을 닫을 수밖에 없고, 기왕에 고용되었던 N_1만큼의 고용조차 일자리를 잃게 된다. 따라서 최소한 ab만큼의 일자리라도 채워줄 이주 근로자가 필요해진다. 우리나라의 외국인 근로자 도입의 배경에는 이 같은 '고임금–인력난'의 불균형적 노동시장이 자리하고 있다.

9.5 직장이동

이제 노동이동 가운데 지리적 이동이 아닌 직장이동에 대해 살펴보자. 직장이동에 대한 시각은 우리나라와 서양 국가에서 서로 다르다. 우리나라에서 직장을 자주 옮기면 끈기가 없다고 간주되는 경향이 있다. 평생직장 그리고 장기고용을 미덕으로 보는 전통적 직장문화를 반영한다. 그러나 이 같은 시각도 점차 달라지고 있다. 다양한 직장문화를 지닌 외국계 기업이 활발히 들어오고 또 국내 기업에서도 평생직장이라는 문화가 점차 희미해지면서 직장이동에 대한 부정적 견해도 사라지고 있다. 한편 서양에서는 우리나라와는 반대로 직장을 옮기면 그만큼 실력이 있다고 간주하는 경향이 있다. 다른 곳에서 인정받을 만한 실력이 있기 때문에 직장을 옮길 수 있다는 의미이다. 뒤집어 말하면 한 직장에 오래 머물면 객관적으로 인정받을 실력이 부족한 것으로 비처지기도 한다. 앞서 인적자본론 부분에서 살펴보았듯이, 기업특수 인적자본보다 일반 인적자본을 중시하는 기업문화를 반영한다고 하겠다.

직장이동의 기본원리는 지리적 이동과 같다. 즉 새로운 직장 기회에서 기대되는 수익이 기존 직장에서 기대되는 수익과 이동에 따르는 비용을 합했을 때보다 크다면, 이동할 인센티브가 생긴다. 따라서 직장이동 요인 중 현 직장과 새 직장의 임금 차이가 가장 중요하다. 현재 직장의 임금이 높을수록 직장 이동의 가능성은 줄어든다. 직장 이동은 자발적 이직quit과 회사에서 해고lay off를 당해 발생하는 비자발적 이직이 있다. 현재 직장의 임금이 높으면 자발적 이직이 낮아질 뿐 아니라 비자발적 이동의 비율도 낮아진다. 현 직장의 높은 임금은 그만큼 높은 안정성을 의미하기 때문이다. 중소기업의 이직률보다 낮은 대기업의 이직률이 그 대표적인 예이다.

이직은 또한 경기에 영향을 받는다. 자발적인 이직quit은 호경기에 늘어나고 불경기에 줄어든다. 반면 해고lay off에 의한 이동은 불경기에 많고 호경기에 줄어든다. 호경기에 자발적인 이직이 늘어나는 까닭은, 상대적으로 고용사정이

좋아서 기대수익이 높기 때문이다. 또한 이직에 따르는 심리적 비용 또는 부담
감이 줄어들기 때문이다.

지역적으로는 대도시가 중소도시보다 이직률이 높고 직장이동이 더 빈번
하다. 대도시가 중소도시보다 직장이 더 많고 새로운 직장 기회가 더 자주 발생
하기 때문이다. 또한 대도시에서는 직장 이동이 이사를 하지 않고도 가능하지
만, 중소도시에서는 직장이동이 이사를 의미하는 경우가 많아 그만큼 이동 비
용이 커지기 때문이기도 하다.

이직비용은 직장이동의 큰 요인 중 하나이다. 이직비용에는 심리적 비용과
물질적 비용이 있는데, 이직비용이 높아지면 이동은 줄어든다. 심리적 비용은
주관적이어서 사람마다 다르다. 일반적으로 이직을 자주 하는 사람은 이직에
대한 심리적 부담이 적은 사람이다. 직장을 자주 옮기는 사람은 새 직장에 대해
그리 걱정하지도 않을 뿐더러 더 쉽게 적응하기 때문이다. 반면 심리적 비용이
높은 사람은 이직을 불안한 요소로 인식하므로, 가능한 이직하지 않으려 한다.

이직비용과 관련해 한 가지 검토해야 할 사항은, 이직비용이 매우 높을 경
우 일시적으로 수요자독점^{monopsony} 시장이 형성될 수 있다는 점이다. 그림을
통해 더 자세히 살펴보자. 〈그림 9-5〉는 제5장의 〈그림 5-5〉를 다시 가져
온 것이다.

어떤 근로자들은 사정에 의해 집 근처에서만 직장을 구할 수 있다고 가정하
자. 즉 이들에게는 취업반경에 제한이 있다고 가정하자. 그러면 고용주는 이 근
로자에게 생산성보다 낮은 임금을 줄 수 있다. 〈그림 9-5〉에서 근로자가 180
의 생산성을 만들어내는데도 불구하고 임금은 140만 주는 경우와 같다. 만일 이
근로자가 자유롭게 이동할 수 있다면, 180의 임금을 주는 새 일자리를 찾아 이
동할 것이다. 그러나 새 일자리를 구할 수는 있지만 이사를 해야 할 뿐 아니라,
현재 주거지에 가족과 친지들이 있어 헤어지는 데 따른 심리적 비용이 크다면,
이동비용이 너무 커서 이동하지 못할 것이다. 높은 이동비용 때문에 결과적으
로 생산성보다 낮은 임금을 받으면서도 현 직장에서 머무는 결과를 낳는다. 현

〈그림 9-5〉 수요자독점 노동시장

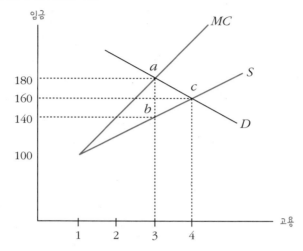

실에서는 가사노동의 부담을 안고 있는 여성근로자의 상당수가 이처럼 높은 이
동비용으로 인해 집 근처에서 일하고 있는 형편이다. 우리가 관찰하는 남녀간
의 임금 격차에는, 이 같은 이동성의 제한에서 오는 차이도 포함된다.

10

노동조합의 역할

10

노동조합의 역할

노동조합은 근로자 단체이다. 노동자들이 이익을 보호하기 위해 조직한 단체이다. 일하는 사람의 이익을 스스로 보호하기 위한 단체는 중세시대 장인과 상인 조직인 길드guild가 시초라고 알려졌다. 그러나 길드는 타인과 고용관계가 없는 자영업자 조직인 데 반해, 현대의 노동조합은 고용주와 고용관계를 맺은 피고용자 조직이라는 점이 다르다. 즉 현대의 노동조합은 고용주라는 축에 대척되는 축으로서 근로자 집단이라는 의미이다.

이번 장에서는 노동조합이 노동시장에서 어떤 역할을 하는지에 대해 알아보자. 먼저 노동조합이 무엇인지 정의를 내리고 최근 노동조합의 추세에 대해 간략히 살펴본 뒤 노동조합에 대한 두 가지 상반된 견해를 알아본다. 그리고 노동조합의 역할 중 독점으로 작용하는 경우 임금과 고용은 어떻게 결정되는지, 독점노조는 노동시장의 효율성에 어떤 영향을 주는지도 살펴본다. 또한 파업은 왜 일어나며 어떻게 마무리되는지도 알아본다. 끝으로 노동조합이 미치는 경제적 효과를 임금, 생산성과 이윤에 미치는 효과로 나누어 살펴보고자 한다.

10.1 노동조합의 정의와 추세

노동조합labor union이란 무엇일까? 노동경제학, 노사관계학 그리고 노동법학 등에서 노동조합을 다루지만, 각 학문에 따라 강조점이 다르다. 노동경제학에서는 노동시장이라는 틀에서 노동공급을 담당하는 근로자집단으로서 노동조합의 기능을 중시한다. 이는 노동조합의 정의에도 적용된다. 따라서 노동조합이란 '근로조건에 관해 고용주와 집단적으로 협상하는 근로자집단'으로 정의된다. 이 정의를 구성하는 핵심용어는 '근로조건', '집단적 협상' 그리고 '근로자집단' 이 세 가지이다.

우선 노동조합은 근로자집단이다. 노동조합은 근로자로 구성된다는 뜻이다. 여기에서 근로자(또는 노동자)는 원칙적으로, 고용주와 고용관계를 가진 근로자를 의미한다. 자영업자도 근로자에 들어간다고 주장할 수 있다. 그러나 노동조합원으로서의 근로자는, 노동조합의 가장 중요한 기능인 단체협상의 적용 대상이어야 한다. 단체협상은 고용주와 하는 것이다. 그런데 자영업자는 스스로 고용주이므로 단체협상의 적용 대상일 수 없고, 따라서 노동조합원으로서 근로자라고 할 수 없다. 다만 근로자의 의미를 넓게 해석해 '일하는 사람'으로 본다면, 혼자 일하는 자영업자도 근로자라 할 수 있다. 그러나 이러한 자영업자가 단체를 구성할 때 그 단체는 사업자의 이익단체가 되며 고용주와 대척점에 있는 노동조합이 되기는 어렵다. 현대의 노동조합은 고용주를 가정하고 근로자의 이익에 대한 고용주의 잠재적 위협에 대응하고자 조직되었는데, 자영업자 단체에는 잠재적 위협을 가하는 고용주가 없기 때문이다. 자영업자와 거래상 갑을관계인 상대방이 잠재적 위협의 대상이라고 주장할 수 있다. 그러나 이는 모든 경제적 거래에 존재하는 교섭력의 문제이다. 따라서 시장거래의 제도가 관여할 문제이며, 노동조합의 제도를 끌어다 붙일 문제는 아니다.

둘째로 노동조합이 하는 일은 '집단적 협상collective bargaining'이다. 즉 단체협상이 노동조합의 가장 중요한 기능인데 여기에는 두 가지 의미가 있다. 우선 개별협상이 아닌 단체협상이라는 점이다. 즉 근로조건에 관해 근로자가 개별적으로 고용주와 결정하지 않고 노동조합원 전체가 집단적으로 한다. 따라서 노동조합의 주요 결정은 개별성을 보장하지 않는다. 즉 개별적 차이를 원칙적으로 인정하지 않는데, 근로자들이 일하는 환경과 근로 내용이 서로 상당히 동질적이어야 가능하다. 만일 근로자들의 근로 내용이 개별적으로 서로 많이 다르다면, 단체협상은 실질적인 도움이 되지 못할 것이다. 일의 내용 면에서 개별성이 높은 서비스 업종에서 왜 노동조합이 큰 인기를 얻지 못하는지 설명하는 부분이다. 아울러 단체협상은 협상bargaining이다. 협상이란 거래 쌍방이 거래를 성사시키기 위해 하는 흥정negotiation이다. 즉 서로의 요구조건과 양보선을 파악하고 주고받으며 거래를 완성한다. 따라서 쌍방의 요구조건과 양보선에 서로 교차하는 부분이 있어야 협상이 이루어질 수 있다.

셋째로 단체협상의 대상은 근로조건terms and conditions of work이다. 협상의 대상이 되는 근로조건이란 임금, 보너스, 부가급여, 퇴직금 등과 같은 근로의 결과물을 포함한다. 또한 근로시간, 휴일, 휴가 등과 같은 근로의 투입물을 포함한다. 즉 근로의 투입과 결과에 대한 조건이다. 그런데 여기에서 근로 범위를 어디까지 포함할지가 중요하다. 예를 들어 승진은 단체협상의 대상인 근로조건에 포함될까? 해외공장의 생산량 확정도 근로조건에 포함될까? 노동조합 입장에서는 승진이나 해외공장의 생산량이 본인의 근로조건에 영향을 주므로 포함되어야 한다고 주장할지도 모른다. 그러나 승진은 회사 인사제도의 운영과정이며 인사제도는 경영상 목적을 위해 만들어졌고 그 운영은 경영자의 책무이자 권리이다. 따라서 인사 경영권에 해당하는 사항은 단체협상의 대상이 되지 않는다. 해외공장의 생산량 또한 회사의 경영전권이자 영업기밀이기도 하다. 더욱이 해외공장은 별도의 해외법인으로서 해당 국가의 법 적용을 받으며 별도로 노동조합이 있다. 이처럼 별도의 관할권에 있는 내용을 단체협상의 대상으로 삼을 수는 없다.

노동조합은 20세기에 전성기를 누렸으나 20세기 말 이후 점차 영향력을 잃

〈그림 10-1〉 우리나라의 노동조합 조직률과 조합원 수 추이

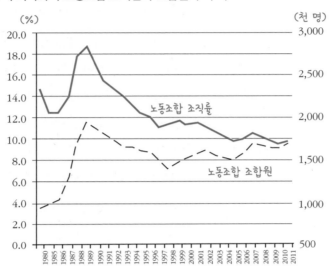

고 있다. 전체 피고용 근로자에서 노동조합원이 차지하는 비율인 노동조합 조직률은 우리나라의 경우 1980년대 말 18%대에서 정점을 찍은 뒤 계속 내리막 길을 걷고 있으며 현재는 10% 수준이다. 다른 나라에서도 마찬가지이다. 예를 들어 미국, 영국, 독일 등 서방국가는 물론 일본에서도 노동조합 조직률은 1980년대 이래 계속 하락하는 추세이다.

노동조합은 왜 쇠퇴할까? 여러 요인이 복합적으로 작용한다. 첫째 산업구조의 변화를 들 수 있다. 제조업 비중은 줄어들고 서비스업 비중이 늘어났다. 노동조합은 제조업에서 더 활발하고 서비스업에서는 활발하지 못하다. 앞서 살펴보았듯, 노동조합은 집단적으로 움직이는 조직인데, 집단성이 힘을 발휘하려면 근로자들이 동질적이어야 한다. 그런데 제조업과 달리 서비스업의 경우 근로자 간 동질성이 약하다. 바꾸어 말하면 서비스업에서는 근로자의 개별성이 더 중요하게 작용한다. 따라서 집단성을 강조하는 노동조합과 잘 맞지 않는다. 둘째로 여성 근로자의 증가를 들 수 있다. 여성 근로자의 노동조합 가입은 남성 근로자에 비하여 작다. 따라서 근로자 구성에서 여성 근로의 비중이 늘수록 노동

조합원의 비중은 줄어드는 경향을 보인다. 셋째로 시장의 글로벌화 추세가 노동조합 조직률을 낮춘다. 전통적으로 노동조합이 강한 지역으로부터 노동조합이 없거나 환영받지 못하는 지역으로 생산거점이 이동하고 있다. 넷째로 디지털 경제의 영향이다. 4차산업 혁명이라고도 하는 디지털 경제는 전통적인 고용관계의 성격을 바꾸고 있다. 과거처럼 특정 장소에서 근로자들이 함께 모여 일할 필요가 없다. 또 근무시간 또한 자율적으로 조절하는 경우가 늘고 있다. 이처럼 근로장소와 근로시간의 특정성이 사라지면서, 근로조건의 통일성보다는 개별성을 더 중시하는 환경으로 바뀌고 있다. 집단성과 통일성을 특징으로 하는 노동조합은 더는 근로자에게 의미있는 조직이 되기 어렵다.

10.2 노동조합에 대한 두 가지 견해

노동조합에 대해 일반적으로 두 가지 상반된 시각이 있다. 노동조합을 긍정적으로 보는 시각과 부정적으로 보는 시각이다. 긍정적으로 보는 시각은 노동조합의 기능을 집단청원자 기능collective voice mechanism으로 본다. 사회학자인 앨버트 허쉬만Albert Hirschman에 의하면, 사람들은 자신이 처한 상황에서 갈등에 직면하면 두 가지로 반응한다고 한다. '나감exit' 또는 '발언voice'이다. '나감'은 그 갈등의 현장을 떠나버림으로써 갈등을 피하는 방식이다. '발언'이란 갈등에 대해 자신의 의견을 표현해 해결을 요청하는 것이다. 예를 들어 구내식당의 음식이 부실하다고 하자. 구내식당을 이용하는 직원 또는 학생들은 어떻게 할까? 바깥 식당으로 나가서 먹는 방법이 있다. '나감exit'의 방식이다. 또는 사내 게시판 등에 음식이 부실하니 개선해달라고 요청한다. '발언voice'의 방식이다. 노동조합은 바로 이러한 발언voice의 기능을 집합적collective으로 한다. 따라서 노동조합은 집단청원자collective voice로서 존재한다. 예를 들어 고용주와 임금에 대해 갈등이 있을 때 회사를 '떠날exit' 수 있다. 그러나 노동조합을 통해 임금 조건을 개선해달라고 집단적으로 목소리를 낼voice 수 있다.

그런데 여기서 한 가지 의문이 생긴다. 임금 또는 근로조건에 대한 갈등 또는 어려움에 직면해 목소리를 내는 것은 좋은데, 홀로 찾아가 조용히 상담하면 안 될까? 왜 꼭 노동조합이라는 집단적 기구를 통해 목소리를 내야 할까? 그럴 만한 이유가 있다. 경제학원론에 등장하는 공공재public goods라는 개념이 있다. 예를 들어 국방이나 치안 등은 세금을 내지 않았다고 해서 그 혜택으로부터 시민을 제외시킬 수 없고(이를 비배제성이라 한다), 시민이 한 사람 더 늘었다고 해서 다른 시민이 받는 혜택의 크기가 줄어들지도 않는다(이를 비경합성이라 한다). 공공재란 이처럼 공동체 구성원의 소비 혜택을 배제할 수도 없고 방해할 수도 없는 재화인데, 이러한 특성으로 인해 무임승차자free rider 문제가 발생한다. 다시 말해 나 대신 누군가 수고하면 나는 수고하지 않고도 그 혜택을 온전히 누릴 수 있으므로, 다른 사람이 대신 수고하기를 기대하고 나는 가만히 있는다. 만일 구성원 모두가 이렇게 생각하고 있다면 누구도 수고하려 하지 않을 것이다. 그러면 결국 구성원이 바라는 혜택은 만들어지지 못한다. 이런 문제점을 해결하는 방법은 집단적으로 결정하고 집단적으로 수고를 부담하는 것이다. 예를 들어 국방이나 치안과 같은 서비스를 시장을 통해 구매하지 않고 정부라는 집단적 기구를 통해 결정하고, 비용은 세금으로 부담한다.

직장에서 근로자에게 영향을 미치는 임금과 기타 근로조건의 상당 부분은 이처럼 공공재의 특성을 지닌다. 예를 들어 임금이 상승하면 나만 혜택을 보지 않고 구성원 모두 혜택을 누린다. 그런데도 임금을 올려달라고 혼자 나서서 목소리를 높이다가 고용주의 눈밖에 날까봐 두려워, 모두 스스로가 아닌 다른 누군가가 나서주기를 바란다면, 누구도 나서지 않을 것이다. 그러나 노동조합과 같은 집단 기구가 있다면 이를 통해 임금과 근로조건의 불만사항 등을 자유로이 개진하고 개선을 요청할 수 있다. 임금과 근로조건의 공공재적 특성 때문에, 개별적인 청원이 아니라 집단적인 청원이 필요하며 노동조합이 그 기능을 한다.

노동조합은 이렇게 근로자의 불편과 불만사항을 효과적으로 고용주에게 전달하고 그 해결을 모색해, 근로자와 고용주 사이의 원활한 의사소통을 돕는 순기능을 한다. 근로자와 경영진 간 원활한 의사소통은 근로자의 직무 만족도와 회사에 대한 신뢰를 높인다. 이로 인해 전체적인 생산성이 증대하며 회사의 수익성도 높아질 것이다. 따라서 노동조합의 집단청원자 기능은 근로자에게 도움이 될 뿐 아니라 고용주에게도 도움이 되는 상생의 기능을 한다.

이에 반해 노동조합을 부정적으로 보는 시각은 노동조합의 기능을 독점 monopoly 으로 본다. 근로자는 노동의 공급자이다. 노동조합은 노동의 공급자인 근로자를 집단적으로 조직해 노동공급을 독점한다. 공급이 독점되는 시장에서 독점공급자는 자신 말고는 수요자가 거래할 대상이 없음을 이용, 최대한 자신에게 유리한 높은 조건을 관철시킬 수 있다. 그렇게 독점 이윤을 챙기지만, 높은 가격으로 인해 경쟁시장에 비해 시장의 거래량도 시장 전체가 누릴 잉여도 줄어드는 비효율성이 발생한다. 노동조합으로 인한 독점도 노동시장에 같은 결과를 낳는다. 즉 노동조합은 고용주가 자신들 말고는 달리 노동을 구할 수 없음을 이용해 최대한 자신에게 유리하게 높은 임금과 근로조건 등을 요구해 관철한다. 그러나 이처럼 상승한 임금 때문에, 고용주가 고용하는 근로자의 숫자는 줄어들 수밖에 없다. 따라서 노동조합이 없을 경우와 비교하면 고용은 줄고 실업은 늘어난다. 노동조합원은 높은 임금으로 혜택을 보지만, 그 혜택은 일자리를 얻지 못하는 실업자의 희생으로 상쇄되며 사회 전체적으로는 일자리가 줄어드는 비효율이 발생한다.

노동조합은 또한 생산성도 하락시키는 경향이 있다. 노동조합의 독점력은 임금뿐만 아니라 근로시간과 고용에도 영향을 미친다. 노동조합은 예를 들어 강제 휴식시간 도입 등의 방법으로 근무시간의 경직성을 심화할 수 있다. 또 필요없는 인력까지 고용하도록 협약으로 강제해, 과잉고용으로 생산성을 떨어뜨리기도 한다. 고전적인 예를 들면, 과거 증기기관 열차가 다니던 시절에는 불을 때는 화부와 함께 불이 다른 곳으로 옮겨 붙지 않도록 지키는 소화부가 기관차 안에 필요했다. 이제 증기기관이 디젤기관으로 대체되어 불이 날 염려는 사라졌고 따라서 소화부도 필요없는데도, 여전히 단체협약으로 열차당 한 명씩 소화부를 두도록 강제했다. 최근의 예로는 개인용 컴퓨터와 워드프로세서 소프트웨어가 발달해 문서작업이 모두 개인화되었는데도, 여전히 타이피스트를 두도록 하는 단체협약 등이 있다. 이 같은 과잉고용을, 깃털로 침대를 깔아주었다는 의미에서 'feather bedding'이라고 한다.

노동조합을 독점으로 보는 견해에 따르면, 노동조합은 임금을 상승시키고 생산성은 저하하므로 필연적으로 회사의 수익성을 악화한다. 즉 이윤율을 저하한다고 본다. 또한 노동조합은 그 자체의 운영이 비민주적이어서, 일반조합원들로부터 신뢰를 잃는 경우가 많다. 조합 운영에 대해 객관적인 외부감사가 없다든지, 노조위원장 자리를 대의원회의라는 간접 방식을 통해 극소수의 간부들이 독점하는 경우 등이 그 예이다.

노동조합이 이 같은 독점을 발휘할 수 있는 원천은 크게 세 가지이다. 첫째, 생산물 시장이 불완전하면 노동조합도 독점이 될 가능성이 높다. 예를 들어 생산물 시장이 독점이라면 독점기업은 독점이윤을 누린다. 반면 생산물 시장이 경쟁적이라면 기업에 경제적 이윤은 없을 것이다. 그런데 독점 노동조합은 임금을 시장임금보다 높게 올릴 것이므로, 회사가 이를 감당할 수 없다면 회사가 망하거나 노동조합의 독점이 유지되지 못할 것이다. 따라서 생산물시장이 경쟁적이라면 경제적 이윤이 제로이므로 노동조합의 독점력이 발휘되기 어렵다. 반면 생산물시장이 불완전하면 독과점 이윤이 있어 노동조합의 높은 임금상승을 견딜 수 있다. 현실에서 노동조합이 독과점력을 지닌 대기업에서 잘 조직되는 반면, 생산물시장이 주로 경쟁적인 환경인 중소기업에서 잘 조직되지 못하는 이유가 여기에 있다.

둘째, 산업구조가 규제에 따라 소수 기업으로 구성된 경우다. 전력과 같은 에너지 산업이 대표적인 예로, 정책적으로 기업 숫자가 제한된 만큼 앞서 설명한 독과점 구조가 되기 쉽다. 따라서 노동조합의 독점력이 유지되기 쉽다. 공공부문이 여기에 속하는데, 어느 나라든 공공부문에서 노동조합이 잘 조직되고 또 교섭력이 강한 이유가 여기에 있다.

셋째, 산업별로 또는 직종별로 근로자를 하나의 노동조합 소속으로 만드는 경우다. 이론적인 독점과 정확하게 들어맞는 경우다. 고용주들은 이 단일한 노동조합 외에는 근로자를 구할 방법이 없으므로, 단일 공급자 대 다수 고용주라는 구조가 형성된다. 임금과 근로조건은 노동조합에 의해 결정되며, 고용주들은 그 조건을 받아들이는 수밖에 없다. 과거 여러 국가의 항만 운수 분야에서 이런 노조 독점이 많았으나 점차 그 폐해가 커지면서 노동공급 경로가 다양해졌다. 그러나 우리나라는 항만하역이 오로지 노동조합(항운노조)이 공급하는 근로자만을 사용하는 구조에서 여전히 벗어나지 못하고 있다.

지금까지 노동조합을 보는 두 상반된 견해를 살펴보았다. 이론적으로는 두 견해가 모두 성립한다. 따라서 노동조합이 실제로 어떤 모습을 보이는지는 실증적으로 규명되어야 한다. 미국과 유럽 국가들의 경우 1970년대까지는 여러 부문에서 독점노조가 많았으나 세계화가 진전되면서 독점노조 부문이 경쟁에 밀려 쇠퇴했다. 대표적인 예가 미국의 자동차산업과 영국의 석탄산업이다. 한편 우리나라는 1987년부터 이른바 민주화 시대를 맞아 노동조합은 노동권을 규제받지 않고 사용하게 된다. 그러나 앞서 살펴본 이유들로 인해 대부분 노동조합은 대기업과 공공부문에 집중되어, 독점노조의 양상을 띤다. 다만 규모가 작은 중소기업 단위에서는 집단청원자의 기능을 잘 수행하고 있는 노동조합들도 보인다.

10.3 독점노조 모형

이제 노동조합이 독점으로 작용하는 경우, 임금과 고용이 어떻게 결정되는지 살펴본다. 또한 그 결과가 효율적인지 따져보고, 보다 나은 개선 방안이 있는지도 살펴본다.

우선 임금과 고용의 결정 순서부터 살펴보자. 독점노조 모형에서는 임금이 먼저 결정되고 나서 고용이 결정된다. 즉 임금은 노동조합과 기업이 교섭해 결정하며 그러고 나서 기업은 그 임금에 맞추어 고용을 결정한다고 가정한다.

의사결정의 시간적 순서는 임금에서 고용으로 전개되지만, 임금을 결정하려면 주어진 각 임금에 대해 고용주가 얼마만큼씩 고용할 것인지 먼저 분석해야 한다. 그래야 그부분을 염두에 두고 노동조합의 만족을 극대화할 임금 수준을 산정할 수 있기 때문이다. 따라서 분석의 순서는 고용 결정에서 임금 결정으로 진행된다.

먼저 고용에 대한 기업의 의사결정을 살펴보자. 임금은 노사교섭에 따라 결정되므로 기업 입장에서는 외생적으로 주어지는 셈이다. 즉 기업은 주어진 임금에서 기업의 이익을 극대화하는 수준의 고용을 결정한다. 시장에서 임금이 주어진다고 간주하고 이익 극대화를 목표로 고용을 결정하는, 노동수요의 최적화 과정과 똑같다. 다시 말해 기업은 주어진 임금과 노동의 한계생산성 가치가 일치하는 수준에서 고용을 결정한다. 예를 들어 주어진 임금이 일인당 10이라면 추가 노동의 한계생산성 가치가 임금비용 10보다 클 때 고용을 늘릴 것이다. 고용을 늘려가면서 이제 노동의 한계생산성은 점차 감소한다. 결국 노동의 한계생산성 가치가 10에 이르면 고용은 멈춘다. 만일 멈추지 않고 더 늘리면 이제 노동의 한계생산성 가치는 임금비용 10보다 작아지고 그만큼 손실을 보기 때문이다. 이상의 논의는 제1장의 노동수요 곡선 도출 논리와 같다. 즉 노동수요 곡선은 임금 변화에 따른 한계노동생산성의 곡선과 일치한다. 이는 〈그림 10-2〉와 같다.

이제 노동조합은 고용주의 노동수요 결정이 〈그림 10-2〉의 곡선을 따라 이루어진다는 사실을 안다. 그렇다면 노동조합은 이 노동수요곡선상에서 어느 점을 선택해야 노동조합으로서 최선인지 결정해야 한다. 노동조합 입장에서는 임금과 고용이 둘 다 중요하다. 즉 임금도 많이 받을수록 좋고 고용도 많을수록 좋다. 노동조합의 효용함수가 임금과 고용으로 구성된다는 의미이다. 즉 효용을 U라고 정의하면 효용함수는 다음과 같다.

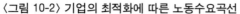

〈그림 10-2〉 기업의 최적화에 따른 노동수요곡선

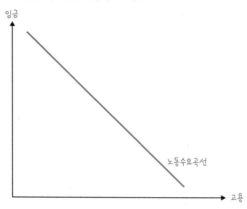

(식 10-1) $U = U(W, N)$ $where$ $W =$ 임금, $N =$ 고용

　　노동조합은 자신의 효용을 극대화하고자 한다. 그러나 제약조건이 있다. 제약조건은 〈그림 10-2〉에 있는 노동수요곡선이다. 즉 〈그림 10-2〉에 따르면 임금을 많이 받으려면 고용이 줄어들고 반면 고용을 늘리려면 임금이 줄어든다. 노동조합은 이 같은 상충관계를 제약조건으로 하고 자신의 효용을 극대화하고자 한다. 이는 노동수요곡선을 예산제약식으로 하고 효용을 극대화하는 문제와 동일하다.

　　이를 〈그림 10-3〉을 통해 살펴보자. 그림에서 좌하향하는 선은 〈그림 10-2〉의 노동수요곡선이다. 이제 이를 제약선으로 해 효용을 극대화하려면, 노동조합의 효용함수로부터 도출되는 무차별곡선 I를 최대한 바깥으로 놓되 무차별곡선이 제약선을 벗어나면 안 되는 점을 찾아야 한다. 그 점은 무차별곡선과 노동수요곡선이 서로 접하는 점 E이다. 점 E에서 노동조합의 효용은 극대화된다. 따라서 노동조합이 선택하는 임금은 w_u가 된다. 이렇게 노동조합이 임금을 선택하면 고용주인 기업은 그 임금을 받아들이고 그렇게 주어진 임금 w_u에서 이익을 극대화하는 고용수준을 찾는데, 그 수준은 노동수요곡선에 의해

〈그림 10-3〉 독점노조의 효용극대화 임금 결정

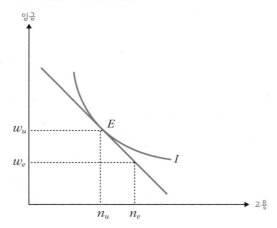

n_u로 결정된다.

이렇게 결정된 임금 w_u와 n_u고용는 과연 최선인 선택일까? 최선의 선택이 아닐 수도 있다. 만일 기업의 이윤은 E점에서 결정되는 그대로인데 노동조합의 효용이 더 좋아질 선택이 있다면, E점의 선택은 최선이 아니다. 예를 들어 임금을 조금 낮추고 대신 고용을 조금 더 늘리는 선택을 한다면 노동조합에 더 나을 수도 있다.

이같은 가능성을 다시 그림으로 살펴보자. 〈그림 10-4〉는 〈그림 10-3〉의 E점 부근을 조금 더 자세히 그린 것이다. 〈그림 10-4〉의 a점은 〈그림 10-3〉의 E점과 같다. 즉 이 점에서 노조의 무차별곡선과 노동수요곡선이 접한다. 그런데 a점에서 기업이 얻는 이윤 수준과 동일한 이윤을 주는 임금과 고용의 결합이 $d\pi=0$이라는 곡선으로 나타난다. 즉 $d\pi=0$ 곡선상의 모든 점은 a점과 동일한 이윤을 주는 점이다.

이제 노동조합이 a 대신 b점을 택한다고 가정해보자. a와 b를 비교하면 기업의 이윤은 동일하다. 그러나 노동조합의 효용은 b가 a보다 높다. b점은 a점을 지나는 무차별곡선보다 위쪽에 위치하기 때문이다. 즉 a점보다 높은 효용

〈그림 10-4〉독점노조 선택의 효율성 개선 가능지역

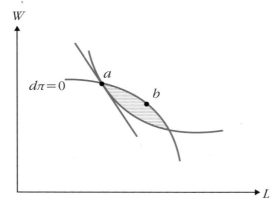

수준을 나타내기 때문이다. 노동조합의 효용이 더 증대될 선택의 범위는 이 부분만이 아니다. 〈그림 10-4〉에서 두 곡선이 서로 교차해 만들어지는 빗금친 부분의 어느 점에서나 노동조합의 효용은 a점보다 높고 최소한 같다. 이는 기업의 입장에서도 마찬가지다. 빗금친 부분의 어디에서나 a점의 이윤보다 높고 최소한 같다.

독점노조의 선택은 노사 쌍방을 벗어나 시장 전체 관점에서도 비효율적이다. 독점노조의 임금은 시장임금에 비해 일반적으로 높다. 독점노조의 임금이 시장임금보다 높은 만큼 기업의 고용은 줄어든다. 〈그림 10-3〉에서 살펴보면, 시장임금이 w_e라면 독점노조의 임금 w_u는 시장임금보다 높다. 그리고 독점노조의 고용 n_u는 시장임금이 가져올 수 있는 고용 n_e보다 작다. 한마디로 독점노조의 높은 임금은 조합원들에게는 이롭지만, 일자리를 줄이므로 경제 전체에는 피해를 준다.

10.4 파업

파업은 노동조합과 그 조합원들이 노무 제공을 거부하는 행위이다. 파업은 단체교섭이 결렬될 경우 발생할 수 있다. 파업에 관한 사실관계를 살펴보면, 노조의 임금 요구가 강할수록 파업이 더 자주, 더 길게 일어난다. 그리고 파업의 발생 빈도는 경기 동조적이다. 즉 호경기에 더 자주 일어나고 불경기에는 덜하다. 반면 파업 기간은 호경기에는 상대적으로 짧은 반면 불경기에 파업이 일어나면 기간이 길어지는 경향이 있다. 이는 기업의 대응과 상관이 있다. 호경기에는 파업으로 인해 생산에 차질이 일어날 경우 호경기의 기회를 놓치므로 사용자가 노조의 요구를 적극적으로 수용하는 반면, 불경기에는 경기가 나빠 사용자가 노조의 요구를 들어주기 어렵기 때문으로 분석된다.

파업은 곧 일하지 않는 것이므로 생산 차질로 이어진다. 근로자와 기업이 서로 나눌 수 있는 파이는 생산을 통해 이루어지는데, 파업은 생산을 줄여 그 자체로 사회적 비효율을 낳을 뿐 아니라 노사 쌍방이 나눌 파이를 줄여 당사자에게도 손해를 끼친다. 만일 노사 당사자들이 이 같은 파업의 손실과 비용을 충분히 인지하고 있다면, 파업을 피하고 합리적으로 해결하려 할 것이다. 그런데도 불합리한 파업이 일어나는데 이 같은 현실을 '힉스의 역설[Hick Paradox]'이라고 한다.

힉스의 역설을 그림으로 살펴보자.

〈그림 10-5〉 힉스의 역설

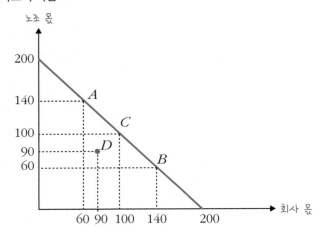

〈그림 10−5〉에서 애초 고용주와 노동조합은 200이라는 잉여를 나누고자 한다고 가정하자. 노동조합은 7 대 3으로 자기 몫을 더 가지려고 한다(A점). 고용주 또한 7 대 3으로 자기 몫을 더 가지려고 한다(B점).

서로 협상해보지만 각자의 입장이 완고해 협상은 결렬되고, 노동조합은 파업에 들어간다. 파업으로 인해 생산에 차질을 빚게 되면서 잉여가 줄어든다. 노사가 간신히 5 대 5로 나누기로 합의하고 파업을 끝냈다고 가정하자. 그동안 생산이 감소해 잉여 또한 200에서 180으로 감소했다. 그러면 노사가 최종적으로 갖는 몫은 각각 180의 절반인 90이다(D점). 노사는 각자 승리했다고 주장할 수 있다. 노조 입장에서는 회사가 당초 제시한 60보다 30만큼 더 얻었다고 주장할 수 있다. 회사는 노조가 회사 몫으로 당초 제시한 60보다 30만큼 더 지켰다고 자위할 수 있다. 그러나 만일 노사가 파업 없이 똑같은 배분율인 5 대 5로 협상을 마무리했다면, 각자의 몫은 100이었을 것이다(C점). 파업 후의 몫인 90보다 10만큼씩 더 많다. 결국 파업으로 인해 전체적으로 생산에서 손실을 보고 각자의 몫 또한 줄어드는 어리석음을 드러낸 셈이다.

비대칭정보와 정치적 파업

그런데 노동조합의 파업은 반드시 쌍방이 어리석기 때문에 일어나는 것만은 아니다. 만일 서로 나누는 잉여에 대해 노사 간 정보의 비대칭성이 있다면, 즉 고용주는 잘 아는데 근로자들은 잘 모른다면 파업은 이러한 비대칭성을 해소하는 도구가 된다. 또한 노동조합 위원장의 정치적 동기가 개입된다면 그는 의도적으로 파업을 일으킬 수 있다. 더 구체적으로 예를 들어 살펴보자.

우선 단체협상에 들어가면서, 노조는 회사의 파이가 200쯤 된다고 생각하고 근로자의 몫으로 120을 내걸었다고 가정하자. 그러나 단체협상을 진행하면서 회사가 제시하는 재무정보를 통해, 실제 나눌 수 있는 파이가 100뿐이라는 사실을 알았다고 가정하자. 나누는 잉여에 대해 노사간 정보의 비대칭성이 있었던 것이다.

협상대표인 노조위원장의 입장에서는 조합원들에게 돌아가, 실제 파이는 100뿐이니 요구인 120은 관철될 수 없고 60 정도로 낮추어야 합리적이라고 말하기 어렵다. 조합원들은, 특히 노동조합 안에서 자신과 경쟁하고 있는 반대파들은 노조위원장을 고용주에 매수된 어용이라고 공격할 가능성이 높기 때문이다. 그렇게 되면 다음번 노조위원장 선거에서 떨어질 가능성이 높다. 이 상황에서 노조위원장은 파업을 선택할 가능성이 높다. 파업은 노조위원장에게 두 가지 면에서 유리한 결과를 가져오기 때문이다. 첫째, 파업을 시작해도 회사 입장에서는 노조의 요구를 들어줄 리 없다. 그러면 시간이 지나면서 조합원들 사이에, 실제 파이가 당초 그들의 예상보다 작다는 현실인식이 퍼지기 시작한다. 그러면 노조의 요구가 낮아지기 시작한다. 즉 파업을 통해 노사 간 정보의 비대칭성이 해소되어가면서 노조의 요구가 자연스럽게 낮아진다. 한편 회사는 파업에 따르는 비용 증가와 노조 요구의 하락에 따른 비용 감소의 양 측면을 고려해 적절한 수준에서 노조와 합의하고 파업은 종료된다. 둘째, 노조위원장은 파업을 선택해서 조합원들로부터 회사의 어용이 아니며 그들을 위해 싸운다는 이미지를 유지할 수 있다. 그래서 다음 선거에서도 유리한 위치를 차지할 수 있다.

정보의 비대칭성과 정치적 파업은 노사 간에 나누는 파이에 대해 사실관계 이해가 다름을 전제로 한 이론이다. 그러나 사실관계 이해에 큰 차이가 없어도 정치적 동기에 따라 파업은 일어날 수 있다. 예를 들어 노조 집행부가 강성 이미지를 부각해야 위원장 선거에서 유리하다고 판단하면, 회사 실정과는 맞지 않는 요구조건을 내걸고 협상하는 척하다가 결렬을 선언하고 이내 파업으로 들어가는 것이다. 회사의 형편상 당초 얻을 것은 거의 정해져 있기 때문에, 파업하더라도 추가로 조합원에게 돌아오는 몫은 거의 없다. 결과적으로 노조 집행부가 투쟁적이라는 이미지를 과시한 반면, 파업으로 인해 회사 전체적으로 손해를 볼 뿐이다.

10.5 노동조합의 경제적 효과

노동조합은 집단으로 행동하므로 근로자가 개별로 행동하는 경우에 비해 여러 방면에 영향을 미친다. 회사 차원에서는 물론 경제 전체적으로도 영향을 미친다. 경제학에서 관심을 두는 노동조합의 경제적 효과 중 가장 중요한 내용은 임금에 미치는 효과이고, 그다음으로 생산성에 미치는 효과, 이윤에 미치는 효과 등이 있다. 관련 내용을 차례로 살펴보자.

(1) 임금효과

노동조합의 임금효과란 노동조합으로 인해 임금이 얼마나 변화하는지 보는 것이다. 앞서 살펴보았듯 노동조합은 임금을 시장임금보다 높게 올리려고 한다. 또 노동조합에 가입하는 조합원 입장에서도 노조의 협상력을 바탕으로 자신의 임금이 오르기를 바란다. 따라서 노조의 임금효과를 정확하게 보려면 노동조합이 생기기 이전 임금과 노동조합이 생기고 난 이후 임금을 비교해야 한다. 즉 노동조합으로 인한 임금이득은 다음과 같다.

$$(식\ 10\text{-}2) \quad 임금이득 = \frac{노조결성\ 이후\ 임금 - 노조결성\ 이전임금}{노조결성\ 이전임금}$$

그러나 현실적으로 노조결성 이전 임금과 이후 임금을 비교할 수 있는 데이터는 많지 않다. 따라서 대부분 다른 조건은 같되 노조가 조직되어 있는 여부만 다른 직장을 골라, 그 둘 사이의 격차를 추정하는 방법을 쓴다. 식으로 표현하면 다음과 같다.

$$(식\ 10\text{-}3) \quad 노조임금효과 = \frac{노조기업임금 - 비노조기업임금}{비노조기업임금}$$

이렇게 추정된 임금 효과는 대략 15% 내외로 추정된다. 그러나 몇 가지 추가적 효과로 인해 임금효과는 과대추정 또는 과소추정의 가능성을 내포한다.

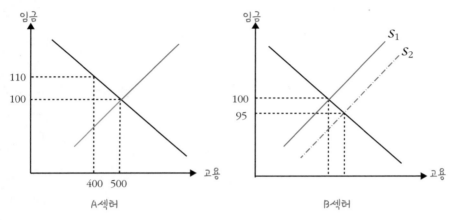

〈그림 10-6〉 엎지름 효과

우선 엎지름효과^{spill over effect}가 있을 수 있다. 간단히 설명하면 노조가 설립되어서 일자리를 잃은 근로자들이 노조가 없는 곳으로 이동해, 임금이 낮아져 격차가 더 확대되는 효과이다. 그림의 예를 들어 생각해보자.

우선 초기에는 어디에도 노동조합이 없다고 가정한다. 그리고 근로자의 임금은 어디서나 100이라 가정한다. 이제 어떤 분야에서 노동조합이 생겼다(A섹터). 그리고 노동조합이 생긴 뒤 임금이 110으로 상승했다. 그러면 〈그림 10-6〉에서처럼 임금상승에 따라 기업은 노동수요를 500에서 400으로, 100만큼 줄일 것이다. 이제 일자리를 잃은 100만큼의 근로자는 계속 실업 상태일 수도 있지만, 다른 곳으로 일자리를 찾아갈 가능성이 높다. 그러면 노동조합이 조직되어 있지 않은 B섹터의 노동공급이 S_1에서 S_2로 100만큼 늘어난다. 노동공급이 늘어났기 때문에 B섹터의 임금은 이전보다 하락한다. 그 하락폭이 5만큼이라면 B섹터의 임금은 95가 된다. 이러한 경우 노조기업과 비노조기업의 임금효과는 110－95＝15로 계산된다. 그러나 이는 노동조합의 임금 이득을 과대계산한 것이다. 임금이득은 100에서 110으로 10만큼 올랐기 때문이다. 원래는 10만큼의 격차인데, 노조가 조직된 부문에서 비조직된 부문으로 인력이 엎질러지는 바람에, 그 부문에서 5만큼 임금 하락이 발생한 것이다. 따라서 엎지름 효과가 있다면 노조의 임금효과는 과대 계산될 수 있다.

다음으로 위협효과threat effect가 있다. 다시 예를 들어 설명해보자. 특정 기업 또는 섹터에서 노동조합이 조직된 뒤 임금이 100에서 110으로 상승했다고 가정하자. 그러면 다른 기업 또는 섹터에서도 임금상승 압력이 발생한다. 다른 조건이 같다면 근로자들은 같은 수준의 임금을 원하며, 만일 회사가 비슷한 수준을 맞춰주지 못한다면 여기에서도 노동조합이 조직될 가능성이 있기 때문이다.

이 같은 위협을 느끼면 비노조기업들도 노조기업의 임금상승에 어느 정도 보조를 맞출 수 있다. 예를 들어 비노조기업의 임금도 이제 100에서 105로 상승했다 하자. 그러면 노조의 임금효과는 110-105=5로 계산된다. 그러나 이는 노동조합으로 인한 진정한 임금이득 10을 과소계산한 것이다.

마지막으로 근로자 엄선효과가 있다. 예를 들어, 어느 기업(섹터)에서 노동조합이 조직되어 전술한 바와 같이 임금이 100에서 110으로 상승했다고 가정하자. 그러면 이 기업(섹터)의 상대적으로 높은 임금은 근로자에게 매력적인 조건으로 작용하고, 보다 많은 근로자들이 이 기업(섹터)으로 몰려들 것이다. 그러면 보다 많은 근로자 가운데 선별해 채용할 수 있고, 따라서 생산성 높은 사람들이 채용될 것이다. 그래서 전체적으로 노조기업 근로자의 생산성이 105로 올라갔다고 가정하자. 그러면 표면적인 임금효과는 110-100=10으로 나타나지만, 이중 5만큼은 생산성 상승에 따라 상쇄되므로 실질적인 임금이득은 5이다. 즉 근로자 엄선효과가 있다면 노조의 임금이득은 과대계산될 수 있다.

(2) 생산성 효과

노동조합의 생산성 효과란 노동조합으로 인해 생산성이 달라지는 효과를 뜻한다. 노동조합의 생산성 효과에 대해서는 이론적으로 상반된 가설이 존재한다. 즉 독점노조 가설에 따르면 노동조합은 생산성에 부정적인 영향을 미친다. 작업 규칙을 경직적으로 만들고 인사제도를 운영할 때도 노조의 동의를 얻도록 함으로써 유연성을 떨어뜨리며, 앞에서 언급한 feather bedding처럼 과잉

고용을 하도록 한다는 것이다. 따라서 노조가 없을 경우에 비해 노조가 생기면 생산성이 떨어진다고 본다.

이에 반해 집단청원자 가설에 따르면 노동조합은 생산성을 올리는 효과를 낳는다. 노동조합으로 인해 근로자의 불편 불만 사항이 효과적으로 전달되고 처리될 수 있다. 따라서 조직원의 직무 만족도가 제고되고 회사에 대한 애사심도 높아진다. 또한 근로자의 이직이 감소해 기업특수자본이 축적되므로, 이 모두가 생산성을 높이는 데 기여한다는 것이다.

이처럼 노동조합의 생산성효과는 이론적으로는 명확하지 않아, 그 효과는 실증적으로 추정할 수밖에 없다. 그러나 실증연구 결과도 생산성에 긍정적이라는 결과와 부정적이라는 결과가 혼재한다. 우리나라에서도 긍정적인 연구 결과와 부정적인 연구 결과가 혼재되어 있다. 다만 외국의 경우 생산성에 부정적이라는 연구 결과가 조금 더 많다.

(3) 이윤 효과

노동조합은 기업의 이윤에 어떤 영향을 미칠까? 이론적으로는 노동조합의 임금 효과는 이윤에 음의 영향을 미친다. 그러나 만일 노동조합의 생산성 효과가 양이라면, 이윤에 양의 영향을 미친다. 따라서 사전적으로는 명확히 알 수 없고 실증적으로 살펴보는 수밖에 없다. 노동조합의 이윤 효과에 관한 실증연구들은 거의 다 이윤효과가 음이라고 드러낸다. 즉 노동조합은 일반적으로 기업의 이윤을 낮춘다. 특히 자본 또는 매출액에 대비한 이윤의 비중인 이윤율은 예외없이 낮아진다. 이윤율이 낮아진다는 것은 설사 생산성 효과가 긍정적이라 하더라도 음의 임금효과가 그보다 더 크다는 의미이다. 즉 이윤이 생산성에서 비용을 제외한 나머지라 할 때, 노조로 인한 생산성 효과보다 임금비용 효과가 압도한다는 의미이다.

이윤효과가 음이라는 결론은 공통이지만 그에 대한 해석은 다르다. 노동조합의 역할을 긍정적으로 보는 입장에서는 이윤율 하락이 그만큼 노사간 잉여의

배분 면에서 더 평등해진다는 의미라고 해석한다. 다시 말해 노동조합의 순기
능으로 봐야 한다는 해석이다. 반면 부정적으로 보는 입장에서는 이윤을 분배
대상이라기보다는 기업의 미래를 위한 투자재원으로 본다. 따라서 이윤율이 감
소하면 기업의 성장잠재력을 약화하는 것이며, 결국 미래에 노사가 나눌 파이
의 증대를 제약한다고 본다. 실제로 이윤율이 저하되면 미래의 투자를 깎아먹
는 결과로 이어졌다는 실증연구들이 있다.

11

실업의 이해

11

실업의 이해

　　노동시장을 공부할 때 가장 불편한 부분은, 우리 중 누군가는 일자리를 찾고 있는데 일자리가 없다는 사실이다. 이러한 상태를 일자리를 잃었다는 의미에서 실업失業이라고 한다. 그런데 일자리가 없는 까닭은 기존 일자리를 잃어서일 수도 있지만, 다른 이유일 수도 있다. 즉 스스로 새 일자리를 찾아서 기존 일자리를 떠났거나, 그동안 일자리를 찾지 않았는데 지금부터 일자리를 찾아서일 수도 있다.

　　따라서 일자리를 잃었다는 의미인 '실업失業'이라는 우리말 용어는 사실을 약간 왜곡하는 면이 있다. 영어로는 'unemployment'이므로 일자리가 없는 상태를 의미한다. 즉 비자발적 실직이든 자발적 이직이든 따지지 않고 일자리가 없다는 사실을 의미하므로, 우리의 '실업' 용어보다는 사실에 더 가깝고 덜 부정적이다. 제2장에서 살펴본 실업자의 정의에 따르면 '일자리를 찾고 있어야' 실업자로 간주되므로, '실업'이라는 용어보다는 '구업求業'이라는 용어가 더 적절할지도 모른다. 또 일자리를 찾고 있다는 점에서 현상을 보다 긍정적으로 보게 한다. 그러나 용어는 실제 생활에서 오랫동안 사용되면서 굳어지므로 쉽게 바꾸기는 어려우니, '실업'이라는 용어에 문제점이 있다는 정도만 지적하며 넘어가기로 한다. 이번 장에서는 먼저 실업 상태의 흐름에 대해 개괄적으로 살펴보고, 실업의 유형과 원인 그리고 해결방안에 대해 알아보자.

11.1 실업의 정의와 흐름

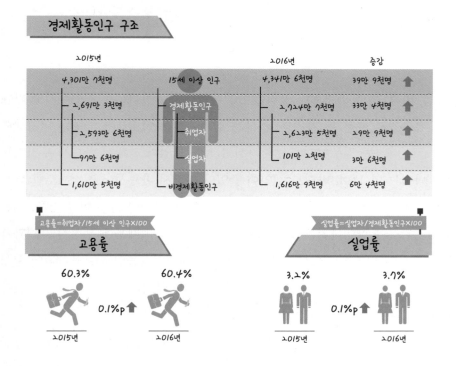

실업상태를 이해하려면, 우선 경제활동 상태별로 인구를 구분하는 방법부터 살펴볼 필요가 있다. 제2장에서 공부했듯이 15세 이상 인구를 취업자, 실업자 그리고 비경제활동인구 이렇게 셋으로 구분한다. 이 셋 사이는 항상 쌍방향의 흐름이 존재한다. 〈그림 11－1〉은 이를 나타내는데, 예를 들어 취업자에서 실업자로 또 비경제활동인구로 갈 수도 있으며, 비경제활동인구에서 실업자로 또 취업자로 갈 수도 있다. 실업자만 떼어놓고 보면 실업으로 유입되는 경로는 두 가지이다. 즉 취업자였다가 자의 또는 타의로 실업으로 유입되기도 하

〈그림 11-1〉 경제활동상태 간의 흐름

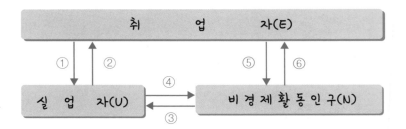

고(①), 비경제활동인구였다가 실업으로 유입되기도 한다(③). 실업에서 빠져나
가는 유출경로 또한 두 가지로, 하나는 실업에서 취업으로(②), 또는 비경제활
동인구로 나가는 경우이다(④). 따라서 실업이 늘었다고 해서 반드시 부정적으
로만 봐서는 안 되며, 반대로 실업이 줄었다고 해서 반드시 긍정적으로만 봐서
도 안 된다. 비경제활동인구에서 실업으로 유입되어 실업이 늘어난 경우, 그만
큼 경제활동에 참여하려는 인구가 늘었다는 의미이기 때문에 부정적인 결과가
아니다. 또 실업이 줄었다 하더라도 실업에서 비경제활동인구로 유출되어 실업
이 줄었다면, 일자리를 구해서 실업이 줄어든 게 아니라 경제활동을 포기했다
는 의미이다. 따라서 긍정적이라고 볼 수 없다.

　이제 정상상태에서 실업은 어떤 요인들에 영향을 받는지 알아보자. 정상상
태stationary state란 실업으로 유입되는 숫자와 실업으로부터 유출되는 숫자가 같
은 경우이다. 유입되는 숫자와 유출되는 숫자가 같다면 실업의 크기는 일정하
다. 유입은 〈그림 11－1〉에서 ①과 ③을 합한 값이며 유출은 ②와 ④를 합한
값이다. 우선 매달 취업자(E) 중에서 d의 비율만큼씩 실업으로 유입된다고 가
정하자. 그러면 ①의 크기는 dE가 된다. 그리고 비경제활동인구(N) 중에서 e의
비율만큼씩 실업으로 유입된다고 가정하자. 그러면 ③의 크기는 eN이 된다. 따
라서 유입의 총크기는 ①과 ③을 합한 $dE+eN$이 된다. 한편 매달 실업자(U) 중
에서 b의 비율만큼씩 취업자로 유출된다고 가정하자. 그러면 ②의 크기는 bU

가 된다. 그리고 실업자 중에서 x의 비율만큼씩 비경제활동인구로 빠져나간다고 가정하면, ④의 크기는 xU가 된다. 따라서 유출의 총 크기는 ②와 ④를 합한 $bU+xU=(b+x)U$가 된다. 정상상태에서는 유출과 유입의 크기가 같으므로 다음의 식이 성립한다.

$$(\text{식 11-1}) \quad dE + eN = (b+x)U$$

이제 양변을 $E+U$로 나누면 아래의 식을 얻는다.

$$(\text{식 11-2}) \quad \frac{dE}{E+U} + \frac{eN}{E+U} = (h+x)\frac{U}{E+U}$$

경제활동인구의 정의에서 우리는 인구(P)가 취업자(E)와 실업자(U)와 비경제활동인구의 합(N)이라는 사실을 안다. 즉 $P=E+U+M$이다. 이를 활용하면 위 식은 다음과 같이 쓸 수 있다.

$$(\text{식 11-3}) \quad d\left(1-\frac{U}{E+U}\right) + e\left(\frac{1}{\frac{E+U}{P}} - 1\right) = (h+x)\frac{U}{E+U}$$

여기에서 실업률과 경제활동참가율은 각각 다음과 같이 정의된다.

$$\text{실업률} = \frac{U}{E+U} \quad \text{경제활동참가율} = \frac{E+U}{P}$$

이들 정의를 위 식에 넣으면,

$$(\text{식 11-4}) \quad d(1-\text{실업률}) + e\left(\frac{1}{\text{경제활동참가율}} - 1\right) = (h+x)\text{실업률}$$

따라서 정리하면 실업률에 관해 다음과 같은 식을 얻는다.

$$(\text{식 11-5}) \quad \text{실업률} = \frac{e\left(\frac{1}{\text{경제활동참가율}} - 1\right) + d}{h+x+d}$$

(식 11−5)에 숫자를 대입하면 정상상태의 실업률을 구할 수 있다. 예를 들어 취업으로 나가는 유출률(b)과 비경제활동으로 빠져나가는 유출률(x)이 각각 0.1이라 하자. 그리고 취업상태에서 실업으로 유입되는 비율(d)과 비경제활동 인구에서 실업으로 유입되는 비율(e)이 각각 0.01, 경제활동참가율은 0.66이라 가정하자. 그러면 실업률은 (0.015/0.21)로, 약 7%가 된다.

(식 11−5)에서 우리는 정상상태의 실업률이 다음 요인들에 의해 커지거나 작아질 수 있음을 알았다. 첫째로 b나 x가 낮을수록 실업률은 올라간다. b나 x가 낮아지면 실업을 벗어나는 유출률이 낮아지고 따라서 실업 기간이 장기화한다는 의미이다. 둘째로 e가 높을수록, 즉 비경제활동에서 일자리를 찾아 나오는 비율이 높아질수록 실업률은 올라간다. 셋째로 d가 높을수록, 즉 취업 상태에서 일자리를 잃거나 떠나는 비율이 높을수록 실업률은 올라간다. 일반적으로 실업률이 올라간다면 취업상태에서 일자리를 잃기 때문으로 생각하는 경향이 있다. 이는 d가 높아지는 경우인데, 방금 살펴보았듯이 d 외에도 여러 요인으로 인해 실업률은 높아질 수 있음을 알 수 있다.

11.2 마찰적 실업

이제 실업이 발생하는 원인에 따라 크게 세 가지 유형으로 나누어 살펴보기로 한다. 첫 번째는 '마찰적 실업frictional unemployment'이다. 마찰적 실업이란 구인자와 구직자가 서로에게 맞는 결합을 이루기까지 시간이 걸리므로, 그 과정에서 발생하는 실업을 뜻한다. 지금 여기에 100개의 일자리가 있다고 가정하자. 그리고 구직자가 100명 있다고 가정하자. 숫자상으로는 노동 수요와 노동 공급이 일치한다. 그러나 구직자 100명이 100개의 일자리 중 각자 자신에게 맞는 일자리를 찾아 들어가려면 일정 시간이 필요하다. 일단 근로자의 입장에서 일자리 100개의 각종 근로조건에 대해 알아보는 데 시간이 걸리기 때문이다. 즉 정보가 처음부터 완벽하지 않아서이다. 근로자를 구하는 구인자 입장에서도

100명의 근로자가 똑같지 않기 때문에, 가장 적합한 근로자를 찾는 데 시간이 걸린다. 요약하면 노동수요와 노동공급 각각의 정보가 서로에게 불완전하기 때문에 이 불완전을 어느 정도 해소하는 데 시간이 필요하고, 그 기간 동안 근로자는 일자리가 없는데 일자리를 찾고 있으니 실업자가 되는 셈이다. 이처럼 마찰적 실업은 정보의 불완전성 때문에 발생하는 어쩔 수 없는 실업이므로 '자발적 실업'이라 하고, 일자리를 잃었거나 일자리를 찾는데도 없어서 발생하는 '비자발적 실업'과 구분된다.

　　정보의 불완전성과, 이를 해소하는 과정에서 발생하는 마찰적 실업을 더 잘 이해하기 위해 '탐색이론^{search theory}'을 알아보자. 탐색이론은 근로자가 시장에 있는 여러 근로조건 가운데 자신에게 가장 잘 맞는 조건을 탐색해 고른다는 이론이다. 일단 대표적인 근로조건인 임금을 살펴보자. 현재 노동시장에는 여러 일자리가 있는데, 어떤 일자리는 낮은 임금을 제안하고 어떤 일자리는 높은 임금을 제안한다. 따라서 시장에 나와 있는 일자리의 임금은 고정되지 않고 일정한 임금제안 분포^{wage offer distribution}를 보인다. 근로자는 대략의 임금제안 분포의 모습을 안다고 가정하고, 그 형태는 〈그림 11 - 2〉와 같다고 하자.

　　즉 현재 나와 있는 일자리 중 가장 높은 임금은 W_u이고 가장 낮은 임금은

〈그림 11-2〉 **임금제안 분포**

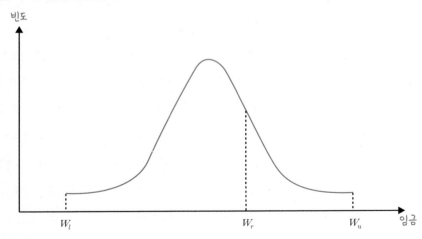

W_i이다. 예를 들어 W_u는 5,000일 수 있고 W_l은 1500일 수 있다. 물론 가장 높은 임금을 주거나 가장 낮은 임금을 주는 곳은 상대적으로 숫자가 작고 그 사이에 해당하는 임금을 주는 곳들은 많을 것이다. 따라서 〈그림 11-2〉의 세로축은 이 같은 임금의 빈도를 나타낸다. 근로자는 이 같은 분포를 알고서 직장을 탐색한다. 탐색할 때 각자 마음 속으로 산정한 액수 이상에 해당하는 임금 제안을 만나면, 탐색을 멈추고 그 직장을 선택하려 할 것이다. 이 수준의 임금을 유보임금reservation wage 또는 희망임금asking wage이라고 한다. 즉 유보임금 또는 희망임금은 그 수준을 기준으로 탐색을 그만둘지 계속할지 결정하는 임계치임금threshold wage을 뜻한다. 그림에서 유보임금은 W_r로 표시되어 있다.

유보임금 W_r이 어떻게 결정될까? 유보임금은 물론, 근로자가 스스로 생각하는 생산성과 여가 가치와 관련 있다. 자신이 남보다 생산성 높다고 생각할수록 유보임금은 높아진다. 또 자신의 시간을 더 가치 있게 생각할수록 유보임금은 높아진다. 유보임금은 기본적으로 이 같은 근로자의 생산성과 시간선호도에 따라 결정되지만, 또한 탐색기간이나 횟수에 따라 결정되기도 한다. 예를 들어 보자. 임금 하한선이 1,500이고 상한선이 5,000인 임금제안분포를 놓고, 한 근로자가 일자리 탐색을 시작했는데 임금이 2,000인 일자리 제안이 들어왔다고 가정하자. 근로자는 이 제안을 받을지 말지 결정해야 한다. 그 결정은 제안을 기각하고 추가 탐색하는 데 드는 한계수입과 한계비용에 따라 결정된다. 즉 추가탐색을 해서 더 높은 임금제안을 받을 가능성에 따라 만들어지는 기대임금이 곧 한계수입이다. 반면 현재의 제안을 기각해서 포기해야 하는 소득 감소가 한계비용이다. 탐색을 시작한 초기에는 제안임금이 낮다면 추가 탐색의 한계수입이 한계비용을 초과할 가능성이 높다. 그래서 근로자는 탐색을 계속할 것이다. 그러나 새로운 제안이 나오고 이전 제안보다 금액이 높아지면서 한계비용은 점차 증가한다. 반면 이 제안을 기각하고 보다 높은 임금을 찾아 탐색하는 한계수입은 점차 감소한다. 결국 어떤 수준의 임금 제안이 오면 더 탐색하는 데 따르는 한계수입이 현재의 임금 제안을 물리치는 한계비용보다 작아지고 근로자는 탐색을 멈춘다. 따라서 최적의 유보임금은 그 수준에서 결정된다.

유보임금은 개인적 요인에 따라 결정되지만 제도에도 영향을 받는다. 어떤 법 제도가 개인의 직장 탐색에 대한 한계수입이나 한계비용에 영향을 미치면, 유보임금이 달라진다. 이에 따라 마찰적 실업의 크기도 달라질 것이다. 유보임금에 영향을 주는 법 제도의 대표적인 예로 실업보험제도가 있다. 예를 들어 실업보험제도의 실업급여 지급기간이 확대되었다고 가정하자. 실업급여 지급기간이 확대되면 이제 실업자의 소득감소에 따르는 부담이 줄어든다. 탐색을 계속하는 데 따르는 한계비용이 감소한다는 의미이다. 따라서 다른 조건이 동일하다면 실업자의 유보임금이 상승하고 실업자의 일자리 탐색기간은 더 길어질 것이다. 일자리 탐색기간이 길어지면 앞서 살펴보았듯 실업에서 탈출하는 비율이 줄어들고 결국 실업률이 올라가는 결과로 이어진다. 실제로 실업급여 기간에 따른 실업 탈출률을 살펴보면, 실업급여 초기에 탈출하는 비율이 높았다가 현저히 떨어진 뒤 실업급여가 끝날 때쯤 다시 탈출률이 급하게 상승하는 쌍봉double peak 형태이다. 실업급여와 관계없이 어떤 근로자들은 빨리 일자리를 찾아 실업 상태에서 탈출하는 데 반해, 어떤 근로자들은 실업급여가 나오는 동안은 탐색을 지속하다가 실업급여가 종료될 쯤 탈출한다는 함의이다.

실업보험제도뿐 아니라 저소득층 소득보전제도 등 대부분의 사회보장제도는, 그 혜택을 받는 동안 사람들이 스스로 일자리를 찾는 노력을 저해하는 부작용이 있다. 이는 정상상태의 실업률 또는 자연실업률natural rate of unemployment이 상승하는 결과로 이어진다. 따라서 지난 1990년대 이후 유럽 각국의 사회보장제도 개혁은, 이 같은 부작용을 줄이는 데 초점을 맞춘다. 예를 들어 실업급여 지급기간을 단축하거나 소득보조를 받는 저소득층에게 강력한 일자리를 알선하거나 직업훈련을 동시에 실시하는 등이다.

11.3 경기적 실업

경기적 실업^{cyclical unemployment}이란 경기변동에 따라 발생하는 실업이다. 즉 경기가 침체기에 들어서면서 생산이 감소하고 재고가 증가하면서 노동수요가 줄어든다. 반면 노동공급은 변하지 않으므로 노동이 초과 공급되고, 그만큼 실업이 발생한다. 〈그림 11-3〉으로 설명해보자.

먼저 경기가 정상일 때 노동시장의 수요는 D_1이고 공급은 S이다. 노동수요와 노동공급은 b점에서 균형을 이루고 따라서 임금수준은 a이며 고용수준은 ab이다. 이제 경기 침체가 시작된다고 가정하자. 시장에서 물건이 팔리지 않고 재고가 쌓이면서 생산이 줄어든다. 노동수요는 생산물 수요의 파생수요이므로, 생산이 감소하면 노동수요가 줄어든다. 그래서 노동시장의 수요가 이제 D_2로 감소했다고 하자. 노동수요가 D_1에서 D_2로 감소하면서 균형은 바뀌어야 할 것이다. 일반적인 시장이라면 가격이 하락하고 거래량이 줄어든다. 그런데 노동시장에서는 임금, 특히 명목임금이 하락하기 어렵다. 이를 임금의 하방경직성^{downward stickyness}이라 표현한다. 그림에서 보면 임금수준 a가 내려가지 않는다는 뜻이다. 그렇다면 임금 조정이 어려운 대신 수량이 조정된다. 즉 고용이 ab

〈그림 11-3〉 수요 감소와 경기적 실업

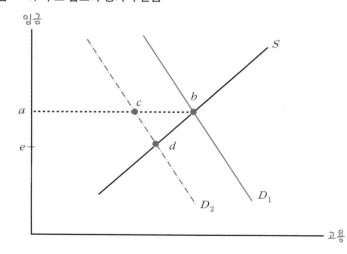

로부터 ac로 줄어든다. 이제 임금은 a인데 노동수요는 ac가 된다. 반면 a의 임금에서 노동공급은 여전히 ab이다. 따라서 bc만큼 노동공급이 초과되고 그만큼 실업이 발생한다. bc의 실업은 그 수준의 임금에서 일하고자 하는 사람들이 일을 하지 못해 발생하는, '비자발적 실업'이다.

경기적 실업은 노동수요가 감소하면서 임금이 조정되지 않고 하방경직적임으로 인해, 임금조정 대신 고용조정이 일어나는 데 따른 실업이다. 그러면 다른 시장의 가격 조정과 달리 노동시장에서 임금이 조정되지 않고 경직되는 이유는 무엇일까? 이 같은 하방경직성에 대해 케인즈는 근로계약이 여러 기간을 포함해서 임금이 고정되는 경향이 있고, 노동조합이 임금 하락에 대해 강력히 저항하기 때문이라고 했다.

임금의 하방경직성에 대한 보다 현대적인 해석은 '암묵적 계약implicit contract' 가설이다. 암묵적 계약 가설에 따르면 근로자는 일반적으로 위험회피적이다. 따라서 임금이 경기에 따라 하락하고 상승하는 변동성을 선호하지 않는다. 임금을 안정적으로 정하는 계약을 선호한다. 대신 경기변동에 따라 생산이 변동할 때 일시적으로 해고 또는 조업시간을 단축하는 방편을 암묵적으로 받아들인다. 따라서 임금은 안정되는 대신 고용이 조정되는 결과로 이어진다는 것이다.

경기적 실업은 마찰적 실업과 달리 비자발적 실업이며, 실업자에게 큰 손실과 고통을 주므로, 해결을 위해 정책적으로 노력해야 한다. 대부분의 국가에서는 경기적 실업에 당면하면 총수요를 진작해서 노동수요를 늘리는 정책을 실시한다. 예를 들어 정부 재정을 확대해 총수요를 늘리거나, 통화를 늘리는 양적 완화 정책으로 총수요를 늘리는 등이다. 이른바 케인즈의 유효수요 확대를 통한 고용회복 정책은 그러나, 재정정책의 경우 민간수요를 억누르는 구축효과crowding out effect가 있고 금융정책의 경우 이자율이 비탄력적으로 움직이는 경직성 등으로 인해 효과가 줄어들거나 더디게 발생하기도 한다. 그래서 일부의 경제학자들은, 시간이 지나면 노동계약의 갱신 등으로 임금의 하방경직성이 완화하고 자연스럽게 노동수요가 늘어나므로 정부가 적극 개입하지 않는 편이 더 낮다고 주장하기도 한다. 감기에 걸렸을 때 적극적으로 약을 쓰지 않더라도, 시간이 지나면 몸 자체가 지닌 저항력으로 감기를 이겨낸다는 주장과 유사하다. 그러나 그렇게 경제의 자생력을 믿고 기다리기에는 실업의 고통이 너무 클 수도 있고 소극적 대응이라는 비판에 따른 정치적 위험도 있어서, 대부분의 정부는 적극적 정책을 선호한다.

11.4 구조적 실업

구조적 실업structural unemployment이란 경제 구조가 변화하면서 발생하는 실업이다. 구조적 실업을 구조가 바뀌는 원인에 따라 여러 가설로 설명하는데, 부문 간 이동sectoral shift 가설이 가장 대표적이다. 산업구조는 기술 발전, 노동 공급의 포화도 등에 따라 지속적으로 바뀐다. 예를 들어 상대적으로 노동력이 풍부하고 기술이 단순한 시절에는 인력집약적인 경공업이 주요 산업이다. 점차 노동력이 귀해지고 기술이 발전하면서 인력집약적인 경공업으로부터 기술집약적인 산업으로 주력 산업이 바뀐다. 그런데 근로자가 지닌 기능이나 숙련의 종류가 산업 간에 일치하지 않을 뿐 아니라, 새로운 기능이나 숙련을 형성하는 데 시간이 걸린다. 이에 따라 사양산업에 종사하는 근로자의 일자리는 사라지고 신산업의 일자리가 발생하는데 근로자의 부문간 이동이 이루어지지 못하면, 실업이 발생한다.

부문간 이동 가설에 따르면, 쇠퇴하는 산업에서 일하는 근로자의 기능은 신산업에서는 필요하지 않다. 예를 들어 석탄산업에서 일하던 근로자의 기능은 컴퓨터를 사용하는 제조업에서 필요하지 않다. 따라서 근로자 재교육 등을 통해 새로운 산업에 필요한 기술을 익히도록 해야 하는데, 근로자에 따라 나이가 많아 아예 불가능하기도 하고, 가능하다 해도 몇 년간 시간이 더 필요할 수도 있다. 이런 경우 불가피하게 실업이 발생한다.

부문간 이동 가설에 의한 구조적 실업은 '4차 산업혁명'이라는 디지털 경제로의 이전에 중요한 시사점을 준다. 즉 디지털 테크놀로지가 활용되면서 기존 일자리의 기능 중 상당 부분이 필요 없어지면 일자리가 줄어든다. 반면 새로 필요한 디지털 기술에 대해 기존 근로자들이 배울 수 없다면 '4차 산업혁명'에서 기대하는 풍요는 대량실업에 따라 상쇄될 가능성이 높다. 그러나 '4차 산업혁명'에 따른 구조 전환이 대량실업을 일으키지 않으리라는 주장도 팽팽하다. 이에 대해서는 제13장에서 좀 더 살펴본다.

　　구조적 실업을 낳을 수 있는 또 다른 원인은 법 제도의 경직성이다. 산업관련 법 또는 노동관련 법 제도가 기존 산업이나 기득권 근로자에게 유리한 반면 새로운 산업의 성장이나 새로운 일자리를 규제하고 있다면, 또한 이처럼 경직적인 법 제도가 유연하게 달라지지 않는다면, 새로운 일자리를 창출하지 못해 실업으로 이어질 수 있다. 예를 들면 전통 제조업에 대해서는 각종 보호를 하는 반면, 교육이나 의료 등 고부가가치 서비스업에 대해서는 민간기업의 투자를 제한하는 각종 규제를 세워둔 경우이다. 전통 제조업이 사양길로 접어들면서 해당 분야의 고용은 줄어들고 고부가가치 서비스업 부문에서 고용이 늘어야 하는데, 각종 진입규제를 만들어 놓아 교육이나 의료 분야에서 혁신적인 투자가 이루어지지 않으면 고용도 늘지 않는다. 전통산업의 고용은 위축되는데 신산업의 고용이 활발하지 않으면 결국 실업만 늘어간다.

　　또 다른 예는 이미 노동수요에서 살펴보았듯 최저임금제도가 만들어내는 구조적 실업이다. 최저임금은 임금의 하한을 정해 근로자의 최저생계를 보장한다는 시혜적인 취지에서 만들었으나, 시장의 균형을 넘어서 임금이 인상될수록 노동수요를 줄이는 효과를 낳는다. 앞서 확인했듯이, 최저임금 이하로 임금이 낮아질 수 없는 임금의 하방경직성을 법으로 만드는 것이다. 최저임금이 상승하면 노동수요는 줄어드는 반면 노동공급은 늘어나 노동의 초과공급이 발생한다. 노동의 초과공급이 바로 실업이다.

　　최저임금으로 인한 구조적 실업효과가 어느 정도인지 대해 일부에서는, 최저임금 상승에 따른 노동수요 감소가 미미하므로 실업효과가 작다고 주장한다. 반면 최저임금 상승은 최저임금을 적용받는 어리고 미숙련인 근로자의 고용을 줄일 뿐 아니라, 최저임금과 직접 관련 없는 상위계층 근로자의 고용도 줄인다는 연구 결과도 많다. 그 경로는 다음과 같다. 최저임금이 상승하면 바로 위의 임금과 격차가 줄어든다. 제8장에서 이미 살펴보았듯이, 근로의 기능 정도 또는 숙련 정도에 따라 일정한 임금격차는 반드시 필요하다. 따라서 최저임금이 상승하면 그 적용계층뿐 아니라 상위 계층의 임금도 줄줄이 상승한다. 그러면 올라간 임금에 따라 생산성도 조정되어야 하므로, 고용은 줄어들 수밖에 없다. 결국 최저임금 상승은 고용 전반에 걸친 임금상승과 그에 따른 고용 감소와 실업 증가로 이어진다.

　구조적 실업을 부르는 또 다른 원인은 노동조합 같은 기득권 근로자 집단의 집단이기주의다. 내부자 외부자 가설insider outsider hypothesis을 통해 알아보자. 논의를 단순하게 하기 위해 예를 들어 어떤 기업을 가정하자. 내부자insider란 이 기업에 현재 고용된 근로자집단이다. 외부자outsider란 이 기업에 취직하고 싶어 하는 청년 구직자들이다. 현재 내부자의 임금은 1인당 6천이라 하자. 그러나 외부자는 4천이면 일할 용의가 있다. 내부자의 현 임금과 외부자의 임금 차이는 2천이다. 생산성의 차이는 없다. 이 경우 합리적인 경영자라면, 내부자 중 일에 태만한 자들을 일부 내보내고 외부자로 교체하면 노동비용도 절약되고 젊고 의욕적인 청년들을 쓰므로 득이 된다고 판단할 것이다. 따라서 교체하려 할 것이다. 그러나 내부자 집단은 바보가 아니다. 4천이면 입사해서 일할 용의가 있는 젊은 일꾼들이 밖에서 자리를 노리고 있다는 사실을 안다. 따라서 그들은 자신들의 일자리를 보호하기 위해, 교체를 방해하는 각종 보호장치를 만든다. 근로자를 내보낼 때 반드시 노동조합의 동의를 얻도록 단체협약에 넣는 고용보호 조항이 대표적인 예이다. 또는 엄청난 액수의 희망퇴직금을 받도록 할 수도 있다. 회사에서 근무태만 근로자를 해고했을 때 부당해고로 제소해, 회사가 막대한 시간적 금전적 비용을 지출하도록 할 수도 있다. 이러한 여러 비용을 교체비용이라 한다. 이 교체비용이 1인당 3천 정도 들어가도록 만들었다고 가정하자.

〈그림 11-4〉 내부자와 외부자의 비용 비교

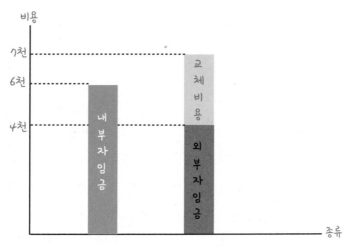

그러면 〈그림 11 – 4〉와 같은 비용구조를 보인다.

　　임금만 단순 비교하면 내부자임금에 비해 외부자임금이 2천이나 저렴하다. 그러나 이제 비싼 내부자를 저렴한 외부자로 교체하는 비용이 3천이나 들어, 총 비용은 7천이 된다. 이렇게 되면, 비록 4천이면 고용할 수 있는 외부자가 있어도 교체비용이 높아서 교체할 수 없다. 따라서 내보내지 않는 대신 신규 채용도 하지 않는다. 내부자 입장에서는 고용이 안정되지만, 외부자 입장에서는 일자리가 없고 사회 전체적으로는 실업자가 늘어난다. 특히 노동시장에 갓 진입하는 청년실업이 늘어난다. 결국 노동조합 등에 의해 기득권 근로자의 이익은 유지되는 대신, 청년 일자리는 희생되는 것이다.

　　구조적 실업은 비자발적 실업일 뿐 아니라 경제 전체에 비효율성을 낳는다. 따라서 경기적 실업보다도 더 적극적으로 해결 방안을 찾아야 한다. 산업 구조 변화에 따른 부문 간 이동을 원활하게 하려면, 수요가 있는 분야에 대한 직업 훈련을 적시에 시행하는 것이 중요하다. 그리고 법 제도의 경직성을 완화하려면 산업의 변화에 맞추어 법 제도의 규제를 혁파해야 한다. 노동조합 등 기득권 집단의 독점적 위치를 풀어서, 인력 순환이 원활하도록 하는 것 또한 중요하다.

11.5 현실응용: 한국의 청년실업

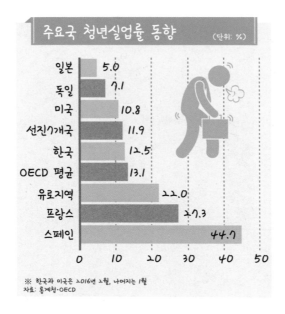

주요국 청년실업률 동향 (단위: %)

국가	실업률
일본	5.0
독일	7.1
미국	10.8
선진7개국	11.9
한국	12.5
OECD 평균	13.1
유로지역	22.0
프랑스	27.3
스페인	44.7

※ 한국과 미국은 2016년 2월, 나머지는 1월
자료: 통계청·OECD

우리나라의 실업에는 어떤 특성이 있을까? 마찰적 실업일까, 경기적 실업일까 또는 구조적 실업일까? 물론 세 가지 특성이 섞여 있지만, 우리나라의 실업에서 청년실업의 경우 마찰적 실업과 함께 구조적 실업의 특성이 강하다.

우선 한국 청년실업에서 마찰적 실업에 해당하는 특성부터 살펴보자. 마찰적 실업은 일자리를 탐색할 때 시간이 걸려서 발생한다. 탐색 기간은 탐색의 한계수입과 한계비용에 따라 결정된다. 탐색의 한계비용이 작을수록 탐색기간은 길어지고 마찰적 실업은 늘어난다. 한국의 청년 구직자는 취업 경력이 없으면 고용보험의 혜택도 없으므로 실업급여로 인한 한계비용 감소는 없다. 그러나 한국의 청년 구직자는 대부분 가족에 의존해 생활하므로, 본인이 독립적으로 생활비를 벌어야 할 압박이 작다. 그런 면에서 한국 청년들의 직장 탐색에 따른 한계비용은 매우 작다. 반면 이웃 일본의 경우, 청년들이 대학을 졸업하면 바로 가정에서 독립하므로 스스로 벌어야 해서 직장 탐색에 따른 한계비용이 우리나라보다 훨씬 높다.

한편 우리나라 청년의 직장탐색에 따른 한계수입은 다른 나라 청년에 비해 높은 편이다. 나중에 살펴보겠지만, 우리나라의 대기업과 중소기업 간 임금격차 때문이다. 대기업과 중소기업 간 임금격차가 크기 때문에, 또 일단 입사하면 고용이 훨씬 안정적이므로 대기업 취직에 따른 편익이 크다. 종합하면 가족에 의존하는 생활양식과 높은 기업 규모 간 임금격차가 결합해, 한국청년의 유보임금은 매우 높은 경향을 보인다. 따라서 취업재수니 취업삼수라는 말이 나올만큼 탐색기간이 길어진다. 자연히 마찰적 실업이 커질 수밖에 없다.

한국의 청년실업 원인 가운데 구조적 실업이 보다 중요한 문제이다. 구조적 실업은 한마디로 수요와 공급의 불일치에서 발생한다. 즉 한국 청년의 노동공급은 대졸이 주류이면서 희망 분야가 대기업, 공공부문 등에 맞춰진 반면, 노동수요는 전문기능직이 주류이면서 수요처는 중소기업, 민간 부문에 몰려 있다. 〈그림 11−5〉에서 나타내는 바와 같다.

우선 좌측 그림은 대기업, 공공, 금융 부문의 노동시장을 나타낸다. 이 부문에서는 독점노조가 막강한 교섭력을 행사한다. 따라서 임금은 시장균형 임금보다 높은 W_l에서 형성된다. 우측 그림은 중소기업, 제조업 부문의 노동시장을 나타내는데, 1인당 생산성이 낮고 노동조합의 독점력이 거의 없다. 따라서 임금은 W_s에서 형성된다. 양 부문 간에는 $W_l - W_s$만큼의 큰 임금격차가 존재한다. 만일 시장이 경쟁적 구조라면 노동이동에 따라 대기업 부문의 고용이 늘어나는 대신, 임금은 하락하고 중소기업 부문의 고용은 줄어들면서 임금이 상승해서 두 부문 간 임금격차는 축소된다. 그러나 독점노조에 의해 임금은 W_l에서

〈그림 11-5〉 한국 노동시장의 이중구조

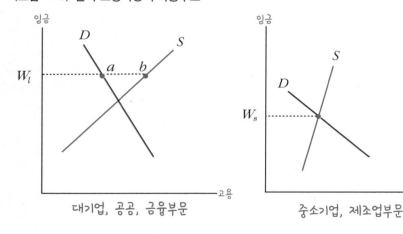

대기업, 공공, 금융부문   중소기업, 제조업부문

하방경직적이므로 하락하지 않는다. 따라서 ab만큼의 공급초과, 즉 실업이 발생한다. 이 실업은 대기업으로 취업하려는 청년들의 대기 실업이다.

한국의 노동시장 이중구조와 청년실업을 동시에 해결하려면 독점노조의 폐해를 제거해야 한다. 독점노조로 인해 상승한 임금 때문에 일자리는 줄어들고 높은 임금은 청년들의 취업재수, 취업삼수를 부추긴다. 반면 중소기업 제조업은 상대적으로 낮은 임금이라는 부정적 인식 때문에 취업기피 대상이 되고 인력부족에 시달린다. 이러한 한국의 이중구조가 얼마나 심각한지 드러내는 한 가지 예는 한국과 일본의 대졸 초임 격차이다. 2016년 현재 한국 대기업의 대졸 초임 연봉은 대부분 4천만 원이 넘는다. 반면 일본 대기업의 대졸초임 연봉은 원화 기준 약 3천만 원에 불과하다. 1인당 GDP를 기준으로 본 한일간 생산성 격차는 한국이 일본의 2/3 수준인데, 대기업의 대졸 초임은 일본의 4/3 수준으로 높다. 또한 일본의 경우 중소기업의 대졸 초임은 대기업에 비해 85~90% 수준이어서 격차가 그리 크지 않다. 따라서 일본 청년들은 대기업 취직이 안 되면 중소기업으로 가는 과정을 자연스럽게 생각한다. 반면 한국 중소기업의 대졸초임은 대기업의 70% 수준에 그친다. 이 같은 임금격차 때문에 청년들은 기필코 대기업 입사에만 매달리고 있다. 한국의 문제는 중소기업의 임금이 낮아서라기보다 대기업의 임금이 턱없이 높다는 데 있다. 여기에는 독점노조의 막강한 힘이 자리잡고 있다. 이런 과도한 임금의 폐해를 해소해야 일자리가 늘어나 청년실업이 감소할 수 있고, 대기업과 중소기업 간 임금 격차도 줄어드는 이중구조 해소라는 효과도 기대할 수 있다.

12

노동시장의 차별

12

노동시장의 차별

노동시장에서 차별이란 까다로운 주제이다. 노동시장의 차별이란 근로자의 생산성 등 객관적 사실을 외면하고 차별하는 사람이 특정 근로자를 불합리하게 대우한다는 의미이다. 이 지점에서 차별하는 사람은 고용주일 수도, 동료 근로자일 수도, 고객일 수도 있다. 문제는 차별하는 사람들이, 자신들이 객관적 사실을 의도적으로 외면하는 게 아니라 특정 근로자가 다른 근로자보다 생산성이 떨어지기 때문에 대우에 차이를 둔다고 믿는 경우이다. 이때 우리는 '차별'과 '차이'를 구분해야 하는 어려운 문제에 놓인다. 일단 차별이 있을 경우 어떤 결과가 빚어지는지 각 차별의 종류에 따라 살펴본다. 또한 차별과 차이가 섞여 있을 경우 어떻게 분리해야 할지 논의해보자.

12.1 고용주의 차별

고용주의 차별이란 고용주가 특정한 근로자에 대해 편견을 가지고 임금과 기타 근로조건에 두는 차별을 의미한다. 대표적인 예가 여성에 대한 편견이다. '여성은 남성보다 생산성이 떨어진다'는 편견을 지닌 고용주는 여성 고용을 꺼

리거나, 고용을 하더라도 중요한 직무에는 배치하지 않으려 할 것이다. 외국에서는 인종차별도 또 다른 중요한 예이지만, 우리나라에서는 아직까지는 인종차별이 중요한 이슈가 아니다. 반면 연령 차별은 점차 중요한 문제가 되고 있는데, 중고령 근로자가 늘어나면서 젊은 근로자에 비해 차별받는다는 주장이 나오고 있다.

　고용주의 차별은 근로자에게도 불이익을 주지만, 차별하는 고용주에게도 이롭지 못하다. 근로자는 낮은 임금을 받거나 고용이 줄어들며, 고용주는 이익을 희생하게 된다. 근로자에 대한 고용주의 성 차별로 예를 좁혀서 생각해보자. 어떤 고용주가 여성 근로자의 생산성은 남성 근로자에 비해 일정한 크기만큼 낮다고 생각한다. 그러나 실제로 여성근로자의 생산성은 남성 근로자와 같다고 가정하자. 그렇더라도 이런 편견을 가진 고용주는 생산성에 맞추어 임금을 지급한다는 원칙에서, 다음과 같이 남성의 임금(W_m)과 여성의 임금(W_f)에 차등을 둘 것이다.

$$\text{(식 12-1)} \quad W_m = MRP$$
$$W_f = MRP - d$$

　d는 고용주의 편견에 따른 생산성 격차이다. 고용주는 이 등식에 따라 여성근로자에게 낮은 임금을 주거나, 또는 채용을 덜할 것이다. 이 내용을 그림으로 살펴보면 〈그림 12-1〉과 같다.

　우선 그림에서 여성 근로자의 생산성 가치는 MRP선으로 나타난다. 그런데 고용주가 여성근로자의 생산성이 이보다 d만큼 낮다는 편견 아래 임금을 매기면, c점에서 임금과 고용을 결정할 것이다. 즉 c점에서의 임금은 W_f가 되고 고용은 n이 된다. 이 점에서 여성 근로자는 자신의 본래 생산성보다 d만큼 작게 받고 있음을 알 수 있다. 아울러 고용은 n에 머물러, 만일 W_f의 임금에서라면 택할 수 있는 최적 고용량인 m보다 작다. 따라서 고용주의 차별로 인해 여성

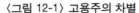
〈그림 12-1〉 고용주의 차별

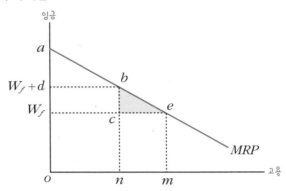

근로자는 임금을 더 작게 받거나, 또는 고용이 더 줄어든다.

그런데 이 같은 고용주의 차별은 차별하지 않는 다른 고용주에 비해 이윤을 더 축소한다. 차별하지 않는 다른 고용주라면 W_f의 임금에서 m만큼 고용할 것이다. 그리하여 그의 이익은 전체 생산($aome$)에서 근로자의 임금($omeW_f$)을 뺀 aeW_f가 될 것이다. 반면 차별하는 고용주는 고용을 n만큼 하므로, 전체 생산이 $aonb$가 되고 임금은 $oncW_f$가 되어 이익은 $abcW_f$에 그친다. 차별하지 않는 고용주의 이익과 비교하면 그림에서 삼각형 부분인 bce만큼 작다. 따라서 차별의 결과 그는 이익을 작게 낼 뿐 아니라, 이 시장이 경쟁적 시장이라면 장기적으로 경제적 이윤이 마이너스가 되어, 시장에서 살아남지 못하게 된다.

그렇다면 차별의 크기는 어떻게 결정될까? 차별의 크기 d는 다음 세 가지에 따라 결정된다. 우선 차별기업과 비차별기업의 비율이다. 둘째로 차별기업의 차별 강도이다. 마지막으로 차별받는 그룹의 노동공급 정도이다. 차별의 크기를 결정하는 요인에 대해서도 그림을 통해 살펴보면 더 편리하다. 〈그림 12-2〉를 통해 확인해보자.

우선 그림 (a)를 살펴보면 수요곡선이 수평으로 이어지다 우하향한다. 여기서 수평인 부분은 차별하지 않는 비차별기업의 노동수요 크기, m_1이다. 즉 임금을 생산성 MRP만큼 지급하는 노동수요의 크기를 나타낸다. 그 다음에는

〈그림 12-2〉 차별의 결정요인

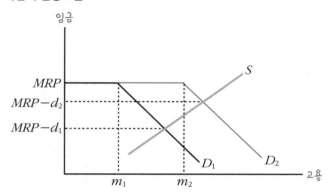

(a) 비차별기업의 비중이 작은 경우(m_1)와 큰 경우(m_2)

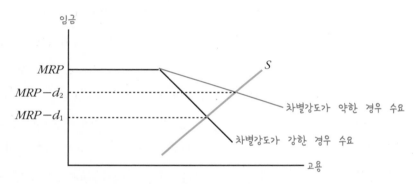

(b) 차별강도가 강한 경우와 약한 경우

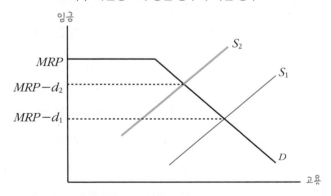

(c) 근로자의 노동공급이 큰 경우(S_1)와 작은 경우(S_2)

차별하는 기업의 노동수요가 오른쪽으로 추가되는데, 가장 적게 차별하는 수요부터 이어가면 MRP로부터 임금이 작아질수록 수요가 증가하므로 우하향하는 형태가 된다. 그러면 비차별기업의 노동수요가 m_1인 경우의 시장노동수요는 D_1이 된다. 따라서 균형은 수요곡선과 노동공급곡선이 교차하는 점에서 이루어지고, 이때 임금은 그림에서처럼 $MRP - d_1$이다. 즉 차별의 크기는 d_1으로 나타난다. 이제 이 상황에서 근로자를 차별하지 않는 비차별기업의 숫자가 늘어난다든가, 비차별기업에서의 노동수요가 늘어난다고 가정하자. 그러면 비차별기업의 노동수요는 예를 들어 m_1에서 m_2로 늘어날 것이다. 여기에 차별기업의 노동수요를 더한 시장수요는 D_2로 늘어날 것이다. 이제 D_2와 노동공급이 만나는 교차점에서 새로운 균형이 발생할 것이고 그 점에서의 균형임금은 $MRP - d_2$로 이전보다 더 높아진다. 즉 차별의 크기가 이제 d_2로 줄어드는 과정을 확인할 수 있다.

이번에는 차별 강도의 차이에 따른 임금 변화 과정을 살펴보자. 그림 (b)를 보면, 차별이 강한 경우 수요는 더 급격한 기울기로 우하향하는 현상을 확인할 수 있다. 임금이 더 많이 떨어져야 노동수요가 발생한다는 의미이다. 이때 균형임금은 $MRP - d_1$이 된다. 반면 차별 강도가 약해지면 노동수요 곡선이 더 완만한 기울기로 우하향한다. 따라서 균형임금은 $MRP - d_2$로 상승한다. 요컨대 차별이 강할 때의 임금 격차는 d_1인데, 차별 강도가 약해지면서 임금 격차도 d_2로 줄어든다.

끝으로, 노동공급의 차이 또한 임금 차별 정도에 영향을 미친다. 그림 (c)를 보면 먼저 노동공급이 S_1인 경우 수요와 공급의 교차점에서 결정되는 균형 임금은 $MRP - d_1$이 된다. 그런데 이제 노동공급이 S_2로 줄어든다 하자. 그러면 균형임금이 $MRP - d_2$로 상승한다. 요컨대 차별받는 근로자의 노동공급이 늘면 그만큼 임금 격차가 커지고, 노동공급이 줄면 임금격차도 상대적으로 줄어든다.

지금까지 확인했듯이, 차별에 따른 임금 격차는 단순히 차별 강도에만 의존하지 않는다. 우선 비차별기업의 노동수요 비중이 늘어날수록 임금 차별은 약해진다. 그리고 이 시장에서 노동공급이 작을수록 임금 차별은 약해진다. 현실 시장에서 보면 여성들이 전문직으로 가는 이유 중 하나가 이와 연관된다. 즉 전문직 시장일수록 비차별 노동수요가 많으며, 또한 전문직으로의 노동공급은 다른 직종에 비해 상대적으로 작은 편이다. 이런 요소들이 결합되어 전문직에서는 차별이 약하기 때문에, 일반 노동시장에서 성차별을 받는다고 생각하는 여성들 입장에서는 전문직을 추구할 인센티브가 있다.

12.2 근로자 간 차별

근로자 간 차별이란 특정 그룹의 근로자가 다른 그룹의 근로자를 차별하는 것을 의미한다. 예를 들어 백인 근로자들이 흑인 근로자들을 차별하거나, 정규직 근로자가 비정규직 근로자를 차별하는 등이다. 근로자 간 차별은 인종적 편견 등에서 발생할 수도 있지만, 제한된 자원(예를 들어 직원식당 등)을 다른 그룹 근로자와 함께 나누어 쓰기 싫어하는 집단이기주의에서 일어날 수도 있다.

근로자 간 차별은 그 자체로는 임금격차와 같은 격차를 만들지 않는다. 근로자 간 차별이 생산성의 격차로 이어지지는 않기 때문이다. 예를 들어 백인 근로자가 흑인 근로자와 함께 하는 근무를 기피한다고 가정하자. 백인 근로자의 회피는 자신의 생산성에 영향을 줄 수는 있을지 모르나, 흑인 근로자의 생산성에는 달리 영향을 주지 않는다. 따라서 흑인 근로자의 임금이나 고용은 영향받지 않는다. 고용주의 이윤 또한 영향받지 않을 것이다. 그러나 백인 근로자에게는 영향을 미칠 수 있다. 만일 다수의 백인 근로자가 흑인과 함께 하는 근무를 기피한다면, 그들의 고용은 줄어들 것이다. 이 같은 백인 고용의 감소가 고용주가 우려할 만큼 크다면, 고용주는 이들이 같이 섞여 일하지 않도록 근무 장소를 따로 하거나 근무시간을 따로 하는 등 조치를 취할 수도 있다. 이처럼 근무장소 또는 시간을 따로 하는 방식을 '분리segregation'라 한다.

분리는 사회통합 차원에서 바람직하지 못하다. 또한 분리가 단순히 장소와 시간에 머무르지 않고 직업과 같은 일자리 종류로 확산될 경우, 경제 전체의 비효율로 이어질 수 있다. 특정 직업이 특정 인종 또는 특정 성^性으로만 채워진다면 자원 배분을 특정하게 제한하는 것과 마찬가지이며, 이어지는 비효율은 경제 전체의 생산성을 떨어뜨릴 것이다.

12.3 고객의 차별

고객의 차별이란 고객 또는 소비자가 특정한 근로자를 차별하는 것이다. 고객의 차별은 주로 서비스 분야에서 일반적인데, 예를 들어 고객이 매장에서 흑인 영업사원을 기피하거나 미용실에서 나이가 많은 (또는 어린) 근로자의 서비스를 기피하는 것 등을 들 수 있다.

고객의 차별은 차별받는 근로자의 생산성에 부정적인 영향을 미친다. 고객이 기피하기 때문에 해당 근로자는 일을 통해 올리는 실적이 줄어든다. 이는 그 근로자의 생산성 가치가 줄어든다는 의미이다. 그림을 통해 알아보자. 〈그림 12-3〉은 특정 서비스에 대한 소비자의 수요곡선을 나타낸다.

그림에는 두 개의 수요곡선이 있다. 하나는 차별수요이고 다른 하나는 비차별 수요이다. 먼저 고객이 젊은 근로자가 종사하는 서비스에 대해 비차별적

〈그림 12-3〉 고객의 차별

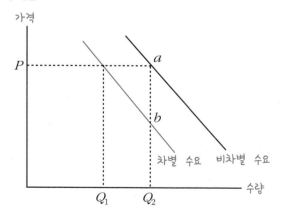

이라면, 그는 P의 가격에서 Q_2만큼 수요할 것이다. 그런데 이 고객이 나이 든 근로자를 싫어한다고 가정하자. 그러면 나이 든 근로자가 종사하는 서비스에 대해 이 고객이 지불할 의도는, 비차별적 수요에 비해 ab의 크기만큼 낮아진다. 즉 그의 지불의도는 차별수요 곡선으로 낮아지는 것이다. 고객이 P의 가격을 지불해야 한다면, 나이 든 근로자가 종사하는 서비스에 대한 고객의 수요량은 Q_1으로 줄어들 것이다. 근로자의 노동생산성의 가치는 일정한 시간 또는 기간에 그가 얼마나 많은 output을 만들어내느냐에 따라 결정된다. 나이 든 근로자가 만드는 서비스 크기는 수요에 따라 결정되므로, 수요가 작아지면 그만큼 그의 생산성 가치도 작아질 수밖에 없다. 그리고 임금은 생산성 가치와 맞아야 하므로, 나이 든 근로자의 임금은 작아질 수밖에 없다. 문제는 그의 낮은 생산성이 그가 일을 못해서가 아니라, 일부 고객이 그에 대한 편견으로 그의 서비스를 좋아하지 않는 데서 비롯된 것이다.

　고객의 차별은 차별받는 근로자의 임금을 낮출 뿐 아니라 고용에 대해서도 부정적 영향을 미칠 수 있다. 고용주의 입장에서는 이왕이면 고객의 수요가 높은 근로자를 채용하고 싶어한다. 따라서 채용할 때 고객의 수요가 높은 근로자를 우선해서 뽑다 보면, 고객이 차별하는 근로자는 자연히 뽑지 않게 된다. 여기에 더해 근로자의 임금을 개별 근로자의 생산성과 관계없이 근로자 간 동일하게 주도록 제도가 갖춰 있다면, 고용주의 입장에서는 이제 의도적으로 이런 근로자를 채용하려 하지 않을 것이다. 생산성보다 높은 임금을 지급해야 하기 때문이다.

　고객의 차별은 편견에 근거한다고 가정할 때 차별이라 할 수 있다. 그러나 고객이 편견 때문에 특정한 근로자를 기피하는 게 아니라 자신의 경험을 통해 특정 근로자의 생산성이 낮다고 판단해 기피한다면, 차별이라고 하기 어렵다. 문제는 고객의 판단이 편견 때문인지 경험적 합리성 때문인지 구별하기 어렵다는 점이다.

12.4 통계적 차별

차별을 흔히 편견에서 비롯되었다고 보지만 그렇지 않을 수도 있다. 여기 수십 년간 수없이 많은 직원을 채용하고 고용해본 노련한 고용주가 있다고 가정하자. 그는 수십 년의 경험을 통해 특정 부류의 근로자가 다른 부류에 비해 생산성이 다소 떨어진다는 사실을 몸으로 체험했다 가정하자. 이제 그 앞에 두 명의 채용 대상자가 있고 한 명을 뽑아야 한다. 그 두 사람은 다른 모든 자격 조건이 동일한데 단 하나, 고용주가 생산성에 차이가 난다고 생각하는 부류 면에서 서로 다르다고 하자. 이 고용주는 누구를 뽑을까? 당연히 경험에 비추어 생산성이 더 높다고 생각하는 부류를 뽑을 것이다. 이 같은 선택은 차별인가, 차별이 아닌가?

고용주 입장에서는 전혀 차별이 아니다. 오랜 경험에서 축적된 합리적 기준에 따라, 편견 없이 뽑았다고 생각하기 때문이다. 문제는 근로자의 입장이다. 뽑히지 못한 근로자 입장에서는 자신이 특정 부류에 속한다는 사실 때문에 배제되었다면, 납득할 수 없는 기준에 따라 떨어졌으므로 차별로 생각할 것이다. 이와 같은 차별을 통계적 차별이라 한다. 즉 통계적 차별statistical discrimination이란, 한 개인을 그가 속한 집단의 특성에 기반해 판단하여 차등적으로 대하는 방식이다. 중요한 점은 '개인'과 그가 속한 '집단'을 동일시하느냐 구분하느냐 여부이다. 통계적 차별은 '개인'을 '집단'과 동일시해서 벌어진다. 그림을 통해 알아보자. 〈그림 12-4〉는 두 집단의 생산성 차이를 분포로 나타낸다.

근로자의 생산성은 동일 집단 내에서도 서로 다르다. 따라서 특정 집단의 생산성은 하나의 값이 아니라 분포를 갖는다. 그림에서 a그룹의 생산성 분포는 왼쪽 분포로 나타나고 b그룹의 생산성 분포는 오른쪽 분포로 나타난다. 그림에서 보듯 b그룹의 생산성 평균(μ_b)은 a그룹의 생산성 평균(μ_a)보다 높다고 가정하자. 적어도 고용주 입장에서는 경험을 통해 그렇게 생각한다. 따라서 다른 조건이 동일하다면 고용주는 b그룹 근로자를 선호할 것이다. 그러나 앞서 든 예

〈그림 12-4〉 통계적 차별

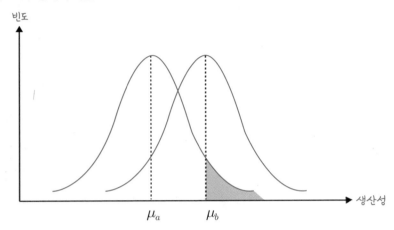

에서 *a*그룹 근로자 중 누군가는 *b*그룹의 평균보다 우수할 수 있다. 구체적으로, 그림에서 음영 처리된 부분에 속한 근로자는 *b*그룹 평균보다 우수하다. 그런데 도 자신이 속한 그룹의 평균치로 판단되어 채용되지 못하는 불이익을 당할 수 있다. 따라서 그를 이 같은 그룹 평균에 따라 판단한다면 불합리한 차별이다.

반면 고용주 입장에서 생각해보자. 일반적으로 생산성은 채용 뒤 한참 동 안 관찰하기 전까지는 정확히 보이지 않는다. 그런데 채용은 먼저 해야 한다. 고용주는 그동안 수많은 고용 과정을 겪으며 입수한 집단 간 분포의 차이만 안 다. 다른 정보가 없는 상태에서 그는 이 집단적 특성에만 의지할 수 있으므로, 그 분포에 의존해 채용을 결정한다면 지극히 합리적이다.

통계적 차별은 개인의 자질 또는 특성을 그가 속한 집단 평균으로 동일시 해서 발생하는 차별이다. 개인 입장에서는 차별이 분명하다. 그러나 집단 평균 외에 다른 정보가 없는 상태라면, 집단 평균을 이용하는 방식을 불합리하다고 할 수는 없다. 문제는 통계적 차별이 계속 유지되어, 불합리한 편견을 고착할 수 있다는 점이다. 예를 들어보자. 어떤 고용주가 경험을 통해, 여성 근로자가 남성 근로자보다 근무 열의가 떨어진다고 판단하게 되었다. 그는 여성을 가능한 뽑지 않거나, 뽑더라도 핵심 업무가 아닌 주변 업무에 배치할 가능성이 높다. 여성 근로자의 입장에서는 차별이다. 여성 근로자의 입장에서는 근무 배치에서 차별을 받으면 근무 의욕이 생기기 어렵다. 당연히 더 좋은 직장으로 이직할 가능성이 높고 또는 큰 열의 없이 근무하다가 이사나 결혼 등으로 퇴사할 가능성도 높다. 그러면 고용주의 믿음은 이제 다음과 같이 더욱 강화된다. "생각했던 대로다. 여성은 남성보다 열의가 떨어진다." 이제 이 고용주는 여성 채용을 더욱 기피할 것이다. 사회 전체가 이런 경향을 보인다면 여성 채용을 기피하고 여성들은 실망해 더더욱 열심히 일하지 않게 될 것이다. 잘못된 편견만 고착될 것이다.

통계적 차별은 다른 차별과 달리 해결하기가 어렵다. 이상적인 해결 방법이라면, 일단 근로자를 채용하고 일정 기간 동안 생산성을 관찰해 개인 특성을 집단에서 분리하면 된다. 예를 들어 일정 기간 계약직으로 채용해 생산성을 관찰한 뒤 정규직으로 전환하는 방식을 생각해볼 수 있다. 근로자의 고용이 처음부터 안정적이지는 않겠지만, 이를 통해 차별이 사라질 수 있다면 충분히 고려할 만한 방법이다.

고용할당제는 바람직한가?

고용할당제란 채용할 때 특정 집단에 일정한 비율을 강제 할당하는 것이다. 그래서 그 비율만큼 특정 집단 출신을 뽑는다. 여성 고용할당제, 지역 고용할당제 등이 그 예이다. 이 같은 고용할당제 주장의 배경에는 해당 집단이 채용에서 차별받아 너무 적게 채용되므로, 할당제를 통해 교정해야 한다는 인식이 자리잡고 있다. 이 같은 고용할당제는 합리적일까?

고용할당제가 최소한의 합리성을 갖추려면, 이 제도가 없는 경우 차별에 따라 특정 집단이 과소 채용된다는 사실이 증명되어야 한다. 그러나 특정 집단이 차별에 따라 과소 채용된다는 실증적 근거는 없다. 오히려 채용 시험에서 성적이 나빠 탈락했다는 근거는 많다.

고용할당제를 정당화하는 두 번째 논리는, 특정집단 채용을 의무적으로 높여 사회통합에 기여한다는 것이다. 이 논리가 설득력을 갖추려면, 우선 사회통합이라는 목적이 채용의 다른 목적보다 중요하다는 사회적 동의가 있어야 한다. 즉 능력있는 인재를 뽑아 사회의 생산성을 극대화하는 것보다, 여러 집단을 고르게 배합해야 더 바람직하다고 다수가 판단해야 한다.

그리고 고용할당제로 인한 또 다른 차별을 정당화할 수 있어야 한다. 예를 들어 공무원을 비롯한 공공부문의 채용에서 여성 채용의 비율을 최소 일정 비율 이상으로 하도록 강제한다면, 남성 차별이다. 지방대학 졸업자의 채용 비율을 최소 일정 비율 이상으로 하도록 강제한다면, 수도권 대학 졸업자를 차별하는 것이다. 차별을 시정한다는 이유로 또 다른 차별을 만드는 것이 정당화될 수 있을까?

고용할당제는 인적자원을 비효율적으로 배분하는 결과로 이어질 수 있다. 뿐만 아니라 인적자원의 이동을 왜곡해 본래 목적 달성에 실패할 수도 있다. 예를 들어 지방대학 졸업자를 일정비율 할당하는 제도를 시행한다면, 수도권 출신이 이를 노리고 지방대학으로 편입해 졸업할 수도 있다. 만일 이들의 성적이 더 좋다면, 이런 가짜 지방대 출신이 고용할당제의 수익을 거두어 갈 것이다. 그러면 당초 목적했던 지방 출신에 대한 채용은 제고되지 않고, 불필요한 인적자원 이동에 따른 사회적 비용만 더 치르는 결과가 될지도 모른다.

12.5 임금차별의 측정

지금까지 차별을 원인별로 살펴보았지만, 실제 차별의 크기를 측정하기는 쉽지 않다. 예를 들어 임금차별의 경우 단순히 차별로 인해 임금이 차이가 날 뿐 아니라, 이 같은 차별로 인해 임금에 영향을 주는 다른 요인들이 2차 영향을 받을 수 있기 때문이다. 이런 경우 단순한 임금차별은 실제 차별을 과소 측정할 수 있다. 또한 반대로 임금 차이를 측정할 때 실제 차별을 과도하게 측정할 수도 있다. 예를 들어 남녀 임금격차의 경우 일반적으로 임금에 영향을 주는 인적자본의 차이 등 합리적 요인을 통제한 뒤 설명하기 힘든 격차를 차별의 크기로 추정하는 경향이 있다. 만일 특정 자질이 임금에 영향을 주고 이 자질이 남녀 간 다른데, 이 자질을 제대로 통제하지 못한 채 임금격차가 측정된다면? 이 측정은 실제 차별로 인한 격차를 과대 추정할 수도 있다. 그런데도 경제학자들은 임금차별의 크기를 측정하려고 다양한 방식을 동원한다. 경제학자 Oaxaca가 시도한 방법인 'Oaxaca 분할Oaxaca decomposition'을 통한 성별 임금격차의 측정에 대해 알아보자.

우선 〈그림 12−5〉는 학력에 따라 임금이 상승하는 임금선을 나타낸다. 그

〈그림 12-5〉 남녀 간 임금격차의 분해

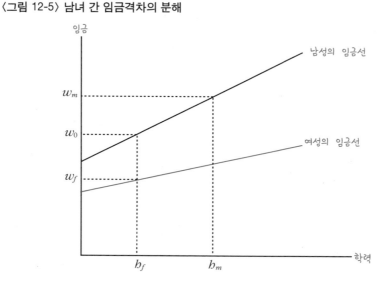

림에서처럼 임금선은 남녀에 따라 다른 형태를 보인다. 남성의 임금선은 최초에 학력이 없을 때부터 여성의 임금선보다 높은 지점에서 시작되며, 학력에 따라 임금이 상승하는 기울기 또한 더욱 가파르게 나타난다. 이제 남성의 학력은 b_m이라 하자. 그러면 그림에서 남성의 임금은 w_m으로 나타난다. 한편 여성의 학력은 b_f라 하자. 그러면 여성의 임금은 w_f로 나타난다. 따라서 단순한 성별 임금격차는 $w_m - w_f$이다. 그리고 학력격차는 $b_m - b_f$이다.

이 임금격차에서 얼마만큼이 학력격차에 따른 임금격차이고, 얼마만큼이 학력격차로 설명되지 않는 차별에 따른 격차일까? 우선 남녀의 학력격차에 따른 임금격차를 측정해보아야 한다. 즉 여성이 여성의 임금선을 따르지 않고 남성의 임금선을 따른다면, 현재의 b_f학력에서 얼마의 임금을 받을 수 있는지 따져보자. 그림에서 이는 w_b으로 나타난다. 따라서 $w_m - w_b$만큼은 학력차이에 따른 합리적인 임금격차임을 알 수 있다. 그러면 현재의 임금격차 $w_m - w_f$에서 학력차이에 따른 임금격차 $w_m - w_b$만큼을 빼주고 남는 것이, 차별에 따른 임금격차이다. 따라서 성 차별에 따른 임금격차는 $w_b - w_f$가 된다.

13

디지털 경제의 도래와
일자리의 변화

13

디지털 경제의 도래와 일자리의 변화

13.1 노동시장의 글로벌 트렌드

일하는 광경이 달라지고 있다. '9 to 5'라는 정형화된 패턴은 점차 줄어드는 반면, 정해진 근로시간을 재량으로 조정하는 유연한 근무 패턴이 늘고 있다. 또 정규직 상용근로는 줄어드는 반면 파트타임이나 임시직이 늘고 있다. 고용계약 관계에 매이지 않는 프리랜서의 일자리도 늘고 있다. 또한 연중 내내 일하지 않고 특정한 기간 중 집중해 일하되, 나머지 몇 달은 쉬는 식으로, 단속적인 형태의 일도 늘었다.

그러다 보니 한 직장에서 근무하는 근속기간이 짧아지고 있다. 같은 지역에서 일어나는 직장 간 이동은 물론, 지역을 바꾸어 이동하는 지역 간 이동도 늘었다. 노동시장의 이동성이 확장된 것이다. 더욱이 인터넷상에서 일하는 '디지털 노동digital work' 또는 '온라인 노동online work'인 경우, 일하는 실체적 장소가 무의미하다. 일자리가 국경을 넘나들고 있다.

일하는 모습이 달라지면서 고용관계도 달라졌다. 근로자가 집단으로 조직되어 고용주와 단체교섭해 임금과 근로조건을 정하는 방식이 점차 줄어들고 있다. 무엇보다 노동조합 조직률이 전 세계적으로 하락하고 있다. 노조 조직률의 범세계적인 하락에 대해 ILO가 1997년에 이미 보고서를 낸 바 있다. 그 뒤로도 이러한 추세는 계속되었고 2004년 발행된 EIRO 보고서에 따르면 1993~2003년까지, 자료 입수가 가능한 20개국 가운데 말타^{Malta} 한 나라를 제외하면 모든 나라에서 조직률이 하락했다.

이는 일시적인 변화가 아니다. 이러한 변화는 이미 지난 2, 30년간 일관되게 나타나고 있으며, 앞으로도 지속되리라 예상되는 글로벌 트렌드이다. 이러한 변화를 가져오는 동인은 무엇일까. 그 변화의 궁극적인 모습은 어떻게 될 것인가. 일하는 광경과 고용관계가 달라지는 요인으로 다양한 내용이 거론되고 있다. 산업구조의 변화, 세계화, 기술 변화 등이다. 이번 장에서는 그중 기술 변화에 초점을 맞추어, 현재 일어나고 있는 디지털 기술혁명이 어떻게 일의 형태와 고용관계에 영향을 주는지, 그에 따라 미래에 일이란 어떤 모습을 보일지, 미래의 일에서 마주할 새로운 기회와 도전은 무엇인지에 대해 살펴보자.

13.2 조직 구성의 경제적 원리

현재 우리가 주로 일하는 방식인 고용 – 피고용 관계는 그 역사가 200년이 채 안 된다. 1800년대 초반까지만 해도 일은 대부분 자영업 방식이었다. 따라서 어떻게 이 자영업 방식으로부터 고용 – 피고용 관계로 변화했는지, 그리고 이제 다시 고용 – 피고용 관계로부터 탈피하는 추세로 바뀌는지 이해하려면 일하는 조직의 경제 원리를 이해하는 것이 중요하다.

인간은 특정한 재화나 서비스를 창출할 때 기본적으로 두 가지 방법을 사용한다. 스스로 만들거나^{to make} 외부에서 사들인다^{to buy}. 예를 들어 실을 만들고자 한다면, 실의 원료인 면화는 농가로부터 사고^{to buy} 자신의 기술과 장비를 사용해 실을 만든다^{to make}. 그런데 필요한 경우, 농부와 실 만드는 사람은 서로의 행위를 하나의 동일한 조직으로 묶을 수 있다. 그러면 이제 농부와 실 제조공은 각자 일을 분담하고 연결해 최종 결과물을 만든다. 이러한 조직이 상업적인 목적을 띤다면, 바로 기업이 되는 것이다. 따라서 기업은 각기 다른 경제 주체들이 하는 시장 거래^{to buy}를 하나의 울타리 안으로 내부화해 함께 만드는 ^{to make} 조직이다.

그렇다면 to make와 to buy 중 무엇을 선택해야 유리할까? 달리 말하면 무엇이 조직화를 결정할까? 만일 두 방식이 동일한 아웃풋을 낳는다면, 어떤 방식이 비용이 더 적게 드느냐가 중요할 것이다. 경제학에서는 이를 거래비용 ^{transcation cost}이라는 개념으로 설명한다. 경제학자 Coase에 따르면, to make냐 to buy냐는 두 방식의 거래비용에 따라 결정된다.

거래비용은 크게 조정비용^{Cordination Cost}과 동기부여비용^{Motivation Cost}으로 나뉜다. 시장거래에서 조정비용의 예를 들면, 공급자가 소비자의 기호를 알고자 지출하는 시장조사비, 광고비와 마케팅비, 가격결정을 내리는 의사결정의 시간비용 등이 있다. 수요자 입장에서는 최고의 제품과 가격을 찾는 데 드는 탐색비용, 가격 협상 비용 등이 있다. 한편 위계조직의 조정비용 중 첫 번째는 조직 목적에 맞는 활동에 필요한 다양한 정보를 조직 곳곳에 원활히 전달하는 데 드는 비용이다. 완벽한 의사소통은 없기 때문에, 불충분한 또는 부정확한 정보로 인한 조정 실패에 대한 거래비용도 포함된다.

다음으로 동기부여비용^{Motivation Cost}으로는 정보의 불완전성 또는 비대칭성에 따른 비용 그리고 불완전한 약속^{Imperfect Commitment}에 따른 비용이 있다. 정보의 불완전성 또는 비대칭성에 따른 비용이란, 예를 들면 경영자 입장에서 영업직 사원이 회사를 위해 열심히 일하는지 또는 일하는 척만 하는지 정확히 알 수 없어서 발생하는 비용이다. 불완전한 약속에 따른 비용은 거래 쌍방이 서로 그렇게 하겠다고 약속한 바를 지키도록 강제할 수 없어서 발생하는 비용이다.

거래비용 이론에 따르면, 거래를 조직화하는 방법이 다양한 까닭은 거래의 속성(요인)에 따라 거래비용이 달라지기 때문이다. 거래비용에 영향을 미치는 요인은 다음 다섯 가지가 있다.

① 거래에 소요되는 자원의 특정성specificity

② 거래가 이루어지는 빈도frequency와 기간duration

③ 거래의 복잡성complexity과 결과의 불확실성uncertainty

④ 성과측정performance measurement의 어려움

⑤ 다른 거래와의 연결도connectedness to other transactions

개별 소비자나 제과점이 빵을 사고 팔 때는 그 거래에 유의할 만한 특정성이 없다. 그러나 현대차와 같은 완성차 회사에 전조등을 공급하는 부품 회사의 경우, 현대차의 특정 브랜드에 맞는 전조등을 공급해야 한다. 따라서 거래에 소요되는 자원에 특정성specificity이 있다. 이처럼 소요되는 자원의 특정성이 강할 경우, 그 거래는 시장에서 사기 어렵고 내부적으로 만들어진다.

다음으로 고용관계에서 일이 반복적이며 장기적이라면, 장기고용이 유리하다. 또 거래가 단순하고 불확실성이 작다면 시장에서 필요할 때마다 사고팔아야 비용이 더 적게 든다. 그러나 생산 공정이 매우 복잡하고 완성품의 성능이 불확실한 경우 시장 거래에서 해결하기는 어렵고, 생산 조직을 통해 만들어야 거래비용을 최소화할 수 있다.

일의 성과측정이 쉽다면 보상은 성과에 근거하면 된다. 그러나 성과의 측정이 어려울 경우 사용하는 해결책은, 성과측정이 쉽도록 절차를 바꾸거나 성과측정의 중요성을 떨어뜨리는 것(예를 들어 감독 강화 등)이다.

거래(일) 간 서로 연결고리가 약하다면 각각의 일들을 독립적으로 처리할 수 있다. 그러나 일들이 서로 긴밀히 연결되어 있다면 독립적으로 처리하기 어렵다. 이런 경우 중앙의 조정 기능을 강화하는 방식으로 조직이 구성된다.

요약하면 자원의 특정성이 강할수록, 일이 이루어지는 빈도가 잦을수록, 기간이 길수록, 일이 복잡할수록, 불확실할수록, 다른 일과의 연결도가 높을수록 시장기구To buy를 이용하는 거래비용은 상대적으로 높은 반면 위계조직To make을 이용하는 거래비용은 상대적으로 낮아지는 경향이 있다.

13.3 디지털 기술이 거래비용과 조직화에 미치는 영향

디지털 기술이 발달하면서 정보의 대량 축적, 전달과 처리가 과거와는 비교할 수 없이 낮은 비용으로 가능하다. 그 결과 거래비용의 두 항목인 조정비용과 동기비용이 모두 획기적으로 낮아졌다. 시장거래$^{To\ buy}$와 위계조직$^{To\ make}$ 모두 거래비용이 낮아졌는데, 특히 시장거래의 거래비용이 더 낮아진 것으로 나타난다. 예를 들어 플랫폼경제 또는 공유경제는, 인터넷 플랫폼을 통해 전 세계의 공급자와 수요자를 쉽게 연결해 앞서 논의한 조정비용을 크게 낮추었다. 뿐만 아니라 정보의 불완전성 또는 약속의 불완전성에 기반한 동기비용도, 인터넷 플랫폼상에서의 상호평가 또는 사용후기 등 정보공개를 통해 기회주의적인 행동의 가능성을 최소화한다.

구체적으로 살펴보면 디지털 기술은 거래에 소요되는 자원의 특정성^{specificity}을 약화하는 데 기여했다. 또한 거래가 이루어지는 기간이 과거보다 훨씬 축소되었다. 디지털경제의 특징 중 하나가 필요한 때 필요한 만큼만 거래하는 'on demand' 경제이다. 일의 복잡성 또한 줄어들었다. 디지털 경제에서는 하나의 일을 여러 작은 업무$^{micro\ tasks}$로 쪼갤 수 있다. 이 작은 업무들은 특정한 알고리즘으로 정형화^{routine}된다. 그렇게 정형화된 업무들은 그 완수 여부로 성과를 측정할 수 있다. 전술한 바와 같이 플랫폼 경제에서는 상호평가와 만족도 조사 등을 통해 성과측정이 가능하다.

지금까지 살펴보았듯이, 디지털 기술은 거래비용을 결정하는 요인 대부분에 영향을 미친다. 특히 시장거래$^{To\ buy}$의 거래비용을 낮춘다. 그러나 디지털 기술로 인한 거래비용의 감소는 위계조직$^{To\ make}$의 거래비용이 낮아지는 결과로도 이어진다. 즉 기업은 전에는 시장거래의 거래비용이 높아서 직접 맡았던 생산 과정의 일부를 이제 시장에서 사올 수 있다. 아웃소싱의 확산이 대표적인 예이다. 또한 디지털 기술에 따른 일의 micro task화로 인해 조직 내 일의 특정성이 현저히 줄었다. 따라서 과거 정규직이 하던 일들을 이제는 도급이나 프리랜

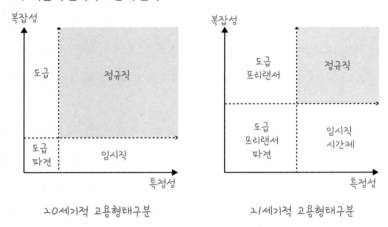

〈그림 13-1〉 기술의 변화와 고용의 변화

서가 수행하게 되어, 정규직 수요가 갈수록 줄고 있다.

〈그림 13-1〉은 기술 변화에 따른 고용형태의 변화를 나타낸다. 그림에서처럼, 20세기에는 자원의 특정성과 일의 복잡성 때문에 정규직이 해야 할 분야가 넓었다. 그러나 디지털 경제로 이전하는 21세기에는 자원의 특정성과 일의 복잡성이 현저하게 줄어들었고, 반드시 정규직이 해야 할 분야도 줄어든 반면 외주, 프리랜서, 파견 등 유연한 고용형태로 처리할 분야가 늘어났음을 나타낸다.

13.4 일의 미래에 대한 세 가지 이슈

디지털 경제로 인한 일자리의 미래에 대해 여러 이슈가 제기될 수 있는데, 이는 세 가지로 압축할 수 있다. 즉 일자리 숫자는 전체적으로 늘어날까? 어떤 성격의 일자리가 줄어들고 어떤 성격의 일자리가 늘어날까? 마지막으로 일자리의 고용관계는 어떻게 달라질까? 지금부터 이 내용을 하나씩 살펴보자.

(1) 일자리는 늘어날까 줄어들까?

디지털 경제로의 이전하면서 일자리가 전체적으로 줄어들지 늘어날지 여부에 대해서는 두 전망이 팽팽히 맞선다. 앞으로 일자리가 줄어들 것이라는 전망을 비관론이라 하자. 일자리가 결코 줄어들지 않을 것이라는 전망을 낙관론이라 하자.

일자리가 줄어들 것이라는 비관적 전망은, 기본적으로 디지털 경제의 다양한 도구들, 즉 딥러닝deep learning 또는 다른 인공지능을 이용한 로봇과 각종 애플리케이션 등이 인간의 노동을 대체한다는 '노동력 대체' 가설에 서 있다. 따라서 노동시장이 디지털 기술에 따른 '기술적 실업technological unemployment'으로 채워지리라고 전망한다. 이런 입장의 학자들은 주로 테크놀로지의 관점에서 컴퓨터가 일자리를 대체할 가능성을 분석했는데, 예를 들어 미국의 일자리 중 약 47%가 10년에서 20년 이내에 컴퓨터로 대체computerization될 위험에 처했다고 본다. 당장 수송 분야, 일반 사무와 행정 보조 분야, 그리고 생산직 분야의 일자리가 대체될 가능성을 높게 보았다. 따라서 앞으로 제조업 분야 일자리는 거의 사라지리라고 전망한다. 또 서비스, 판매와 건설 분야의 일자리도 대체되리라고 예상한다. 영국의 경우 35%, 일본의 경우 49%의 일자리가 대체 위험에 놓였다고 보았다.

반면 디지털경제가 눈부시게 발전해도, 인간의 일자리는 별로 줄어들지 않거나 오히려 늘어날 수도 있다는 낙관론도 만만치 않다. 낙관론의 근거는 기술이 가져오는 보완효과 및 새로운 시장창출 효과이다. 낙관론자들은 비관론이 기술의 대체 효과만을 주장하며, 기술적인 대체 가능성만을 놓고 마치 실제로 대체되리라고 전망하는 것은 잘못되었다고 비판한다.

비관론자들이 주로 엔지니어 출신 기업가들인데 반해 낙관론자들은 주로 경제학자들이다. 낙관론자들은 기술발전에 따라 자동화가 인력을 대체하는 대체효과가 일어나는 것도 사실이지만, 언론 등 일부에서 대체효과만을 지나치게 강조한다고 지적한다. 또한 대체효과보다는 새로운 인력수요를 창출하는 보완

효과가 매우 크다고 강조한다. 예를 들어 산업혁명 시기, 직물기 자동화로 직공의 수작업은 98%나 기계로 대체되었지만, 대신 직물의 가격이 매우 낮아져 수요가 폭발적으로 증가했다. 따라서 직공의 고용은 1830년부터 1900년 사이에 4배나 증가했다고 한다.

보다 흥미로운 최근 사례는 ATM의 등장과 teller의 고용이다. ATM이 등장해 은행 창구에서 일하는 창구 담당직원teller의 업무를 대체하면서, 창구직원은 감소하리라는 예측이 많았다. 그러나 1995년부터 2000년 사이 ATM의 숫자가 10만 개에서 40만 개로 급격히 증가했는데도 teller의 고용은 줄지 않고 오히려 매년 2%씩 증가, 미국 전체의 고용증가율을 넘어섰다고 한다. 왜 고용이 줄지 않고 늘었을까? ATM으로 teller 수요가 감소한 것은 사실이지만, 동시에 지점 유지비가 이전보다 더 내려갔다. 따라서 은행들은 지점을 더 많이 세웠다. 지점당 teller의 수는 줄었지만 지점 수의 증가율이 더 높았다. 따라서 teller의 전체 고용은 늘었다는 것이다. 또한 teller들이 이제는 단순한 출납업무만 하는 데 그치는 게 아니라, 금융상품 마케팅 등 비정형화된 일들을 하면서 일의 내용이 바뀌었다고 한다.

경제학자 Autor에 따르면, 기술로 인해 특정 일자리가 사라질지 여부는 그 업무task가 기술로 전부 대체될지, 일부는 대체되더라도 일부는 보완될지에 달려 있다. 즉 일자리 업무가 기술에 모두 대체된다면 그 일자리는 없어질 것이다. 그러나 보완되는 업무라면 기술이 업무의 일부를 대체해, 보완관계인 업무의 생산성은 오히려 올라간다는 것이다. 따라서 그 일자리는 사라지지 않고 오히려 수요가 는다고 한다.

Autor는 또 기술로 인한 고용보완 효과와 함께, 새로운 제품수요가 창출되는 시장창출 효과가 있다고 주장한다. 역사적인 사례로 그는, 1920년대에 승용차가 늘면서 마차의 수요는 줄었지만 승용차로 여행하는 사람들을 위해 도로를 따라 수많은 모텔과 식당이 생기고 신규 고용이 대거 창출된 사실을 들었다. 신규수요 창출과 관련해 정보통신산업에서 일자리 하나가 만들어지면 다른 산업에서 2~4개의 일자리를 창출한다고 한다.

(2) 어떤 자리가 줄어들고 어떤 일자리가 늘어날까?

디지털 경제가 발달하면서 일자리가 전체적으로 줄어들지 늘어날지에 대해서는 상반된 전망이 팽팽히 맞서 있다. 그러나 어떤 일자리가 줄고, 어떤 일자리가 영향을 받지 않거나 늘어날지에 대해서는 의견이 대략 일치한다.

먼저 줄어드는 일자리는 정형화routine된 업무들이다. 즉 특정 조건에서는 어떻게 처리한다는 식으로 일처리 알고리즘을 만들 수 있는 업무들은 디지털 기술에 따라 코드화할 수 있어 대체가 가능하다. 이렇게 정형화된 업무가 주된 업무인 일자리는 기계 또는 프로그램으로 대체되어 사라질 것이다. 예를 들어 수송 분야에서 택시기사 또는 화물차 기사의 고용이 줄어들리라 예상된다. 운전업무가 정형화된 업무이며 갈수록 센서 기술은 발달하고 비용은 하락하기 때문이다. 또 사무 지원 분야에서는 안내요원 또는 보안요원의 업무가 정형화되어 있으므로, 이는 로봇으로 대체될 전망이다. 또 영업과 서비스 분야도 예를 들어 출납원, 렌탈데스크 요원, 텔레마케터, 회계요원 등이 대체 가능성이 높은 직군으로 나타났다. 영업과 서비스 분야의 일자리는 고객 등과 상호접촉interaction이 필요해 컴퓨터나 로봇으로 대체하기 어렵다고 예상할 수도 있으나, 이 업무에 필요한 사회적 지성social intelligence이 비교적 단순하므로 대체될 가능성이 높다는 것이다.

지금까지 설명한 대체는 단순한 일자리가 기계로 대체되고, 복잡하고 지식을 요하는 일자리는 대체되기 어렵다는 의미가 아니다. 육체노동이나 지식노동 여부와 상관없이, 정형적 노동의 수요는 빠르게 감소하고 있다는 결과이다. 다시 말해 지식노동이라도 정형화된 일자리는 수요가 감소한 반면, 육체노동이라도 비정형적인 노동은 수요가 유지되었다. 예를 들어 회계담당자의 일이 청소원의 일보다 자동화하기가 훨씬 쉽다고 한다.

그러면 과연 어떤 성격의 일자리가 기계화에 영향받지 않거나 오히려 수요가 늘까? '더 복잡한 통찰력과 조정력'이 필요한 일에서 인간은 기계에 비해 우위에 선다. 따라서 인간적인 체험이 요구되는 일반직 또는 창의력이나 예술성이 요구되는 전문직 등의 수요는 유지될 것이다. 예를 들어 '협상하고, 설득하고, 조정하는 등' 사회적 통찰력을 필요로 하는 기업경영 또는 금융 분야의 매니저 직업이 포함된다. 또 인간적 관심과 애정이 필요한 교육, 보건, 미디어, 연예 분야의 직업도 포함된다. 전문직의 경우 높은 수준의 창의적 지성이 요구되는 엔지니어링과 과학 분야의 직업도 해당된다.

한편 OECD는 국가 간 비교를 통해, 면대면 상호접촉face to face interaction이 많은 일자리는 상대적으로 기계로 대체하기 어렵다고 했다. 면대면 상호접촉이 많은 일자리는 '사회적 지성social intelligence'을 필요로 하는 일자리이다.

Autor와 같은 학자는 일자리의 평균적인 성격보다는 일자리를 구성하는 업무task의 성격을 분석하는 것이 일자리 수요의 증감 여부를 판단하는 데 더 크게 도움된다고 주장한다. 일자리는 단 하나의 업무로만 구성되지 않고 대부분 몇 가지 업무가 섞인 경우가 많다. 예를 들어 은행 창구직원은 현금출납처럼 정형화된 업무도 하지만, 신용카드나 신규 상품을 고객에게 권하는 등 관계적 은행 업무relational banking도 동반한다. 이런 경우 앞서 말했던 ATM의 도입은 창구 직원의 일 가운데 현금출납 업무는 대체하지만, 관계적인 업무는 대체하지 못한다. 따라서 그 일자리 자체를 대체하지 못한다. 대신 창구 직원의 업무내용이 이제 주로 관계적 은행업무로 바뀐다는 것이다. OECD는 이렇게 업무 기준으로 대체 여부를 조사한 결과, OECD국가의 일자리 중 일자리 자체가 자동화할 위험이 높은 비중은 평균 9%에 불과한 반면, 업무 변화가 예상되는 비중은 훨씬 높다고 나타났다.

(3) 일자리의 고용관계는 어떻게 달라질까?

디지털경제의 일자리에 미치는 영향이 가장 심각하면서도 아직까지 깊이 논의되지 않고 있는 주제는, 일자리의 고용관계 변화이다. 디지털 경제로 진전

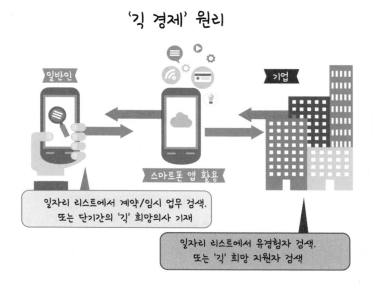

'긱 경제' 원리

일반인

기업

스마트폰 앱 활용

일자리 리스트에서 계약/임시 업무 검색.
또는 단기간의 '긱' 희망의사 기재

일자리 리스트에서 유경험자 검색.
또는 '긱' 희망 지원자 검색

한 결과 일자리는 점점 더 일시적temporary이며 독립적independent으로 달라지고
있다. 최근에는 디지털 경제를 '긱경제Gig economy'라 하기도 한다. 긱Gig이란 본
래 공연장을 뜻한다. 연예인들이 어떤 도시에서 공연하기로 하면 공연에 필요
한 연주자, 스태프들을 그 도시에서 모아 공연 기간 동안 일시적으로 같이 일한
뒤 공연이 끝나고 다른 도시로 이동하면 다 흩어져 각자 다른 길을 간다. 디지
털경제에서 일하는 광경이 이와 비슷하다 해 긱경제라고 한다

노동시장에서 늘어가는 임시직 일자리는 세계화 이후 일관되게 관찰되는
시대적 추세다. 즉 주어진 일을 보다 낮은 비용으로 할 수 있는 지역 또는 집단
으로 이전하는 아웃소싱outsourcing 발달과 함께 증가해왔다. 여기에 디지털 기술
이 발달하면서 인터넷 망을 이용한 새로운 비즈니스(우버, 에어비엔비 등)가 생기
고, 기존의 생산방식도 새로워지면서 일자리의 성격은 더욱 일시적이고 독립
적으로 바뀌었다.

대표적인 사례가 공유경제sharing economy 일자리로, 예를 들어 우버는 독립
적인 위치인 개인이 자신이 원하는 장소에서 원하는 시간만큼 서비스를 제공한
다. 에어비엔비도 독립적인 개인이 자신의 장소를 원하는 시간만큼 숙소로 제

공한다. 기존 택시회사 또는 호텔이 시간과 장소의 제약 아래 하던 비즈니스에서 벗어나, 시간과 장소의 제약이 사라졌다. 따라서 근로도 시간과 장소의 제약에서 벗어나게 되었다. 따라서 고용관계에서 혁명적 변화가 일어났다. 전통적인 위계질서hierrachy에 따르는 고용 – 피고용관계가 적용되기 어렵기 때문에, 프리랜서 또는 독립계약자independent contractor로 활동하게 된다. 아울러 일에 대한 보상은 투입input이 측정되기 어려우니 산출output에 근거할 확률이 높다.

또한 디지털 기술로 인해 하나의 일이 수많은 작은 업무micro tasks로 쪼개졌다. 이 작은 업무 중 정형화된 업무routine task는 기계 또는 프로그램으로 대체해, 특정한 일에 걸리는 시간을 단축하거나 노력 정도를 줄였다. 따라서 일자리가 임시로, 시간제로 가능하다. 이전에는 정규직이 하던 일도 이제는 임시직 또는 파트타임으로 할 수 있다. 회계 업무 또는 세무 업무 등이 전문 소프트웨어를 사용하며 단순해진 것이 대표적인 예이다.

프리랜서와 임시직 증가로 인한 고용관계의 변화는 다른 측면에서 보면, 정규직 중심 고용관계에서 이제 프리랜서와 임시직이 주류를 이루는 '프로젝트 고용관계'로 전환하고 있다는 뜻이다. 디지털 경제는 앞서 살펴보았듯이 프리랜서 수를 늘리고, 플랫폼 시장이 아닌 다른 부분에서도 전통적인 고용관계 성립이 어렵도록 만든다. 또 디지털 경제는 엄청난 정보를 곳곳으로 연결한다. 이러한 작업을 원활히 소화하려면 조직이 가벼워야 하고 개방되어야 하므로, 고용관계도 가볍고 개방된 네트워크 조직에 맞게 바뀔 수밖에 없다. 따라서 개인의 자유에 따라 독립적으로 일하는 자유계약 관계가 늘어날 것이다.

새로운 일자리의 모습을 이렇게 요약할 수 있다.

① microtask와 online work가 늘어난다.
② 이는 일자리가 단기간 또는 프로젝트형으로 바뀐다는 의미이다. 따라서 계약은 없거나 짧으며 일은 단속적으로 진행된다.
③ 근로자는 사용자를 만날 필요 없이 상호합의된 독립적인 업무만 수행한다.
④ 근로자는 한 번에 여러 직업을 가질 수 있다.

⑤ 근로 시간과 장소 제약은 없거나 과거에 비해 현저히 줄어든다. 일하는 날과 휴일의 구분이 모호해진다. 근로시간이 유연해지며 기준 근로시간에 대한 법 제도가 무의미해진다.

⑥ 고용주와 피고용자 간 경계가 느슨해진다. 근로자는 스스로 일의 결과에 대해 책임지며 당장 활용 가능한 기술력을 갖추라고 요구받는다.

⑦ 집단보다는 개인에 초점을 맞추게 된다(고용관계의 개별화).

⑧ 일은 네트워크를 통해 여럿이 같이 하는 형태를 보인다. 개인은 그중 하나의 일처리 또는 과업을 맡아서 수행한다. 과업에 대한 보상은 있으나 최저임금은 없다.

⑨ 근로자 간에도 국제 경쟁이 일어난다.

⑩ 정형화된 과업은 자동화 또는 프로그램화되고, 정형화되기 어려운, 예외적인 기반의 일들을 사람이 한다(예를 들어 고기잡는 일은 어군탐지 네트워크로 하되 어부는 귀항하면서 어느 시장의 생선가격이 가장 좋은지 알아보는 일을 한다).

⑪ 도전적이고 문제해결 능력이 높은 근로자가 환영받는다.

⑫ 이런 근로자는 스스로 결정하고 통제할 수 있는 근무환경에서 일하려고 한다.

결국 디지털경제에서는 20세기 기준으로 보면 비표준적non standard 근로형태가 늘고 표준적인 고용형태는 점점 줄어들 것이다. 비표준적 근로형태를 OECD는 '전일제 상용직full-time dependent employment with a contract of indefinite duration이 아닌 근로형태'라 정의한다. 여기에는 크게 세 가지가 포함된다. 첫째, 자영업자self-employed own-account, 둘째 임시직 전일제 피고용자temporary full-time employees, 끝으로 상용과 임시직을 막론하고 모든 시간제 피고용자part-time employees(including permanent and temporary contracts가 들어간다. 따라서 우리나라의 '비정규직'과는 정의가 다르다.

OECD국가들의 비표준적 근로형태는 계속 늘고 있다. 뒤집어 말하면 정규직 비중은 계속 줄어들고 있다. 29개 OECD국가의 전체 고용 중 비표준 근로의 비중은 2016년 현재 평균 33%이며, 임시직, 시간제와 자영업의 비중은 서로 거의 비슷하다.

　플랫폼 경제의 일원이라 짐작되는 자영업 또는 자기고용자의 비중은 10.5%
이다. 2007~2013년 동안 비표준 근로는 0.8% 증가한 반면, 같은 기간 중 표
준근로(정규직)는 2.8% 감소했다고 나타났다. 그러나 현행 통계는 복수의 직업
을 갖는 상용직을 표준근로로 집계하므로, 디지털경제의 근로자를 과소 집계
할 가능성이 있다. 국가별로는 비표준근로가 증가하고 표준근로가 감소한 국가
가 더 많다. 특히 비표준근로의 증가보다는 표준근로, 즉 정규직 감소가 더욱
확실한 추세로 드러나고 있다. 한편 미국의 경우 파트타이머를 제외한 임시직
과 프리랜서 비중은 2005년 10.1%에서 2015년에는 15.8%로 증가해, 역시 빠
른 증가 속도를 보였다.

13.5 미래의 노동이 몰고 올 자유와 도전

　미래의 노동은 보다 많은 사람들에게 자유와 기회를 선사할 것이다. 일하
는 시간과 공간의 제약이 사라지고 경직적인 고용관계라는 제약도 사라질 것
이기 때문이다. 플랫폼 시장에서 일하는 근로자들을 조사하면, 그들이 선호하
는 주요 이유로 유연성flexibility을 꼽는다. 특히 가족을 돌봐야 하는 주부에게 유
리한 환경을 제공한다. 인터넷을 통해 노동할 수 있는 기회를 지닌 사람은 본
인 나라에서 근로가 허용되지 않는 여성들, 신체 장애를 지닌 사람들, 좁은 지
역시장에서는 자신이 지닌 기술에 대한 수요자가 없는 기술자들이다. 또한 기
술이 없어 취업이 어려운 실업자들도 우버와 같은 공유경제 시장에는 진입 장
벽 없이 들어올 수 있다. 고급기술을 지닌 기술자들은 풀타임 직업을 택할 수
도 있지만, 디지털 경제로 인한 유연성과 독립성이라는 매력 때문에 그러한 작
업 방식을 선호할 수도 있다. 미래의 노동에서는 기계가 인간을 완전히 대체하
는 것이 아니라 일의 일정 부분을 기계가 맡고 인간은 이를 활용해 일한다. 따
라서 일은 더 창의적이고 유연해질 것이다. 일자리란 여러 업무task가 섞여 있

는데, 그중 정형화되고 반복적인 일routine job은 인공지능 또는 로봇이 수행할 것이다. 일 대부분이 정형화된 업무로 구성된 경우, 그 일자리는 사라질(기계에 의해 대체될) 것이다.

그러나 이렇게 완전히 대체되는 일자리의 숫자는 많지 않고, 그렇더라도 대체되고 남은 많은 일자리들은 기계화와 보완 관계이다. 이런 일들은 로봇이나 기타 기계화를 활용하므로 오히려 생산성이 증가한다. 따라서 인간은 기계적인 반복형 노동에서 벗어나, 창의성과 감수성을 발휘하며 자유롭고 유연히 노동하게 될 것이다.

한편 기업과 고용주의 입장에서 디지털 경제는 좋은 요소시장이다. 대기업도 마찬가지이지만 특히 중소기업에서는, 필요한 기술을 지닌 인재를 구할 때 막대한 거래비용이 든다. 그러나 플랫폼 경제를 이용하면 필요한 때 필요한 만큼 전문적인 인적자원을 활용할 수 있다. 한 조사에 따르면 중소기업이 플랫폼 시장을 선호하는 이유는 필요한 재능을 쉽게 구할 수 있기 때문이며(58%), 전통적인 채용에 비해 비용이 절감되기 때문(52%)이라고 한다. 중소기업뿐 아니라 대규모 조직도 온라인 노동시장을 이용한다. 미 항공우주국NASA은 우주탐사에 쓰는 하이텍 부품의 디자인을 위해 프리랜서들을 계속해 활용한다고 한다.

미래의 일은 인공지능, 로봇 등 기술에 의해 수행되는 업무task와, 이와 보완 관계를 이루는 업무로 구성된다. 따라서 일반적으로 생산성이 더 높아지고 임금도 높아질 것이다. 또한 미래의 노동은 개인 선택에 따라 자유롭고 독립적이므로 수입은 서비스 내용과 방식에 따라 달라질 듯하다. 앞서 살펴보았듯, 근로서비스는 노동집약적일 수도 자본집약적일 수도 있고, 인지력을 요할 수도 수작업을 요할 수도 있다. 인지력을 요구하는 일은 단순 수작업을 요하는 일보다는 보수가 높으리라 예상되며, 따라서 디지털 노동이 육체노동보다 더 보수가 높을 것이다. 벨기에의 경우 플랫폼 시장을 통해 이루어지는 근로자의 임금은 전통 노동시장에서의 해당 직업 임금보다 높은 경향을 보인다고 한다.

디지털 경제의 노동은 일하는 사람에게 유연성을 주지만, 경우에 따라서는 그 유연성이 고통이 될 수도 있다. 예를 들어 시간대가 다른 고객을 위해 일하는 경우 자야 할 시간에 일어나 고객과 소통해야 할지도 모른다. 이를 회피하면 고객으로부터 낮은 만족도 점수를 받기 쉽다. 또 자국 내 시장의 수요가 충분하지 않으면 글로벌 시장에서 경쟁해야 하는데, 근로자간 글로벌 경쟁은 고소득 국가 근로자에게는 불리하게 작용할 수 있다. 프리랜서의 경우 보통 여러 고용주 또는 서비스 고객과 거래하는데, 여러 고객을 위해 불연속적인 서비스를 연결하는 것도 큰 도전이다. 즉 근로시간을 조정하는 문제, 특정한 일 수행의 경제성을 따지는 문제, 일을 통해 전문성과 평판을 쌓는 문제, 전문적인 네트워크를 형성하는 문제 등을 스스로 해결해야 한다.

요약하면 근로자의 독립성과 자유는 늘어나지만 그만큼 스스로 실력을 갖추어야 한다. 따라서 시장에서 인정받는 기술과 지식을 갖추기 위해 끊임없이 새로운 교육과 훈련을 받아야 하는 과제가 남는다.

디지털 경제로의 변화는 피해갈 수 없는 전 세계적인 시대 변화이다. 역사는 수많은 변화로 이루어지며 변화에 적응하는 개체는 살아남고 적응하지 못하는 개체는 소멸했다. 디지털 경제가 몰고 올 노동시장 변화에서 살아남으려면 적응해야 한다. 적응해야 할 주체는 첫째로 노동시장과 노동관련 법 제도이며 둘째로 근로자이다.

우리나라의 노동관련 법 제도는 이제 패러다임을 바꾸어야 한다. 지금까지의 패러다임이 '보호'가 키워드였다면 새로운 패러다임은 '적응'과 '안전'이 되어야 한다. 현재 노동법은 철저히 종속근로자를 가정한다. 따라서 '보호'를 최우선의 가치로 둔다. 근로자 고용 보호를 위해 사용자의 책임을 강하게 묻는다. 그리고 근로자 대표성을 노동조합과 같은 집단에 우선적으로 부여한다. 근로 장소와 시간은 특정한 장소, 특정한 시간으로 한정되었다고 가정하고, 각종 보상은 근로시간 또는 근속기간과 같은 철저한 투입input 위주 기준으로 책정하도록 하고 있다.

디지털 경제에서는 앞서 이미 살펴보았듯 고용관계가 불분명해진다. 또한 근로 시간과 장소에 제약이 사라진다. 집단보다는 개별로 계약과 근로가 성립한다. 노동시장 환경이 근본적으로 바뀌는데 노동관련 법 제도가 제때 바뀌지 못하고 시대에 뒤떨어진 '보호' 논리에 묶여 있다면, 노동시장은 물론 나라경제 전체가 국제적으로 뒤처지고 말 것이다. 노동관련 법 제도가 추구해야 할 새로운 패러다임은 '적응성 강화'와 '안전망 확보'여야 한다.

다가오는 디지털 경제에 적응하기 위해 시대에 맞는 인재 육성이 또한 필요하다. 인재 육성은 언제나 중요한 과제이다. 그러나 디지털 시대는 기술변화가 빠른 속도로 일어나므로 그 같은 환경변화에 더 잘 적응할 수 있도록 하는 교육훈련 시스템이 중요하다.

적응성이 강한 교육훈련 시스템은 교육시스템과 전환훈련 시스템, 이 두 가지 차원에서 갖춰야 한다. 전문가들은 그중에서도 교육시스템의 혁신을 강조한다. 혁신의 내용에 대해 전문가들은 '기술에 대체되는 인적자본이 아니라, 디지털 기술과 보완되는 인적자본을 키우는 교육시스템'을 주장한다. 그렇다면 디지털 기술과 보완되는 인적자본을 키우는 교육이란 무엇일까? 전문가들은 인내심, 사회성, 호기심 등 'character skill'을 기르는 교육이 되어야 한다고 주장한다. 예를 들어 우선 기초 핵심과목으로 읽기와 쓰기, 수학, 과학, 정보통신기술, 하나 이상의 외국어와 함께 문화에 대한 이해를 추천한다. 거기에 기초해 한편으로 호기심, 적극성, 지속성, 공감, 적응력을 강화하는 마음가짐 과정을 경험하도록 한다. 다른 한편으로 비판적 사고, 창의력, 소통, 협력을 강화하는 기능 과정을 이수하도록 한다.

이처럼 정규 교육과정은 디지털 기술을 받아들이고 활용할 수 있는 기본 소양을 함양하는 데 중점을 둔다. 실제 현장에서는 급변하는 기술에 따라 일자리 내용이 바뀌므로, 거기에 원활히 적응하는 전환훈련이 필요하다. 전통적으로 직업훈련은 특정 기술이 상당 기간 수요가 있다는 전제 아래 전문 훈련기관 또는 기업에서 맡았다. 그러나 디지털 경제에서는 직종별 협회 또는 길드가 이런 전환훈련을 담당해야 더 효율적이다. 이런 전환훈련이 원활히 이루어지도록, 정부 차원에서 가칭 '평생 교육훈련 바우처' 제도 등을 운영하는 방식도 필요하다. 즉 모든 개인에게 일생 동안 사용할 수 있는 교육훈련 바우처를 제공하고, 개인은 필요한 때 이 바우처를 전환훈련 비용의 일부로 사용하도록 하는 방법이다.

저자약력

남성일

저자 남성일은 미국 로체스터대학교에서 경제학박사를 마친 후 시라큐스대학교에서 교수로 재직하다 한국에
돌아와서 현재까지 서강대학교 경제학과 교수로 재직 중이다.
한국노동경제학회 회장을 역임하였으며 국민경제자문회의 위원, 실업대책위원회 위원 등으로 정부의 각종
정책자문활동을 하기도 하였다.
논문으로는 "노동조합은 기업의 이윤율을 높이는가?"(노동경제논집, 2015)를 비롯하여 다수가 있으며 저서는
『한국의 노동, 어떻게 할 것인가?』(2007) 등 다수가 있다.

쉬운 노동경제학

초판 1쇄	2017년 6월 15일
지은이	남성일
펴낸곳	자유와창의교육원
	서울특별시 영등포구 여의대로 24
전 화	경제교육팀 (02)3771-0276
등록번호	제2016-000138호
제작 및 총판대행	(주)박영사
	서울특별시 종로구 새문안로3길 36, 1601
	등록 1959. 3. 11. 제300-1959-1호(倫)
전 화	(02)733-6771
F A X	(02)736-4818
homepage	www.pybook.co.kr
ISBN	979-11-959134-1-1 93320